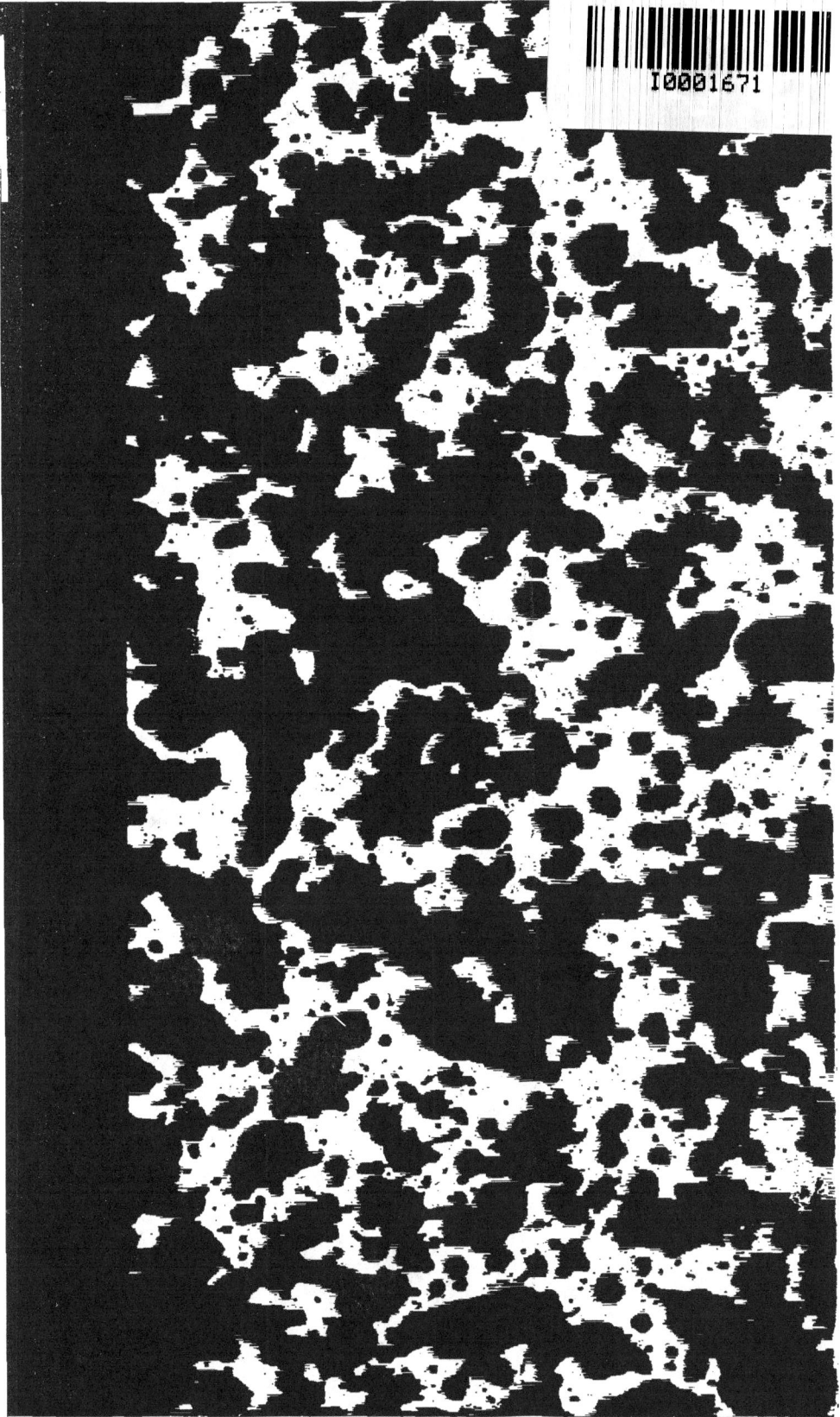

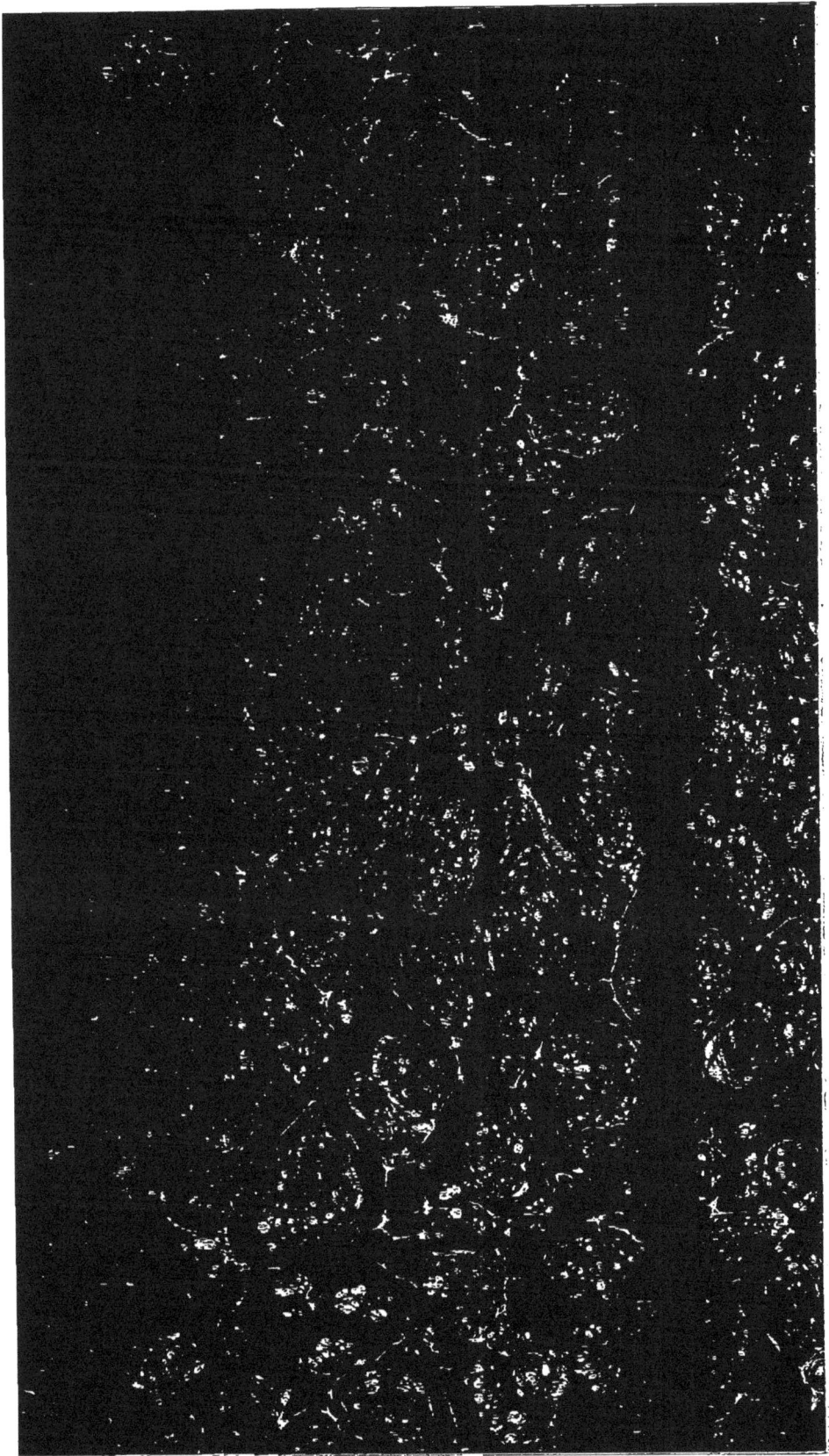

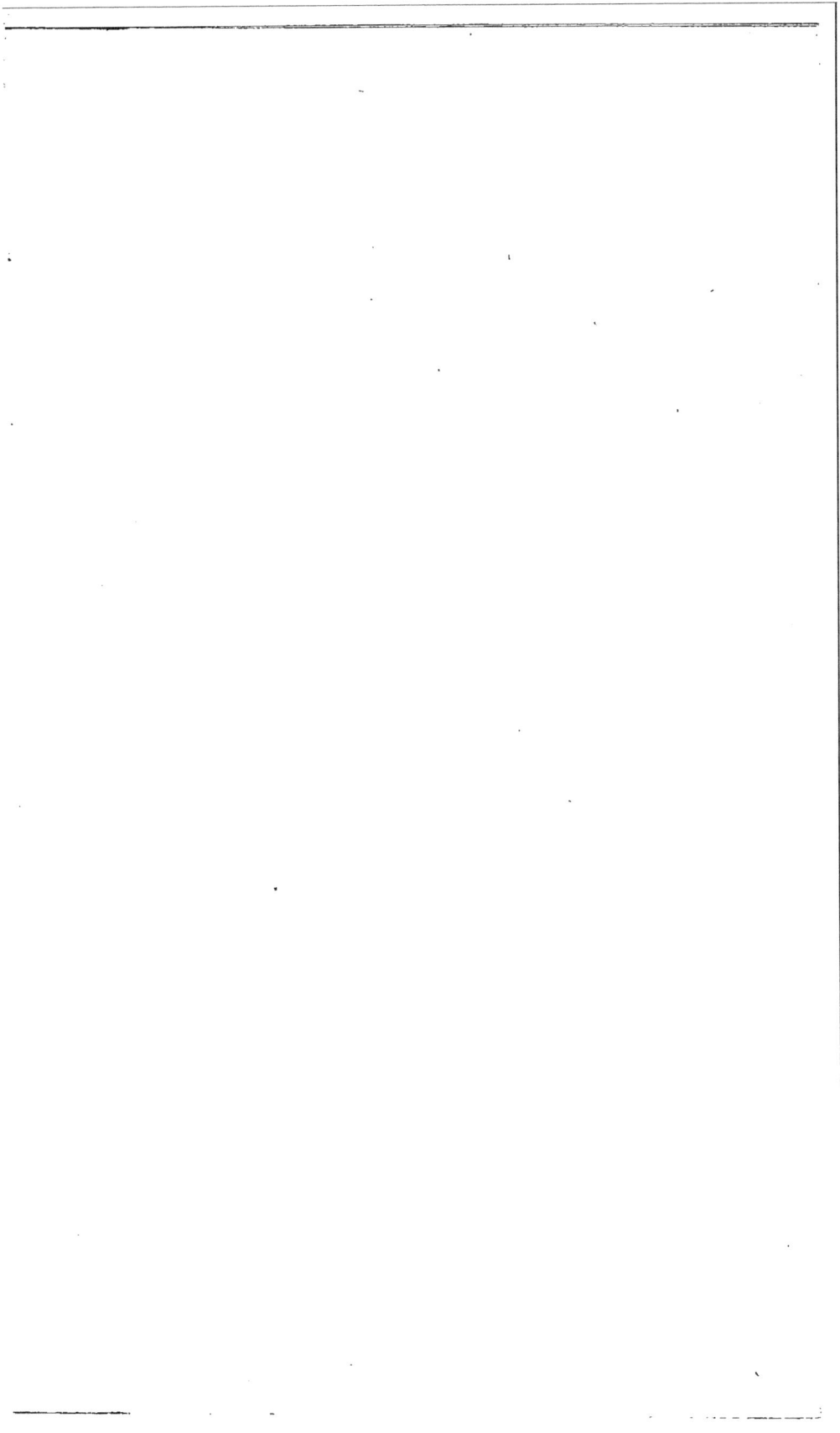

F

PLUS D'ÉCHAFAUDS !

ou

DE L'ABOLITION IMMEDIATE ET ABSOLUE

DE LA PEINE DE MORT.

IMPRIMERIE DE E. DUVERGER,
RUE DE VERNEUIL, N° 4.

PLUS D'ÉCHAFAUDS!

OU

DE L'ABOLITION IMMÉDIATE ET ABSOLUE

DE LA PEINE DE MORT

PAR J. CYPRIEN ROUMIEU,

AVOCAT.

« Mais si, par quelque fatalité, l'innocent est condamné, s'il
« est diffamé, s'il est tué, poussons des gémissemens qui reten-
« tissent dans la société tout entière. Ne cessons point de mon-
« trer ce cadavre à tous les siècles; que cette plaie de l'humanité
« reste toujours sanglante, et quand la honte voudra le cacher,
« quand l'oubli voudra la fermer, faisons-la saigner encore, et
« saignons à loisir, de son sang, les hommes, ou plutôt les lois
« qui permirent cet attentat. »

SERVAN, tome II, page 160.

PARIS.

GUSTAVE PISSIN, SUCCESSEUR DE RONDONNEAU ET DÉCLE,

Au Dépôt des Lois, place du Palais de Justice, N. 1 ;

DELAUNAY, LIBRAIRE AU PALAIS-ROYAL.

1833

INTRODUCTION.

Plus d'échafauds ! tel est, depuis un demi-siècle, le cri que l'humanité fait entendre, soit dans la vieille Europe, soit au sein des fertiles contrées du Nouveau-Monde ; partout où palpite un cœur d'homme libre, partout, ô nature sainte ! où grandit à l'ombre de ton culte tutélaire une nation civilisée. Tantôt sourd et menaçant, comme s'il eût annoncé aux féroces préjugés des peuples une chute prochaine ; tantôt calme et doux, et empruntant, pour purifier les mœurs des races humaines, le voile d'une bienfaisante philosophie ; tantôt enfin, ferme et retentissant comme l'explosion d'une conviction intime et d'une raison victorieuse, toujours ce cri régénérateur a éveillé l'attention des hommes, toujours il a su remuer profondément ce qu'il y avait dans leurs entrailles de noblesse, de sensibilité et de grandeur.

Le philosophe de Milan a donné le signal ; son inspiration généreuse a été recueillie ; elle a germé dans les consciences, et apparaissant tout à coup comme une lumière vivifiante, elle a changé la face des deux mondes. Beccaria ! génie sublime, ton

nom, cher à l'humanité, vivra dans l'avenir, entouré
d'une gloire immortelle et pure! Bienfaiteur des
hommes, réjouis-toi; ta pensée féconde n'est pas demeurée ensevelie dans ta couche glacée; des ames
à forte trempe ont compris la tienne. L'Angleterre,
les États-Unis, la Suisse et surtout la France, la
France, reine des nations, ont produit des écrivains
qui, suivant tes pas dans la carrière de la civilisation
et du progrès, achèveront la tâche que tu as si noblement commencée.

Ah! sans doute, tout n'est pas consommé; il faut
quelques années encore. Mais le triomphe est assuré,
et à cet égard surtout il est permis de dire « *que
le présent est gros de l'avenir* [1]. » Qu'importe en
effet que le dogme sacré de l'inviolabilité de la vie
de l'homme compte de nombreux adversaires; que
l'échafaud et le bourreau aient des défenseurs, *magna
est veritas et prœvalebit*, la vérité est grande et
doit prévaloir. L'opinion des masses se forme dans
ces luttes ardentes; des idées qui d'abord leur paraissaient étranges, comprises et appréciées, sont accueillies par elles avec transport, et bientôt, mûries
au foyer de leur intelligence, elles éclatent en longs
applaudissemens de sympathie et d'amour.

Tel est, selon moi, le résultat inévitable de ce
combat moral que soutiennent avec une égale bonne
foi, avec une égale persévérance, les sectateurs de la
réforme et les partisans de la peine de mort. Ceux-
ci, malgré leur talent, bridés par les liens de la rou-

---

(1) Expression de Leibnitz.

tine, ne voient l'humanité qu'à travers la rouille des âges. Pour eux, les faits accomplis sont sans éloquence, et le passé n'a point d'enseignemens. Mesurant toujours au même compas la société grandie, ils tâtonnent, ils louvoient; toute innovation radicale les épouvante, et, au lieu de porter le fer et le feu dans l'ulcère qui nous dévore, ils préfèrent un vain replâtrage à un système régénérateur. Les autres, au contraire, hommes de progrès et d'énergie, se sont placés sous l'influence d'un principe plus vrai, celui de la perfectibilité humaine. Ils ont étudié la marche des sociétés, et suivi l'homme dans toutes les phases de la civilisation. Ils ont relevé à ses propres yeux cette créature immortelle, mais avilie, et que ses institutions surannées tendaient incessamment à flétrir. Ils ont proclamé l'homme inviolable dans son existence parce qu'il est tel et pour qu'il devînt tel ; et en sondant les replis de sa conscience et de sa raison, ils ont trouvé dans sa nature morale toutes les garanties d'intimidation, de répression et d'amendement que la société peut désirer, et qui doivent seules suffire aujourd'hui à la formation de tout Code pénal conçu sur les larges bases du système pénitentiaire.

Dans cette lutte imposante, si j'ai cru devoir planter mon drapeau dans le camp des réformateurs, ce n'est point par un entraînement irréfléchi ni par un fol amour du changement et de la nouveauté. Sous l'influence des vieux préjugés dont je reconnaissais l'empire, j'ai long-temps, malgré les murmures de mon cœur, opiné pour la peine de mort. Frappé du spectacle décourageant de la perversité humaine, dans les nombreuses et lointaines contrées que j'ai parcourues, ma raison se révoltait à l'idée de dépouiller la société d'une arme que je croyais nécessaire, et de la livrer sans défense au débordement des passions. Mais un examen plus approfondi de cette grave question, la lecture attentive des divers ouvrages où tant d'auteurs illustres ont apporté le tribut de leurs lumières et de leur génie; enfin, les inspirations de ma conscience mieux éclairée que je consultai dans le recueillement et la méditation, qui sont, dit Mirabeau, les premières puissances de l'homme; tout me fit bientôt rentrer en moi-même, et je ne tardai pas à reconnaître l'énormité de mon erreur.

Sans doute j'aurais pu célébrer en silence ce baptême moral de mon intelligence, et ne point divulguer au public le secret de ma conversion.

Mais qui peut connaître la vérité et contenir dans son sein l'exaltation qu'elle inspire? Qui peut voir son ame délivrée du joug d'un préjugé sanglant, et ne point désirer de faire jaillir, partout où règne l'erreur, des flots de lumière? La peine de mort est un si horrible cauchemar que la conscience a besoin d'épanchement quand elle a brisé le poignant aiguillon de ses tortures.

Mais on pourra me dire : Il fallait attendre; pourquoi choisir ce moment pour publier votre ouvrage? personne ne vous lira. La politique absorbe tout. L'attention publique, enchaînée et captive, semble concentrée vers le double horizon où, soit à l'intérieur, soit à l'extérieur, le vaisseau de l'Etat paraît menacé par de sourds orages. A cela je réponds : Oui, sans doute, la politique occupe le pays et c'est un bien. La situation est grave. En présence des événemens que chaque jour voit éclore, l'indifférence serait un signe de langueur et de mort. Mais est-ce à dire que des questions palpitantes d'intérêt et de vie, des questions de bien-être et d'avenir, qui naguère encore avaient puissance d'émouvoir si vivement les cœurs, passent aujourd'hui inaperçues, livrées au dédain et à l'oubli ? Oh ! non, la France constitutionnelle a de longues années de gloire et de prospérité à parcourir. Sentinelle avancée de la civilisation, centre du progrès et des lumières, elle a une haute mission à accomplir ! Si dans cette carrière toute libérale, elle s'est laissée devancer par la Suisse et les États-Unis, elle prendra noblement sa revanche. En adoptant chez elle le système pénitentiaire, en proclamant l'abolition de la peine de mort, elle ressaisira le sceptre qui lui appartient, et se retrouvera à la tête des nations dans cette voie réparatrice et féconde qui s'est ouverte pour le bonheur du genre humain. Tous les peuples civilisés de la terre s'empresseront de l'imiter, car son exemple est entraînant, et l'autorité de son grand nom est irrésistible.

D'ailleurs, la France pourrait-elle ne pas reconnaître que l'heure de la double réforme a sonné ? Ignore-t-elle que les vœux que nous formulons aujourd'hui, ces vœux de la justice, de la raison et de l'humanité, ont pour inébranlable appui désormais les lumières du siècle et la marche de la civilisation ? Il ne s'agit point ici, en effet, d'une concession purement philosophique, d'un vain essai de philantropie,

d'un tâtonnement étroit et mesquin, mais d'une réforme complète et inévitable, d'une nécessité en quelque sorte fatale, d'une de ces nécessités intellectuelles
qui changent la face morale du monde, et auxquelles
il ne peut pas plus se soustraire qu'à ces nécessités
matérielles, catastrophes épouvantables qui boule-
versent sa nature physique jusque dans ses fondemens.

Oui, l'heure de la double réforme a sonné! la société elle-même le proclame. Quelle ame ne serait
émue! quel cœur ne répondrait à son appel! Fus-
sions-nous aveugles, insensibles ou sourds, quel cadavre ne se ranimerait en voyant étinceler partout le
progrès, la régénération et la vie? Laissant de côté
ces siècles de barbarie et d'ignorance, où la peine de
mort, souveraine de fait, rencontra cependant encore
quelques courageux adversaires, jetons les yeux autour de nous, suivons avec une attention scrupuleuse
les mouvemens de la civilisation moderne, en Italie,
en Allemagne, en Russie, en Suisse, en Angleterre,
aux États-Unis, et enfin dans notre belle France, et
disons, à la gloire de l'espèce humaine, que partout
l'empire des vieux préjugés s'écroule, que partout la
grande voix des peuples a parlé, et que rien ne peut
arrêter désormais l'impétueux élan qui les entraîne:
disons en un mot, que l'adoption du système pénitentiaire et l'abolition de la peine de mort sont un
besoin de notre époque, une des conséquences inévitables de la civilisation.

Mon intention n'est pas d'analyser les ouvrages des
nombreux auteurs qui ont écrit sur cette matière in-

téressante. Ces ouvrages sont dans les mains de tout le monde; une stérile répétition ajouterait peu à leur influence. Néanmoins, quelques-unes de leurs pensées trouveront place dans cet écrit : j'y insérerai même quelquefois plusieurs de leurs pages éloquentes. Je puiserai dans tous, çà et là, suivant le besoin de ma cause, cherchant toujours à fortifier mes raisonnemens du poids de leur autorité. Puisse le lecteur s'apercevoir souvent que je me suis inspiré de leurs œuvres, et dire que je n'ai pas été un infidèle traducteur de leur génie!

Le temps vole, les faits s'accomplissent. Il faut tout enregistrer et tout recueillir; l'expérience du jour ajoute à l'expérience de la veille. Qui oserait dire à l'homme perfectible : Assez! arrête-toi! Où seraient d'ailleurs les limites? La science du progrès ne puise-t-elle pas sa principale force dans l'enchaînement des preuves matérielles? J'ai donc plus d'une vérité neuve à produire, plus d'une lacune importante à combler.

Je tâcherai d'être clair et concis : j'éviterai surtout le langage abstrait et métaphysique. Ce langage que les fondateurs de la réforme ont employé est inutile désormais. Créateurs d'une doctrine nouvelle, œuvre de hardiesse et de profondeur, il leur a fallu d'abord poser les principes, et établir les bases du temple sur de solides et impérissables fondemens. S'adressant nécessairement au petit nombre, leur langage devait être élevé, nerveux et logique, le langage en un mot de la science et du raisonnement. Mais aujourd'hui que les idées nouvelles se sont infiltrées dans les masses, et ont été accueillies dans tous les cœurs avec un empressement dont l'humanité s'honore, on peut, avec le peuple, descendre des hautes régions de la philosophie : son infaillible instinct a merveilleusement servi son intelligence, et loin que le système de la réforme ait rien qui l'étonne, déjà, j'ose le dire, dans sa conscience il a prononcé sans appel l'abolition de la peine de mort.

Il faut donc, pour éclairer sa conviction, lui parler une langue plus familière, et mettre pour ainsi dire à sa portée les sublimes enseignemens que la science réservait aux doctes. Dans la discussion de ces matières arides, si quelques ornemens sont nécessaires, il ne faut point les dédaigner. Parer la vérité de quelques fleurs, ce n'est point la dénaturer, c'est lui rendre hommage. L'objet, l'objet essentiel est de populariser des doctrines saintes, et de faire apprécier par toutes les classes de la société les bienfaits du système pénitentiaire.

Tel est le but que je me suis proposé, et j'ai l'espoir de le remplir. Si parfois ma voix s'élève, si quelque enthousiasme se mêle à mes raisonnemens, qu'on daigne se rappeler que je plaide ici la plus noble des causes, celle de l'inviolabilité de la vie de l'homme ; que c'est à l'homme que je m'adresse ; que je veux relever à ses propres yeux la dignité de sa nature morale trop long-temps dégradée ; le purifier de toutes ses souillures, et effacer enfin sur son front cette tache de sang humain qui le déshonore. Ah ! sans doute il est naturel que des intérêts si sacrés échauffent le cœur et exaltent la pensée, car qui ne sent que leur triomphe complet ne peut s'obtenir qu'à l'aide de cette entraînante émotion de l'ame qui produit au sein des masses attentives l'ébranlement, la sympathie et la conviction.

D'ailleurs, dans la bouche d'un nouveau converti, le langage de l'apôtre ne saurait surprendre; or, ce langage, pour être efficace, ne doit pas manquer de chaleur. Je n'écris point dans un vain espoir de gloire et de renommée, mais plutôt pour céder à l'impérieux besoin de mon cœur que le souvenir de son aveuglement passé importune encore, et qui serait heureux de trouver dans le peu de bien que cet ouvrage pourra faire une consolante expiation de ses premières erreurs.

PREMIÈRE PARTIE.

CHAPITRE PREMIER.

DE L'INVIOLABILITÉ DE LA VIE DE L'HOMME ET DE L'ILLÉGITIMITÉ DE LA PEINE DE MORT.

> « Il n'est pas permis à l'homme, être créé,
> « de détruire dans son semblable l'œuvre d'une
> « création semblable à la sienne. »
>
> M. VICTOR DE TRACY.

L'homme à peine en possession de la vie abusa de ce don précieux. Être créé, il osa porter sur son semblable une main impie, et le berceau de la terre fut souillé de sang. L'antiquité la plus reculée nous apparaît avec le sauvage attirail des tortures, et l'escorte plus hideuse encore des sacrifices humains. Le monde en vieillissant n'a point perdu sa tache originelle; et malgré le progrès des lumières, malgré l'adoucissement des mœurs, les chefs des nations ont conservé dans leurs mains le glaive homicide comme attribut de leur justice, et sur leurs fronts comme symbole de leur puissance un diadème ensanglanté. Des milliers d'années se sont écoulées sans que ces hécatombes humaines, ces boucheries de chaque jour aient excité dans les cœurs ni étonnement ni murmure; les peuples accouraient à ces cruelles exécutions avec une curiosité avide comme à un spectacle; et les magistrats, créatures faillibles, qui livraient au bourreau un être doué de la vie, demeuraient impassibles sur leurs chaises curules, sans inquiétude et sans remords.

Tout à coup une voix s'est fait entendre qui a osé demander compte aux sociétés de tous les âges du sang qu'elles ont versé. Cette voix généreuse a contesté à l'homme le droit d'immoler son semblable, et elle n'a vu dans l'illégitime emploi de sa force qu'une usurpation sacrilége des droits de la divinité. Jamais rayon électrique n'eut plus de rapidité ni plus de puissance. Toutes les ames se sont émues, toutes les consciences se sont ébranlées, un doute insurmontable est venu glacer tous les cœurs. La société subitement réveillée de son assoupissement léthargique est devenue elle-même l'écho du cri révélateur. Poursuivie d'affreux souvenirs, embarrassée de tant de cadavres inutilement mutilés, elle s'est demandé avec amertume : « La peine de mort est-elle légitime?... » Et dans les angoisses de l'incertitude elle attend une solution. Semblable à ce fanatique insensé, victime d'un féroce enthousiasme, qui après avoir frappé l'ennemi de sa foi d'un fer qu'il croyait sacré, sent tout à coup son ame atteinte d'un doute terrible, et consulte sa conscience devenue sévère avec l'anxiété de la crainte et du désespoir.

C'est donc l'illégitimité de la peine de mort qu'il faut démontrer. Cette grave et importante question une fois résolue trancherait toutes les autres; car il n'y a d'utile et de licite que ce qui est juste, et la peine de mort, a dit M. Charles Lucas avec un accent prophétique, ne survivrait pas de nos jours à la démonstration de son illégitimité.

Mais il est douloureux de le dire : presque tous les philosophes, orateurs ou publicistes qui se sont occupés de la peine de mort, soit pour en réclamer l'abolition, soit pour en demander le maintien, ont reculé devant la question philosophique, c'est-à-dire *du droit et de la justice.* Ils ont affecté de la considérer comme une question vaine et oiseuse, et, la reléguant dédaigneusement dans le domaine de l'idéologie, ils se sont livrés à l'examen exclusif de la question des faits ou de *l'utilité.*

En 1791 et en 1830, époques à jamais mémorables de nos deux grandes révolutions, deux discussions solennelles ont été soulevées au sein de nos assemblées législatives. Tous les orateurs entendus, à quelques rares exceptions près, ont accordé à la société le droit d'infliger la peine de mort; seulement ils lui en ont contesté l'usage. Presque aucun ne s'est occupé de la justice intrinsèque de cette peine, en un mot de sa légitimité. Bien plus, le 11 novembre 1830, à la tribune nationale de France, du peuple le plus civilisé de la terre, au dix-neuvième siècle enfin, M. Dumon, rapporteur de la commission chargée d'examiner le projet de loi relatif à la réforme de plusieurs articles du Code pénal, n'a pas craint de proférer ces étranges paroles : « La commission ap-« prouve que le projet conserve la peine de mort. « Elle n'a point soulevé la question de la légitimité « de cette peine; question redoutable qui trouble la « conscience et embarrasse la raison, mais que résout « contre les doutes de la philosophie et les scrupules « de l'humanité la pratique de tant de peuples et de « tant de siècles. »

Quoi ! cette question redoutable trouble votre conscience et embarrasse votre raison ! Quoi ! elle inspire des doutes à la philosophie et des scrupules à l'humanité ! et pour étouffer les importunes cla-meurs qu'elle fait naître, au lieu de l'aborder fran-chement afin de l'examiner et de la résoudre, vous fuyez lâchement devant elle, et vous vous retranchez dans la pratique des siècles et des nations ! Eh, bon Dieu ! ne savons-nous pas que c'est le sort de toutes les grandes vérités d'être contestées ; qu'il n'est point d'institutions barbares, de coutumes atroces que la sanction des peuples et des siècles n'ait autorisées. Votre conscience, dites-vous, est troublée, un doute pénible torture votre ame. Eh bien ! le plus simple bon sens, la plus vulgaire raison vous crient qu'il faut en sortir, que l'incertitude, en pareille matière, est un intolérable supplice aussi cruel que le remords. Hâtez-vous donc, et, loin de recourir à un indigne subterfuge, à une misérable défaite, osez descendre sur le terrain brûlant où l'humanité vous entraîne, et venez sonder avec courage et loyauté les profon-

deurs de cette immense question. Ah ! quand il s'agit
d'appliquer la peine de mort, cette peine terrible et
irréparable, il faut tenir la hache d'une main sûre,
il faut une foi robuste, une conviction plus qu'humaine : car si le moindre doute sur sa légitimité pouvait naître un instant dans l'ame du législateur qui
la prononce ou des magistrats qui l'infligent, et si
malgré ce doute elle continuait à subsister, toutes
les idées de justice seraient bouleversées ; la société
tout entière se soulèverait indignée, et, confondant
dans un même anathème législateurs, juges et bourreau, elle briserait avec horreur dans leurs mains
homicides le glaive dont sa crédule confiance les avait
armées.

Parmi les écrivains qui ont traité la question de
l'illégitimité de la peine de mort, se place au premier rang M. Charles Lucas, philantrope vertueux
dont le zèle éclairé a rendu de si grands services à
la réforme pénitentiaire. A lui la gloire d'avoir le
premier nettement posé cette question et de l'avoir
victorieusement résolue. Regrettant qu'on se fût borné
trop long-temps à examiner si la peine de mort était
nécessaire pour savoir si elle était juste, et qu'on eût
ainsi toujours conclu son injustice de son inutilité, il
a voulu, lui, prouver d'abord son injustice pour s'occuper ensuite de son inutilité, certain que, l'injustice une fois démontrée, la peine de mort inutile ou
nécessaire ne pouvait plus se maintenir. Noble pensée
qui honore tout à la fois l'écrivain qui l'a conçue et
le siècle qui l'a inspirée !

  « Que l'injustice de la peine de mort se démontre,

« dit M. Lucas, et bientôt on verra tomber les écha-
« fauds. Le jour où cette démonstration deviendrait
« claire et évidente pour tous, est-il une tribune libre
« en Europe, et serait-ce celle de France, où un mi-
« nistre osât au nom du pouvoir dispenser d'un de-
« voir de morale naturelle les douze jurés, les cinq
« juges et le bourreau nécessaires à chaque exécution
« de la loi? »

L'excellent ouvrage de M. Lucas a dû faire une
vive impression sur les esprits; sa voix chaleureuse
a dû remuer plus d'une conscience, et opérer plus
d'une conversion. Personne mieux que moi ne peut
témoigner de la puissance de ses paroles, car elles
ont porté dans mon ame des flots de lumière, et
comme une révélation soudaine elles ont changé ma
conviction. Toutefois, plusieurs écrivains distingués
n'ont pas approuvé son système de l'inviolabilité de
la vie de l'homme, et l'ont combattu, avec force; ils
l'ont combattu mais non réfuté; et ce qui doit surprendre de la part d'adversaires aussi habiles, c'est
qu'après avoir pris M. Lucas corps à corps et avoir
rompu avec lui plus d'une lance en l'honneur de je
ne sais quel principe, ils ont laissé là tout à coup la
question qui avait allumé leur verve et n'ont pas dit
un seul mot pour prouver la légitimité de la peine de
mort; ils se sont réfugiés, comme d'usage, dans la
question de l'utilité.

Mais je me trompe, parmi les adversaires de
M. Lucas il en est un qui a entrepris cette tâche difficile; c'est un étranger, un Espagnol, M. Silvela, écrivain méthodique et consciencieux. Persuadé, comme

M. Lucas, que dans cette grave théorie la question du *juste* et du *droit* dominait celle de l'*utile*, il a dit lui-même : « La question de la peine de mort ne « sera vraiment résolue, les doutes qui s'élèvent dans « quelques esprits ne seront dissipés, les alarmes des « cœurs scrupuleux ne seront calmées, que lorsqu'on « aura mis en évidence le principe de la légitimité de « la peine de mort; que lorsqu'on aura prouvé que « ce droit est bien un de ceux conférés au législa- « teur[1]. »

Et partant de ce principe, M. Silvela a lui-même entrepris de prouver la légitimité de cette peine, et de réfuter le système de M. Lucas. Comme dans cette réfutation M. Silvela rappelle, pour s'en armer, les principaux argumens des autres adversaires de M. Lucas, il en résulte que tout ce qui a été dit de fort, de concluant, de logique et de spécieux sur une matière aussi importante se trouve renfermé dans la partie de leurs ouvrages où ces deux auteurs se sont livrés avec conviction et bonne foi à cette lutte philosophique.

Nous allons donc présenter au lecteur une analyse rapide, mais scrupuleuse et impartiale des deux systèmes que MM. Lucas et Silvela ont développés. Il sera curieux et intéressant de suivre ces deux écrivains et de voir comment, d'un même point de départ, ils ont pu arriver à des résultats si contraires, et en venir à proclamer, l'un, l'inviolabilité de la vie de l'homme, et l'autre, la légitimité de la peine de mort. Un haut enseignement ressortira de ce con-

(1) Du Maintien de la peine de mort, pag 54.

traste; la vérité y apparaîtra dans toute sa lumière, et si quelque doute pouvait encore être resté dans les ames honnêtes, il sera invinciblement dissipé.

Écoutons d'abord M. Lucas[1].

« L'existence répandue dans le monde n'est sacrée, et inviolable que dans l'homme, parce que dans l'homme seul elle revêt un caractère de personnalité.

...... « Pour qu'il y ait attentat, dans l'individu, envers l'existence, don du créateur, il faut que le créateur ait attaché ce don à l'individu, que l'individu se le soit approprié, en un mot qu'il ait rendu cette existence à lui *personnelle;* autrement, sans la personnalité, la jouissance dans l'individu de l'existence qui l'anime n'est qu'un envoi en possession provisoire; tel est l'animal qui pour cette raison ne connaît point l'avenir.

.....« Nul droit dans l'animal ne se conçoit donc, pas même un droit à l'existence; car c'est au nom de Dieu, et non au nom de l'animal, que s'est réclamé le respect et qu'a tenté de s'imposer le devoir. Il faut donc arriver à un être qui ne soit plus, pour ainsi dire, un simple canal où circule l'existence, mais qui, doué de liberté et de raison, l'attire et l'arrête en lui, se l'approprie et la revête d'un caractère de personnalité. Alors nous concevrons un droit à l'existence dans l'être qui s'en sera ainsi emparé; alors le respect dû à l'existence sera double, car on devra à la fois la respecter et comme don de Dieu et comme

(1) Du Système pénal, pag. 2 et suivantes.

propriété de l'être. Or, cet être, c'est l'homme...

..... « Ainsi, des plus simples données de l'observation nous élevant aux plus hautes généralités conçues par la raison, nous pouvons séparer en deux le domaine de l'existence, savoir : celui de *l'impersonnalité*, ou des choses inanimées et animées, et celui de la *personnalité* ou de l'homme. L'existence répandue en ce monde n'a donc qu'un asile inviolable et sacré, c'est l'homme. Elle n'est donnée en propre qu'à lui; elle l'a choisi seul pour son sanctuaire.

« Mais l'homme n'a pas seulement droit à l'existence; il y a en nous, en effet, outre l'existence en vertu de laquelle nous sommes, un mode d'existence qui nous fait être de telle façon plutôt que de telle autre. Nous avons donc droit, non-seulement à l'existence que Dieu nous a donnée, mais encore à la forme sous laquelle nous l'avons reçue. Exister et exister tels que nous avons été faits, tel est notre droit. Or, nous avons été faits libres, actifs, intelligens; donc notre liberté, notre intelligence, notre activité nous appartiennent au même titre que l'existence qui les revêt. Tel est le domaine de la personnalité : l'existence sans laquelle il n'y a point d'être; la liberté, l'intelligence et l'activité sans lesquelles il n'y a pas d'homme. Voilà l'homme de Dieu, l'homme de la création, la partie sacrée et inviolable de nous-mêmes. Voilà ce que Dieu nous a fait et ce que nous avons en conséquence le droit d'être. »

De ces principes fondamentaux que l'auteur développe avec l'irrésistible ascendant de l'éloquence et de la logique, il tire des conclusions nettes, vigoureuses et précises qu'il faut absolument voir dans son beau travail, et dont nous ne pouvons présenter ici que la substance décolorée.

« ... L'homme et la société en tant que *collection* d'hommes, ayant le droit et le devoir d'exister peuvent et doivent faire tout ce qui est nécessaire à leur conservation. Si l'homme est impuissant à défendre son existence attaquée, la société vient à son secours et lui prête l'appui de sa force immense. Mais cette intervention de la force de la société doit avoir des limites : cette force n'est intervenue que pour garantir le droit, pour le protéger ; la limite naturelle où elle doit s'arrêter, c'est à la garantie du droit qu'elle a été appelée à défendre.

Du reste, l'homme n'a aucun droit sur l'existence qui est un don de Dieu ; il n'a droit ni sur la sienne, ni à plus forte raison sur celle de son semblable. Le droit connu sous le nom de droit de légitime défense dérive, non point de ce que, dans un cas donné, nous avons un droit sur l'existence d'autrui, mais de ce que, dans aucun cas, nous ne pouvons perdre notre droit à la nôtre. L'impérieux devoir de notre conservation nous prescrit de nous défendre contre qui nous attaque : si dans la lutte le meurtrier succombe, ce n'est point que nous ayions attenté à son existence, mais c'est parce que nous avons défendu la nôtre contre son usurpation sacrilége. Mais cet état violent et hors de nature cesse avec le danger. Aussitôt que nos jours ne sont plus menacés et que l'assassin est désarmé, nous devons respecter à notre tour l'inviolabilité de son existence, car nous ne pourrions la lui ravir qu'en violant nous-mêmes un droit dont l'abus de la force a bien pu momentanément le dépouiller, mais qu'il retrouve tout entier dans son impuissance.

Ainsi donc, si je suis attaqué par un brigand, et qu'au moment de la lutte la société intervienne par ses gendarmes qui se joignent à moi et tuent l'assassin prêt à me tuer moi-même, tout est légitime dans l'intervention. Mais si l'assassin est désarmé et terrassé par moi au moment où la société intervient, sa force auxiliaire ne doit pas aller plus loin que ma force personnelle. Le droit à l'existence devient inattaquable dans l'agresseur désarmé, et le tuer dans cet état ne serait plus protéger ou exercer mon droit à l'existence, mais en usurper un sur la sienne. Après que la force a servi de garantie au droit, il faut que le droit serve de frein à la force.

Vainement la société prétendrait-elle que comme force sociale elle a une mission spéciale à remplir que n'a nullement la force individuelle; qu'elle a non-seulement l'ordre matériel à rétablir, mais encore l'ordre moral à protéger et à défendre, et qu'en conséquence elle a le droit de donner la mort alors que l'individu ne l'a plus, d'abord à titre de droit de défense, parce que le péril social, loin de cesser avec le péril individuel, est précisément celui qui le suit; ensuite à titre de pénalité, parce qu'elle doit frapper le coupable alors même qu'elle n'a plus à craindre l'ennemi; en d'autres termes, parce que la mort est non-seulement le droit de sa défense contre le péril, mais encore la peine de sa justice contre le crime.

Ces considérations ne prouvent nullement que la peine de mort soit dans les mains de la société l'arme d'une défense légitime; car, encore un coup, lorsque la société frappe l'agresseur, il est désarmé; que dis-je? quand la société dresse l'échafaud, l'assassin a été arrêté, enchaîné, interrogé, jugé, condamné; et, bien qu'après son arrestation il y ait encore alarme sociale, il n'y a pas ce péril pressant, inévitable, qui légitime la mort donnée à l'agresseur comme le seul moyen de sauver sa propre existence.

« Un homme m'attaque, dit M. Pastoret, je ne peux me défendre qu'en le tuant, je le tue; pour que la société fasse de même, il faut qu'elle ne puisse faire autrement. »

Quant à la mission pénale de la société, il faut faire ici une importante distinction. Si l'on veut parler d'une justice de prévoyance, de répression et d'amendement, certes ce droit de la société est incontestable; mais loin que la peine de mort en soit l'instrument nécessaire, elle ne peut apparaître dans son exercice que comme un cruel obstacle et un insurmontable empêchement. Mais s'il est question d'une justice pénale proprement dite, c'est-à-dire qui ait pour objet de *punir* les coupables et de châtier dans leurs personnes la perversité de leurs actes, non-seulement la société ne saurait y trouver le droit d'infliger la peine de mort, mais il faut dire qu'une semblable justice n'appartient pas même à la société, car où en aurait-elle puisé l'initiative, lorsque nul part en ce monde ne peut se rencontrer un tel pouvoir?

Dieu seul lit au fond des consciences. Pour punir, il est nécessaire d'embrasser trois élémens, savoir : l'intention de l'agent, le rapport de l'acte avec la loi morale violée, une peine extérieure entièrement correspondante aux degrés de criminalité de l'agent et de l'acte ; or, il n'est donné à l'homme de les connaître que par approximation. La justice pénale qu'il exercera ne sera donc qu'une justice faillible, puisqu'il ne saisit pleinement ni l'intention, ni la loi ; ce ne sera qu'une justice incomplète, puisque, alors même qu'il verrait sans nuage et la loi et l'intention, il ne trouverait pas dans le monde extérieur matière à reproduire la criminalité de l'acte dans une traduction fidèle.

A un autre titre encore, la justice humaine peut et doit s'avouer incomplète ; car, outre la sanction politique ou sociale qui est de son essence, la loi pénale écrite par la société admet nécessairement trois autres sanctions : la sanction religieuse, la sanction populaire et la sanction naturelle qui règlent nos rapports envers Dieu, envers nos semblables et envers nous-mêmes ; or, ces trois sanctions sont anéanties, et l'heureux équilibre de leur harmonie est rompu, lorsque la justice sociale, élevant la prétention d'être à elle seule toute la justice, s'arroge le droit de dresser des échafauds. »

Quelque concluant que soit cet admirable système dont nous ne présentons ici qu'une faible analyse, M. Silvela n'en a point été du tout ébranlé. Toutefois, après avoir rendu un loyal hommage aux nobles inspirations qui ont guidé la plume de M. Lucas, il

déclare qu'il n'entreprendra pas lui-même une réfutation qu'il croit au-dessus de ses forces, mais que
d'autres écrivains ayant rempli victorieusement cette
tâche, il se bornera à l'office de rapporteur, et ci-
tera textuellement ce qu'ils ont dit de plus convain-
cant à ce sujet.

Une pareille réserve de la part d'un homme aussi
habile que M. Silvela ne fait peut-être pas moins
d'honneur à sa conscience qu'à sa modestie.

Voyons cependant quels sont les auteurs qu'il oppose à M. Lucas. Ce sont MM. de Broglie, Urtis et
Rossi; voici les argumens qu'il leur emprunte :

« Une fin de non-recevoir, dit M. de Broglie [1],
est encore plus courte; la peine de mort, dit-on, est
illégitime, attendu que la vie de l'homme est inviolable et sacrée.

« La vie de l'homme est inviolable et sacrée ! Veut-
on dire par-là qu'elle le soit dans tous cas indistinctement ? Dès lors plus de droit de défense, plus de
droit de guerre; aucun philosophe n'a été jusque là.

« Veut-on dire que la vie de l'homme est inviolable et sacrée, mais pour le législateur seulement ?
Pour lors, cela se résume à annoncer que la peine
de mort est illégitime, attendu qu'elle n'est pas légitime. C'est manifestement trancher la question par
la question.

« ..... Nous demandons pourquoi les dons de Dieu
à l'homme, et entr'autres la vie, sont inviolables dans
l'homme ?

_____

(1) Revue française, n. 5.

« Qu'ils soient tels, est-ce là une vérité d'intuition immédiate? est-ce un axiome?

« Alors pourquoi y a-t-il doute? pourquoi y a-t-il contradiction entre M. Lucas et les législateurs de tous les pays? Y a-t-il doute sur la question de savoir si la ligne droite est la plus courte entre deux points, ou si tout événement provient d'une cause?

« Si ce n'est pas un axiome, si ce n'est pas une vérité évidente par elle-même, d'où la dérive-t-on? où sont les preuves? »

« Voilà bien des questions adressées à M. Lucas, ajoute M. Silvela; a-t-on répondu d'une manière satisfaisante? tant s'en faut. »

Ecoutons un autre adversaire du système de M. Lucas.

« Il est pourtant des moralistes, dit M. Urtis, qui s'obstinent à attaquer la peine de mort sous le rapport de la justice et du droit.

« La vie de l'homme, disent-ils, est inviolable, parce qu'elle est un don du Créateur.

« Craignez alors d'écraser la vipère; refusez la chair des animaux pour nourriture, car c'est aussi le Créateur qui leur a donné la vie.

« Quelle comparaison, me dites-vous! Dans l'homme seul l'existence revêt un caractère de personnalité, elle n'est sacrée que chez lui.

« Et qui vous autorise à faire cette distinction [1]?

_____

(1) Quant à moi, je puise surtout cette distinction dans la raison élevée, dans la conscience de l'homme, dans cette perfectibilité extraordinaire dont lui seul est doué, et enfin *dans la connaissance même de la mort, et dans*

Comment savez-vous que Dieu n'est jaloux que de son plus parfait ouvrage, et qu'il livre tous les autres à vos caprices destructeurs ? »

Voilà encore une question qu'on vous adresse, dit M. Silvela : « Qui vous autorise à faire cette distinction ? » Mais elle est aussi restée sans réponse.

Enfin M. Rossi combat en ces termes l'illégitimité de la peine de mort [1] :

....« Qu'y a-t-il dans la peine de mort qui la rende intrinsèquement illégitime, immorale ?

« La justice sociale est un devoir; la peine en est un élément, un moyen nécessaire, et par conséquent légitime. La peine est une souffrance, la privation d'un bien. Tout bien peut donc offrir matière à pénalité, à moins qu'une raison spéciale ne s'y oppose. Le bien qu'enlève la peine capitale est la vie corporelle; y a-t-il là un motif particulier qui rende illégitime en soi ce moyen de punition ?

« L'existence est strictement personnelle; c'est la personne elle-même. L'homme la reçoit, il ne la donne pas.

« Si l'on conclut de là que le suicide est illicite, que le meurtre est un crime très grave, nous n'en disconvenons point. Si l'on veut en outre en conclure que l'existence est absolument inviolable, ce n'est qu'une affirmation; où en est la preuve ? »

C'est pour la troisième fois, ajoute encore M. Sil-

---

la prescience de l'avenir que seul il possède parmi tous les êtres qui ont reçu en partage le mouvement et la vie.

(1) Traité du Droit pénal.

vela, que pareille demande est inutilement adressée
à M. Lucas.

« Ainsi, s'écrie-t-il avec un accent de triomphe,
MM. de Broglie, Rossi et Urtis s'accordent à dire à
M. Lucas : « Où sont vos preuves? vous n'en avez pas;
vous ne prouvez pas l'illégitimité de la peine de
mort. »

Eh quoi! dirai-je à mon tour à M. Silvela, sont-ce
bien les argumens de MM. Broglie, Urtis et Rossi
qui vous ont prouvé l'invraisemblance et le néant du
système de M. Lucas? De bonne foi peut-on supposer que si vous n'eussiez pas été courbé déjà vous-
même sous le joug de fer du vieux préjugé, ces faibles
argumens eussent pu entraîner votre conscience et
déterminer seuls votre conviction? Quoi! vous de-
mandez des preuves, des preuves palpables et matérielles, sans doute, d'une vérité morale et philosophique! Avez-vous donc oublié que M. Lucas a tracé
nettement lui-même cette difficulté de sa position,
et qu'il l'a résolue avec cette puissance de raisonnement qui le caractérise?

Forcé de reconnaître que même sur le terrain de
l'utile, c'est-à-dire des faits, une démonstration rigoureuse était, sous certains rapports, très difficile
à produire, parce qu'avec de l'opiniâtreté et de la
mauvaise foi on restait toujours, jusqu'à un certain
point, maître d'y échapper, il a voulu aborder pré-
mièrement la question du droit, et à cet effet il s'est
placé sous l'invocation de ces lois éternelles du juste
et de l'injuste qui ne changent ni ne varient, afin

que la vérité qui est une, une fois bien saisie, pût s'imposer et se faire prévaloir [1].

Mais ce triomphe de la vérité sur l'erreur, de la justice sur l'abus de la force, de l'humanité sur la barbarie, M. Lucas n'a point pensé qu'il pût être l'œuvre d'un jour. Sans doute en physique, en mathématique, en métaphysique même il existe des vérités d'intuition immédiate, des axiomes d'une telle évidence, qu'ils n'ont pas besoin de démonstration.

Mais en morale et en philosophie en est-il toujours ainsi ? Ces sciences sublimes n'ont-elles pas particulièrement pour bases la conscience et la raison de l'homme ? Or, ce double sanctuaire de la partie immatérielle de notre être est-il toujours régi par des principes immuables, et peut-il offrir à l'analyse expérimentale, comme le font les sciences exactes et naturelles, cette fixité, cette infaillible évidence qui n'admettent ni doute ni examen ? Non, assurément. L'esprit de l'homme est accessible à l'erreur, sa raison est souvent obscurcie par les ténèbres de l'ignorance et du préjugé ; et sa conscience, écho de Dieu même, mais écho souvent infidèle, ne suit pas toujours invariablement les saines inspirations du devoir. On la voit confondre, dans un culte idolâtre, le bien avec le mal, la vertu avec le crime, et consacrer pendant de longues années des pratiques monstrueuses, qui plus tard doivent exciter en elle repentir, dégoût et horreur. Nous l'avons déjà dit, quelles coutumes inhumaines, quels usages barbares n'ont pas eu la

_____

(1) Introduction au Système pénal.

sanction des peuples et des siècles[1]? Et de nos jours encore, combien d'absurdes et révoltantes pratiques ne sont pas en honneur dans ces vastes portions de la terre où le flambeau de la civilisation n'a point pénétré[2]!

Pour que le voile de l'erreur se déchire, pour que la vérité triomphe, que d'incroyables obstacles il lui faut surmonter! Tout s'oppose à sa marche naissante; ignorance, orgueil, fanatisme, tout lui est entrave et empêchement. L'homme lui-même, insensé qu'il est, se montre rebelle à son empire; il repousse sa vive lumière qui l'éblouit; son bienfaisant éclat l'importune; il ferme ses yeux, bouche ses oreilles, abrutit son intelligence, endurcit sa sensibilité et s'opiniâtre ainsi à méconnaître les avantages d'une abolition

---

(1) Ouvrez les annales de toutes les nations, et vous ne verrez dans leurs pages sanglantes qu'un long tissu d'atrocités.

Il a existé en Danemarck et dans une partie de l'Allemagne, vers le milieu du siècle passé, une secte religieuse dont les principes étaient plus effrayans que les plus noires passions. Selon ces fanatiques, le moyen le plus sûr de gagner le ciel n'était pas la bonté des actions morales, mais le repentir, et l'efficacité de ce repentir était d'autant plus grande qu'il absorbait davantage toutes les facultés : or, plus le crime qu'on aurait commis était atroce, plus on était sûr qu'il donnerait aux remords cette énergie expiatoire. C'est avec cette logique qu'un forcené sortait de sa maison pour mériter le salut et l'échafaud en assassinant un enfant dans l'âge de l'innocence. Si cette secte avait pu se maintenir, c'en était fait du genre humain. Je ne sais où j'ai lu qu'en Prusse, au premier exemple de ce fanatisme, le grand Frédéric fit enfermer l'assassin dans une maison de fous. Il pensa que lui donner la mort c'était moins le punir que le récompenser; ce fut assez pour arrêter le délit. (cité par Bentham, tome 1, page 24.)

(2) On sait combien ont été inutiles, jusqu'à ce jour, les efforts des Anglais, dans l'Inde, pour détruire la coutume barbare qui oblige les femmes à se donner la mort sur le tombeau de leurs époux.

nécessaire ou d'un changement réparateur. Les sacrifices humains, le supplice des prisonniers ont long-
temps souillé les mœurs des nations sans que ces actes
abominables parussent offenser en rien les idées de
devoir et de religion. L'esclavage, cet odieux abus de
la force, a été consacré par le long assentiment des
peuples les plus civilisés de la terre, et il n'a dû sa chute
complète qu'à l'établissement du christianisme. Le
combat judiciaire, cette sanglante parodie de la justice, cette amère dérision connue sous le nom de
jugement de Dieu, le combat judiciaire n'a pu être
aboli en France qu'avec des peines infinies, et l'ordonnance célèbre de saint Louis qui le prohiba fut
accueillie avec la plus grande défaveur. Enfin, à une
époque éminemment éclairée, où tout tendait au progrès et au perfectionnement, le système pénitentiaire
qui fait aujourd'hui la gloire et le bonheur des États-
Unis de l'Amérique n'a pu s'y impatroniser qu'après
de longues épreuves et de pénibles difficultés, et dans
les prisons mêmes, où devaient surtout éclater les
bienfaits de son influence, on n'a pu l'établir qu'après
effusion de sang[1]!

Tel est l'esprit humain auquel il est permis d'appliquer ce que M. Guizot dit de l'esprit du pouvoir :
« La vérité s'y glisse lentement, et quand elle y entre,

(1) Pour donner une preuve du degré d'aveuglement et de barbarie
auquel peuvent s'abandonner, dans tous les temps, même les esprits en
apparence les plus éclairés, il suffira de rappeler qu'un très moderne pu-
bliciste, portant la parole dans nos débats législatifs, ne crut pas pouvoir
mieux justifier la peine de mort qu'en disant *qu'après tout un jugement
à mort n'était qu'un jugement en première instance, et que l'on était
renvoyé en appel devant Dieu.*

ce n'est pas pour y régner aussitôt. Il refuse long-
temps de la croire : forcé de la croire, il refuse long-
temps de lui obéir. » Mais, ajouterons-nous, quand
une fois l'heure de la conviction est venue, quand la
lumière a pénétré pour ainsi dire dans tous les pores
du peuple, qu'elle s'est mêlée à sa substance, alors le
besoin de la réforme long-temps différée devient
impérieux et irrésistible, et il est aussi impossible de
refuser d'y satisfaire qu'il a été difficile d'en faire
sentir la nécessité. C'est ce qui arrive pour la peine
de mort. Long-temps l'abolition de cette peine fut
considérée comme un rêve, une chimère, une risible
utopie, comme un crime même dans certains lieux;
et cependant aujourd'hui toutes les nations s'agitent
en sa faveur, toutes les ames honnêtes la désirent,
et le cri révélateur qui a proclamé l'inviolabilité de
la vie de l'homme, a trouvé dans le monde entier un
écho inextinguible, un immense retentissement. Ah!
pouvait-on ne pas reconnaître que pour un juge
faillible c'est une sacrilége audace, une effrayante
responsabilité que d'anticiper sans mandat sur les décrets de la Providence, et de renvoyer à Dieu, privé
de la vie, le cadavre d'un être qu'il a animé de son
souffle immortel; que le premier coup de hache qui
termine dans le sang une existence matérielle n'est
que le premier anneau d'une invisible chaîne, d'un
mystérieux avenir; car l'homme n'entre pas tout
entier dans la tombe et il y a pour lui quelque chose
encore par-delà l'échafaud.

Mais où sont vos preuves? disent nos adversaires.
De quelle démonstration mathématique faites-vous
résulter l'illégitimité de la peine de mort?

Voici notre réponse :

Si du temps de Socrate et de Platon, lorsque l'esclavage ne choquait ni la religion ni les mœurs, l'un ou l'autre de ces philosophes avait élevé la voix contre cette odieuse coutume, invoquant à l'appui de sa requête généreuse les éternelles lois du juste et de l'injuste et les droits sacrés de l'humanité, et que quelque contradicteur scrupuleux fût venu froidement lui dire : Vous affirmez que l'esclavage est un illégitime abus de la force; mais ce n'est point là un axiome d'une évidence irréfragable, une vérité d'intuition immédiate. Où sont vos preuves? fournissez vos preuves; car, sans une démonstration de fait exacte et rigoureuse, nous ne pouvons vous croire, la pratique des siècles et des peuples étant contre vous. L'illustre philosophe n'eût-il pas été fondé à repondre : Que me parlez-vous de pratique des siècles, de preuves matérielles! vous êtes des barbares! Je demande l'abolition d'une coutume abominable qui vous ravale au rang des bêtes féroces et dont la nature a horreur. J'invoque ce qu'il y a de plus saint dans les lois divines et humaines. S'il vous faut d'autres preuves, sophistes insensés et cruels, cherchez-les dans votre cœur et dans votre conscience ; honte et malheur à vous si elles n'y sont pas! Sans doute, le contradicteur opiniâtre aurait dédaigneusement souri à cette réponse, traitant Platon ou Socrate de philantrope et de rêveur. Et cependant plus tard, l'humanité a vu briller le jour de son triomphe, l'esclavage a été aboli. Qui tenterait aujourd'hui de le rétablir?

Eh bien! pour vous aussi, partisans de la peine de mort, tel sera notre langage.

Si la démonstration de M. Lucas ne peut vous satisfaire; si l'invocation des lois éternelles du juste et de l'injuste vous trouve sourds; si vous êtes insensibles au cri de la nature, à la grande voix du progrès, à la marche entraînante de la civilisation, qui sont des preuves aussi; enfin, si vous pouvez vous garantir de ce doute terrible qui plane sur le monde comme un fantôme et s'est attaché à toutes les ames comme un remords rongeur; hommes stoïques et scrupuleux, descendez en vous-mêmes, consultez bien votre raison pure de tout alliage, libre de tous préjugés, et ces preuves qui vous manquent encore, vous les trouverez dans vos cœurs et dans vos consciences, car c'est là que Dieu les a déposées. Ah! vous seriez trop à plaindre si elles n'y étaient pas!

Du reste, ainsi que nous l'avons annoncé, de tous les auteurs qui ont combattu M. Lucas, et qui, au dire de M. Silvela, ont si victorieusement réfuté son système, aucun n'a fait le moindre effort pour donner à son tour la preuve directe de la justice et de la légitimité de la peine de mort; tous se sont réfugiés, comme leurs devanciers, dans la question de l'utilité commune, *de la nécessité.*

M. Silvela s'en plaint avec amertume. Il leur reproche d'avoir désespéré d'établir cette preuve; d'avoir, comme Alexandre, tranché le nœud gordien; et c'est, de son aveu, un bien triste moyen, en fait de raison, que la supercherie du héros de Macédoine.

Cependant, ajoute-t-il [1], la question est inévitable;

(1) Du Maintien de la peine de mort, page 58 et suivantes.

là gît la difficulté : il doit être possible de s'en tirer autrement.

..... « Qu'importe que le législateur déclare, par la bouche du juge, que la mort de tel ou tel individu est utile au plus grand nombre ? La victime choisie aura le droit de lui dire : Législateur, ma mission n'est point celle d'être offert en holocauste à l'utilité du plus grand nombre ni de tous. Je ne suis point venu au monde, comme le Christ, pour la rédemp- tion du genre humain; je n'ai reçu de la nature d'autres devoirs que celui de ma conservation. Ce n'est point dans l'utilité des autres, c'est dans mon utilité à moi qu'il faut venir chercher l'origine de mes devoirs..... C'est dans les lois de mon organisa- tion, lois qui sont pour moi les lois suprêmes, les seules pour moi irrécusables, incontestables; c'est là, dis-je, qu'il faut trouver la justice de ma destruc- tion.

« Avec quelle inconcevable légèreté n'a-t-on pas passé sur de telles difficultés, sur des réclamations aussi fondées !

« Il n'y a qu'un moyen de répondre à une pareille argumentation, c'est de fournir à ce même individu qui parlait tout à l'heure la preuve qu'il réclame; c'est de lui prouver d'une manière directe et primi- tive que, dans les lois même de son organisation, nous trouvons la légitimité de la peine qui le con- damne à mort. »

Et M. Silvela entreprend de fournir cette preuve. S'il ne le fait pas, à notre avis du moins, d'une ma- nière concluante, il est juste de dire qu'il remplit sa tâche consciencieuse avec la loyauté et la noblesse qui distinguent son talent.

« L'utilité de chacun, l'utilité individuelle si intimement liée à l'utilité commune...

« ..... Il nous est moralement permis d'employer à notre destruction les moyens qui atteignent le mieux le but de notre conservation. »

Tels sont les principes qui servent de base à son système ; suivons-le dans les développemens.

« *Se conserver* et *se détruire*, considérés comme des signes abstraits, sont deux images d'une opposition absolue ; mais *se conserver* et *se détruire*, considérés comme des faits tels qu'ils existent dans tous les êtres organisés, chez les hommes comme chez les animaux, ne sont ni exclusifs l'un de l'autre, ni d'une opposition absolue, puisqu'au contraire ces êtres ne se conservent que par les mêmes moyens qu'ils se détruisent.

..... « Considéré comme un être moral, l'homme ne peut user de ses facultés physiques, quoiqu'il ait la possibilité d'en user dans toute leur étendue : il en est qu'il ne convient pas à l'être moral d'employer. Considéré comme être raisonnable, il ne peut rien faire bénévolement et sans cause ou sans motif. Mais lorsque son motif d'agir est *juste, conforme à la raison*, tout lui est permis, même de se détruire, c'est-à-dire de consentir à perdre la vie. Eh! que pourrait-il donc s'il ne pouvait cela, puisque pour lui vivre n'est autre chose qu'user ses forces vitales, et les perdre par l'usage ? Vivre n'est point acquérir ou conserver ; vivre c'est dépenser, user, et dans ce

genre de dépense comme dans tous les autres, nous
ne devons être ni avares ni prodigues. La sobriété
dans l'usage des plaisirs n'est une vertu que parce que
c'est par elle que nous faisons de la vie le meilleur et
le plus long usage possible.

« Il semble donc, d'après cela, qu'un pacte, bien
qu'il puisse renfermer la condition de notre destruction lente ou instantanée, est non-seulement un droit
pour nous de le faire, mais même il devient un devoir de le contracter toutes les fois que cette condition
du juste motif se trouve suffisamment établie; c'est-
à-dire, si, en exposant ainsi notre vie par les chances
de cette condition, nous ne le faisons que pour mieux
conserver notre existence.

« ..... Ce pacte se réduit à ce peu de mots : Vous
respecterez mon existence, vous la défendrez; de
mon côté, j'agirai de même envers vous. Consentons
réciproquement à être détruits, si nous privons injustement de la vie un de nos semblables. »

« ..... Et qu'on ne dise pas qu'il est possible de former ce pacte avec tous ses avantages et sans cette
condition. La réponse est facile à cette observation
beaucoup trop philantropique. *Il me faut votre vie
pour garantie de la mienne*; tel est le cri de l'humanité..... Cette menace de mort était ma garantie,
c'était mon droit; il m'appartient comme tous
mes autres droits que vous n'avez pas la faculté
d'anéantir.

« Reconnaissons donc comme juste tout ce qui est
nécessaire, et concluons de tout ce qui vient d'être
dit que nous avons, mais seulement d'une manière

conforme à la raison le droit de nous détruire.....

« ..... Mais non-seulement les individus peuvent donner en garantie leur vie, qui est leur véritable, leur seule propriété, et à laquelle se rapportent toutes les autres, la société le peut aussi en tant que société.....

« ..... Si un homme est injustement attaqué, comment peut-il satisfaire au devoir de sa conservation, s'il ne lui est pas permis d'employer le seul et unique moyen que la nécessité mette dans ses mains? A-t-on jamais accusé de meurtre l'homme qui, repoussant une injuste agression, devient l'homicide de l'assaillant? Et comment l'homme injustement attaqué aurait-il acquis le droit de tuer l'assaillant, si celui-ci n'eût perdu le droit à sa propre existence? Impossible de concevoir, en morale comme en raison, deux droits opposés existant simultanément. *Par le fait de l'agression, l'assaillant a perdu indubitablement le droit à la vie, et voilà pourquoi on peut la lui ôter sans crime.*

« Et maintenant, si l'assaillant perd le droit à la vie par le fait d'une injuste agression, pense-t-on qu'il puisse le recouvrer par l'accomplissement de son crime?

« ...... La société poursuit le criminel, et si elle trouve dans son crime tous les caractères d'une perversité noire, toutes les données capables d'établir la présomption la plus fondée qu'il y a incompatibilité entre l'existence de l'assaillant et la vie de tous les autres citoyens, la société a le droit d'agir envers celui qui, comme nous venons de le voir, a perdu

tout droit à la vie, de la même manière que nous
agirions nous-mêmes.

« ..... Le principe, qu'on doit s'abstenir de tuer
l'assassin désarmé, doit être renfermé dans de justes
limites. Il faut suspendre l'exécution de la mort lorsqu'il vient de céder à une force matérielle supérieure
à la sienne, jusqu'à ce qu'on puisse établir, par l'examen des motifs qui le décidèrent au crime, par les
circonstances enfin, toutes les garanties morales qui
doivent concourir au jugement qui le détruit ou lui
conserve la vie. L'accusé doit être entendu : voilà son
droit; la société doit juger avec justice, avec indulgence même : c'est son devoir. »

Je ne sais si je m'abuse, mais il me semble que
tous ces raisonnemens sont plus brillantés que solides,
plus spécieux que convaincans; et si quelque chose a
droit de surprendre, c'est qu'un homme aussi capable que M. Silvela ait pu se laisser séduire par leur
prestige mensonger.

Et d'abord, ce qui frappera le lecteur le moins atten-
tif, c'est qu'après être parti de l'utilité individuelle
et de l'utilité commune intimement liées ensemble,
pour en faire découler le principe de la légitimité de
la peine de mort, attendu, dit M. Silvela, que
l'homme et la société ont le droit d'employer à leur
destruction les moyens qui atteignent le mieux le but
de leur conservation, cet auteur est forcé, en se ré-
sumant, de déclarer qu'il faut reconnaître *comme
juste tout ce qui est nécessaire;* en sorte qu'oubliant
ses prémisses, et au lieu de prouver le droit et la justice sans s'inquiéter de l'utile, il se voit réduit à con-

clure la justice de l'utilité et de la nécessité. D'un autre côté, que dire de cette étrange définition des mots *se conserver* et *se détruire*, et de l'application plus étrange encore que M. Silvela en fait aux hommes et à la société? Quoi! parce que « *l'être se conserve par la nutrition, et que la nutrition est le résultat d'une digestion, de l'effort d'un organe qui, tout en décomposant d'autres substances pour l'assimilation, s'affaiblit par son action et finit par se détruire à force de s'affaiblir*[1], » vous en concluez que l'homme peut aussi, pour assurer sa conservation, affaiblir ses forces vitales, les perdre par l'usage, dépenser sa vie et enfin consentir, dans un cas donné, à subir la mort! et la légitimité de cette peine vous paraît suffisamment justifiée par le motif *juste et conforme à la raison* qui détermine l'homme à exercer ce *droit-devoir*[2] que vous lui attribuez de se conserver et de se détruire, ou soit de se détruire pour se conserver!

En vérité, ce n'était pas la peine de descendre des hautes régions de la morale et de la philosophie pour arriver à une pareille argumentation; et il valait encore mieux, à mon sens, reléguer la question de la légitimité de la peine de mort dans le domaine des questions vaines et oiseuses que de chercher à la résoudre par ces singulières distinctions à coup sûr bien plus extraordinaires que les distinctions de personnalité et d'impersonnalité sur lesquelles on a

(1) Ce sont les propres expressions de M. Silvela.

(2) Mot nouveau créé par M. Silvela pour le besoin de sa démonstration.

vainement tenté de déverser le ridicule et le mépris.

Oui, sans doute, l'homme a le droit de se conserver; il en a non-seulement le droit, mais le devoir;
et si, dans le cas de légitime défense, il tue l'assassin qui l'a attaqué, ce n'est point en vertu d'un absurde droit de destruction, mais en vertu du devoir de sa conservation. Une fois sa vie sauve, une
fois l'agresseur désarmé, l'état de légitime défense
n'existe plus, il n'y a plus de droit à l'existence en
péril [1].

Que l'assassin ait consommé ou non son lâche forfait, il doit compte à la société de cet acte d'usurpation sacrilége; la société, grace au ciel, n'est point
désarmée contre lui. Infliction d'une peine immédiate
et certaine en rapport avec la perversité de l'action
et la criminalité de l'intention de l'agent; exemple
de répression salutaire dans la menace de cette peine
pour quiconque serait tenté de violer le même devoir;
et moyen d'amendement dans l'exécution de cette
peine pour la personne même du condamné; voilà
les élémens légitimes de pénalité que la société possède, et ils peuvent suffire à sa conservation. La
mort, comme peine, n'appartient qu'à Dieu; la société ne saurait l'infliger sans crime quand bien même

---

(1) Les hommes, dit le vertueux Duport, ont gardé et gardent encore,
dans l'état de société, l'exercice de la défense personnelle, dont l'obligation
immédiate peut seule motiver et justifier la mort de celui qui attaque;
et ils ne remettent à la société qu'un droit de protection générale, celui
de prévenir et réprimer les agressions; droit qui ne renferme point la
nécessité et par conséquent l'excuse du meurtre.

elle lui serait nécessaire; et dans son intérêt matériel, on peut dire qu'elle ne le doit pas; car la peine
de mort a des inconvéniens immenses que nous ne
tarderons pas à signaler, et il est notoire qu'elle ne
remplit qu'une faible partie des conditions que la
société doit rechercher dans un châtiment.

L'éternelle erreur des partisans de la peine de
mort, et de M. Silvela en particulier, est de s'imaginer que cette peine est un remède souverain, une
panacée universelle qui seule peut guérir toutes les
plaies sociales, et assurer l'existence individuelle et
collective de toutes les classes de citoyens. De là, ces
prétendus pactes et contrats entre la société et les
membres qui la composent; de là, ces farouches paroles : « *Il me faut votre vie pour garantie de la
mienne;* » comme si la société était un ramassis de vils
brigands, de féroces assassins stipulant entre eux
dans la prévision et avec la conscience de leurs forfaits à venir; comme si la menace de la mort devait
suffire pour étouffer dans les cœurs le germe des coupables pensées, des furieuses passions; comme si
enfin, lorsque malgré la terrible menace, un attentat
était commis, il suffisait pour rétablir l'ordre et calmer
l'alarme d'envoyer une victime humaine à l'échafaud
comme à un sanglant abattoir.

En résumé, l'on peut dire qu'il n'existe que deux
cas de légitime défense pour l'homme et pour la société; le premier est l'attaque d'homme à homme
dont nous venons de parler plus haut; le second est
l'attaque de peuple à peuple, c'est le cas de guerre.
Dans l'un comme dans l'autre de ces cas, une im-

périeuse nécessité peut forcer l'homme ou le peuple à donner la mort à ceux qui attaquent leur existence; mais nous avons vu que c'est là plutôt un devoir de leur conservation qu'un droit sur l'existence de leurs agresseurs. L'homme ou la société n'ont pas plus le droit de tuer l'assassin désarmé qu'un peuple n'aurait le droit de mettre à mort le peuple ennemi qu'il aurait réduit par la force des armes. Vainement allé-guerait-on, comme M. Silvela, que l'existence de l'assassin est incompatible avec celle de la société au sein de laquelle il a porté l'épouvante; une semblable incompatibilité peut aussi exister entre deux peuples voisins; et certes, l'on n'ira pas jusqu'à dire que l'un des deux pourrait puiser dans la victoire le droit d'immoler l'autre de sang-froid, et de chercher une atroce sécurité dans l'extermination de son adver-saire. Je n'entends pas assurément assimiler le lâche assassin à un ennemi loyal, quoique acharné; mais il s'agit de réfuter ce principe d'une prétendue incom-patibilité qu'invoque M. Silvela, et la fausse applica-tion qu'il fait du droit de légitime défense; et l'on voit que, même en partant de données en apparence exactes et rigoureuses, il est facile, lorsqu'on force les conséquences, de tomber dans l'absurde.

M. Silvela consent, il est vrai, si l'assassin est ar-rêté vivant sur le théâtre de son crime, qu'il n'y soit pas immédiatement égorgé. Il exige des lenteurs, des formes, un examen préalable des motifs et des cir-constances avant de l'abandonner au bourreau. C'est quelque chose, sans doute; mais, dans sa touchante sollicitude, comment cet auteur n'a-t-il pas compris

qu'aussitôt qu'il met la balance dans la main des
hommes pour y peser l'intention de l'agent, le rapport
de son action avec la loi morale violée et la peine
extérieure qui convient aux degrés de 'criminalité de
l'agent et de l'acte, il ne s'agit plus uniquement des
pouvoirs conférés à la société pour punir et se conserver,
mais du domaine de la conscience, du domaine de
l'avenir, de ce droit redoutable de vie et de mort
que Dieu seul peut avoir sur ses créatures, et que
toute la puissance des hommes ne peut s'arroger sans
usurpation et sans sacrilége.

Si du moins les partisans de la peine de mort pré-
sentaient à l'appui de leur système quelques faits
concluans d'où pût jaillir en leur faveur l'autorité de
l'expérience, leur cruelle insistance et leur aveuglement extraordinaire pourraient s'excuser. Mais non;
courbés sous le joug de la routine, préoccupés d'une
insurmontable terreur qui offusque leur jugement,
ils se hâtent de crier pour le maintien d'une peine
qu'ils croient nécessaire à leur sûreté; ils la proclament légitime pour étouffer la voix de leur conscience
alarmée; mais les voit-on du moins s'enquérir du bien
qu'elle a pu faire, du mal qu'elle a pu produire? non;
ils ne s'en inquiètent pas du tout. Et cependant, si
nous regardons en arrière, si nous lisons dans le
passé, quel cœur ne se briserait à l'aspect de ces
sanglans sacrifices si inutilement prodigués, de ces
hécatombes humaines dont l'origine se perd dans la
nuit des âges, et qui semblent n'avoir été si long-
temps offertes à ces divinités insatiables, que la cré-
dulité populaire encense sous les noms d'*intérêt* et

de *nécessité*, que pour attester plus énergiquement
au monde l'inefficacité de la peine de mort.

Eh quoi! hommes impitoyables, ne voyez-vous
pas que c'est en vain que vous vous baignez dans le
sang? Ah! si du moins la mort que vous prodiguez
avec une si incroyable assurance bannissait du sein
de la société les meurtres et tous les attentats qui la
désolent, si du moins elle en diminuait le nombre;
peut-être, malgré l'illégitimité de cette peine, con-
sentirions-nous à nous voiler la face, et à subir, dans
l'intérêt de la société elle-même, un châtiment barbare qui révolte la nature et l'humanité. Mais quand,
près des échafauds en permanence, nous voyons les
assassinats se multiplier [1]; quand nous voyons dans
vos mains homicides la balance de la justice incertaine et le glaive de la loi sans vertu; quand nous
voyons le peuple dépravé par vos exécutions sanguinaires, esclave comme auparavant de ses passions,
de l'ignorance, de l'abrutissement et de la férocité;
oh! qu'il nous soit permis d'élever la voix pour
crier anathème! qu'il nous soit permis de proclamer

---

[1] En Espagne, en Italie etc. etc. — Le compte-rendu de l'administration de la justice criminelle en Espagne pendant l'année 1826, publié
par *la Gazette de Madrid*, présente le résultat suivant; *crimes contre les
personnes* : homicides, 1,233; infanticides, 13; empoisonnemens, 8 ;
anthropophagie, 1; blessures graves et mutilations, 1,773; rapts, 52;
calomnies, 369 : total, 3,436. *Crimes contre les propriétés :* incendiaires,
86; vols, 1,620; émissions de monnaies, 10; faux, 43; violations de dépôts,
640; prévarications, 10 : total, 2,379.

D'où il suit que dans ce pays, où le bourreau campe en quelque sorte
sur la place publique, le nombre des crimes contre les personnes a excédé
de 1,057 celui des crimes contre les propriétés, et que le nombre *des
seuls homicides* a presque égalé celui des vols.

l'insuffisance et l'illégitimité de la peine de mort ; qu'il nous soit permis de vous demander compte, au nom de l'humanité gémissante, de chaque goutte d'un sang qu'il ne vous appartenait pas de répandre pour le bien de la vertu même, et qui fut versé par vous dans le seul intérêt du crime, sans nécessité comme sans mandat.

Oui, sans nécessité, et c'est là le nouveau terrain où doit triompher la noble cause que je défends. L'illégitimité de la peine de mort étant démontrée, il me reste à prouver son inutilité.

Cette démonstration sera superflue pour ceux qui, adoptant la bannière de M. Lucas, jugeraient la peine de mort illégitime, car, de l'aveu même de nos adversaires, la question du juste et du droit domine ici celle de l'utile ; et, le jour où la peine de mort sera universellement reconnue, tous les échafauds doivent tomber.

Mais nous n'espérons pas d'impossibles prodiges : la vérité, même avec l'appui de la conscience, pénètre lentement dans les cœurs. Quelque nombreuses que soient les conversions, il restera long-temps encore des hommes craintifs et de bonne foi qui, s'obstinant par un scrupule de faiblesse superstitieuse à laisser de côté la question du juste, se réfugieront pour s'étourdir dans la question de l'utilité et de la nécessité.

C'est là qu'il faut les suivre ; c'est dans ce dernier retranchement de leur erreur opiniâtre qu'il faut les forcer.

Ainsi, réunissant en faisceau les divers argumens que nous aurons présentés en faveur du double système, nous pourrons interpeller tous nos adversaires et leur dire ; aux uns : respectez la vie de l'homme, car elle est inviolable et sacrée et la peine de mort est illégitime ; aux autres : la peine de mort n'est ni nécessaire ni utile, il ne faut pas tuer !

Mais avant de prouver l'inutilité de la peine de mort, disons un mot de son immoralité.

CHAPITRE DEUXIÈME.

DE L'IMMORALITÉ DE LA PEINE DE MORT.
DU BOURREAU.

> « La justice et l'humanité crient qu'il faut
> « chercher d'autres leçons morales que celles
> « dont la guillotine est la chaire, et dont le pro-
> « fesseur est le bourreau. »
>
> M. CH. LUCAS.

Entre l'illégitimité de la peine de mort et son inutilité se place, comme obstacle intermédiaire, son
immoralité. Il semble que l'Être suprême, en éclai-
rant l'esprit de l'homme de toutes les lumières, en
armant son cœur de toutes les répugnances, ait voulu
l'éloigner d'une peine barbare vers laquelle l'amour
de la vengeance et les grossiers penchans d'une nature encore brute pouvaient primitivement l'entraîner.
Vaines précautions ! L'homme a trouvé le moyen
d'éluder les paternelles intentions de son créateur ;

et il a cru pouvoir préserver sa conscience du poids des remords en rejetant toute l'horreur et toute l'infamie d'un sacrifice qu'il avait soin de proclamer nécessaire sur la personne de l'être avili qui s'en rendait l'exécuteur. De là cet opprobre et cette réprobation universelle qui sont aujourd'hui encore l'odieux apanage du bourreau, et dont l'origine, comme celle de la peine de mort elle-même, remonte presque à l'aurore de la création.

Et cependant, si la peine de mort est légitime, si elle est nécessaire, si seule elle peut assurer la paisible existence des sociétés, n'y a-t-il pas une cruelle inconséquence à flétrir l'homme qui se dévoue aux repoussantes fonctions dont elle est la source, et qui, dans l'intérêt général, se constitue le glaive vivant de la loi? En se chargeant de ce terrible mais utile ministère, ne fait-il pas acte de bon, de vertueux citoyen? Protecteur de la vie et du bien-être de ses frères, pourquoi devient-il l'objet de leur mépris, de leur dégoût, de leur exécration? Pourquoi, dit le docteur Masson, le bourreau, sa femme, ses enfans, ses valets, sont-ils aussi infâmes que les plus grands scélérats? Pourquoi leur contact souille-t-il? leur amitié pèse-t-elle? leur voisinage est-il abject? leur souffle est-il immonde?

Ah! c'est qu'il existe dans tous les cœurs un sentiment inné du juste et du bon, une instinctive horreur du sang que n'ont pu étouffer les sauvages inspirations d'une férocité brutale, ni les fallacieuses raisons d'un paresseux et froid égoïsme. C'est que, dans toutes les consciences, il y a une voix intérieure qui nous crie que la vie est un don de Dieu, un don mystérieux et sublime que Dieu seul peut ravir à ses créatures; que l'homme ne peut, sans crime et sans impiété, porter sur ce bien précieux une main sacrilége; et que quiconque met à mort son semblable, de quelque manière que ce puisse être, furieux ou de sang-froid, abdique à l'instant sa noble nature, et se couvre à jamais du stygmate de l'infamie [1].

Comment les législateurs de tous les âges et de tous les pays n'ont-ils pas reconnu, dans cet universel anathème qui s'attache à la personne du bourreau, la preuve la plus éclatante, la plus irréfragable de l'injustice et de l'immoralité de la peine de mort? Sans doute à des époques reculées, où la violence, le brigandage et le fanatisme régnaient despotiquement sur l'univers, la voix faible encore de l'humanité et de la nature a pu être étouffée par la voix plus puissante des passions. Mais, au moins, depuis que la civilisation et la philosophie ont adouci les mœurs des peuples, éclairé leur raison, fécondé leur intelligence, comment les législateurs n'ont-ils pas senti qu'ils ne pouvaient imposer à l'homme ces sanglans sacrifices, sans outrager les lois de son être, ces lois sacrées et imprescriptibles qui émanent de Dieu, et dont l'homme est seul ici-bas le vivant et inviolable sanctuaire?

(1) Le seul bourreau de Rouen a tué *deux cent trente-un de ses semblables* dans l'espace de vingt-cinq années, de 1800 à 1825, ainsi que l'atteste un mémoire de M. Vingtrimer, relatif aux prisons de Rouen. Deux cent trente-un meurtres, grand Dieu! et un pareil homme ne serait pas le plus infâme, le plus exécrable des assassins!

4

Car enfin, fût-il mille fois prouvé que la peine de
mort est juste et légitime en elle-même, il est évident que cela ne suffirait pas; il faudrait en outre démontrer que le moyen employé pour infliger cette
peine est juste, légitime et moral. *Qui veut la fin
veut aussi les moyens*, c'est incontestable; mais si
la fin est légitime et juste, il faut que les moyens le
soient aussi. Autrement, une action bonne, vertueuse
et utile dans son origine, pourrait dégénérer en attentat nuisible, en crime abominable par l'exécution.
Telles sont les premières règles du droit naturel, les
invariables principes du devoir qui ne peuvent faillir
lorsqu'on les consulte dans le silence des préjugés et
des passions.

Mais, abstraction faite de l'illégitimité de la
peine et de l'indignité des moyens, n'y a-t-il pas
dans une exécution à mort un inconvénient moral
d'une portée immense qui résulte de sa publicité nécessaire et de l'impression pernicieuse qu'elle produit
sur ceux qui en sont témoins?

Me voici dans la place publique : un échafaud est
dressé; une troupe armée l'environne. Derrière elle
se précipite, se heurte, se presse une foule innombrable, curieuse, animée, féroce, haletante. Elle est
là pour un spectacle, elle savoure à l'avance l'horrible émotion qu'elle va puiser dans le sang. Mais
déjà elle témoigne sa brutale impatience. J'écoute;
ô scandale! ô honte! De sales propos, de grossiers
quolibets, d'ignobles et infernales plaisanteries, voilà
ce que j'entends. Parmi cette foule de vieillards,
d'hommes faits, de femmes, de filles et d'enfans,

pas un sentiment honorable, pas un soupir de sensibilité, pas un mot d'humanité, rien qui révèle
l'horreur du crime ou le repentir; rien qui témoigne
que le lugubre spectacle qui frappe les regards fasse
sur l'ame une impression morale et salutaire. O nature! où sont tes lois saintes? l'impudeur, la cruauté,
l'égoïsme, le vol, la brutalité, l'amour du sang et
des tortures, semblent s'être donné rendez-vous sur
ce théâtre hideux de la mort. Tout à coup un homme
paraît, pâle et défait, mais calme et résigné; un murmure de satisfaction s'élève du sein de la foule, c'est
le condamné. Victime d'un emportement funeste, il
fut homicide; en privant de la vie un de ses frères,
il viola le pacte social. La loi, en expiation de sa
faute, lui demande le sacrifice de sa propre existence;
la société va être vengée, il va périr. O Dieu! si c'est
là un assassin, la sentence est juste, il mérite la mort.
Être suprême, rappelle vers toi cette créature déshonorée; reprends le souffle qui t'appartient; prive
du bienfait de l'existence celui qui porta sur son semblable une main impie. Mais, ô abomination! ô horreur! un homme s'avance, c'est le bourreau! sans
provocation ni colère, sans qu'aucune passion ne trouble ses sens, il saisit, lui homme, un homme créature vivante comme lui, et il massacre impitoyable-
ment, de sang-froid, aux yeux de tous, cette victime
faible et sans défense. Une tête humaine, détachée de
son tronc, tombe livide dans des flots de sang; un
long cri d'angoisse se fait entendre. A ce moment
suprême, la voix instinctive de l'humanité a repris
son empire. Ne parlez plus à ce peuple qui s'éloigne

plein de dégoût et d'effroi, ne lui parlez plus du crime de l'infortuné qui vient de perdre la vie, de la nécessité de le punir, de l'intérêt de la société ! Vos froids raisonnemens, il eût pu peut-être les apprécier et les comprendre avant le hideux spectacle dont il vient d'être témoin ; mais maintenant deux sentimens oppressent exclusivement son cœur : pitié, pitié! pour la victime ! horreur, horreur inextinguible pour le bourreau, pour l'assassin !

Ce tableau si repoussant nous ne l'avons point exagéré. Si, sans sortir des limites du vrai, nous avions voulu le charger de plus noires couleurs, nous n'aurions eu qu'à tracer le récit d'une exécution à mort dans un autre pays que la France, en Espagne par exemple. C'est alors que l'on aurait vu plus réellement encore le spectacle de l'homme ôtant la vie à l'homme, matériellement, physiquement, de ses propres mains, après une lutte ignoble et barbare que prolonge toujours la lente et douloureuse agonie du supplicié.

Il faut donc le reconnaître, le spectacle d'une exécution à mort est essentiellement immoral, puisqu'il tend à corrompre les mœurs du peuple, à fausser son jugement, à dépraver son cœur en le familiarisant avec l'image du meurtre, et en l'attirant sur la place publique par l'attrait d'un plaisir féroce qui flatte ses penchans grossiers; puisqu'enfin, après l'exécution, ce spectacle, loin de pénétrer les assistans d'une salutaire et religieuse terreur, leur inspire, au contraire, une compassion irréfléchie pour le supplicié, une haine injuste pour l'autorité, et surtout une inexprimable et invincible horreur pour l'homme sans entrailles qui s'est fait le glaive vivant de la loi.

Sans doute, l'impression produite par ces spectacles sanguinaires n'est pas toujours la même ; elle doit nécessairement varier suivant les temps, les lieux, les circonstances et une infinité d'autres causes ; mais, ce que l'on peut hardiment affirmer, c'est qu'elle est toujours immorale et funeste[1]. Ces cruelles exécutions enlè-

(1) Il suffit, pour n'en point douter, de s'être mêlé une seule fois à la multitude qui environne un échafaud. Nos adversaires avouent presque tous qu'ils n'ont pas eu ce triste courage : quelle peut être dès lors l'autorité de leurs paroles? hélas! c'est une épreuve cruelle; mais dans l'intérêt de la vérité et de l'humanité il fallait se résigner à la subir.

« Pendant qu'on démonte l'appareil, dit M. Bossange, » (des crimes et des peines capitales, page 76), des groupes se forment de nouveau; ce sont ceux qui étaient trop loin qui écoutent avidement le récit de ceux qui ont eu la bonne fortune de se trouver très près. A peine l'orateur de chaque groupe a-t-il cessé de parler que vingt questions se pressent à la fois, et quelles questions! « Comment était-il habillé? — A-t-il dit quelque chose au bourreau? — A-t-il fait la grimace? — Criait-il? — Pleurait-il? — A-t-il monté lui-même? — Et puis les questions sur sa personne; on veut savoir s'il était gras, maigre, blanc ou roux. Que sais-je? c'est pitié. Une heure après l'exécution d'un célèbre empoisonneur, on parlait encore avec chaleur sur la place; était-il question du procès, de l'horreur du crime, ou de la justice du châtiment? Eh! non, il ne s'agissait que d'une des jambes du condamné qui, lors du coup fatal, avait fait un mouvement convulsif si violent que la courroie avait été rompue.

Voici une note empruntée à M. Lucas (du Système pénal, page 229), qui donne l'idée d'un genre de barbarie plus extraordinaire encore.

« Les journaux ont donné cette année de la publicité à un fait notoire au Palais, à cette féroce curiosité avec laquelle les gens du peuple suivent les audiences de la cour de cassation, où doivent être jugés les pourvois des condamnés à la peine capitale par la cour d'assises de Paris, et la joie plus féroce encore qu'ils font éclater en entendant l'arrêt de rejet qui leur promet leur spectacle gratis. *Le Courrier français* a rapporté ces paroles du peuple, en entendant le rejet du pourvoi de Rutta et Malagutti : *Ah ! tant mieux, nous les verrons au moins.* L'affluence, en effet, rapporte

vent à leurs travaux une foule d'artisans et d'ouvriers
aux passions ardentes, aux organes grossiers, qui
s'y ruent avec une sorte de fureur, parce qu'ils n'ont
pu trouver dans les bienfaits d'une éducation libérale
cette culture de mœurs, cette sensibilité douce qui les
aurait prémunis contre l'entraînement d'une barbare
curiosité. Outre cette perte d'un temps toujours précieux pour l'agriculture et l'industrie, d'autres inconvéniens résultent encore de l'impression terrible
que produisent ces scènes de destruction sur l'esprit
des spectateurs. Des excitations à la vengeance, au
meurtre et au suicide, des attaques d'épilepsie, des
fausses couches, des affections cérébrales de toute
espèce, et enfin ces affreuses monomanies homicides
produites par la contagion d'un fatal exemple, et
dont l'existence long-temps contestée est aujourd'hui
universellement reconnue, grace aux savans travaux

la *Gazette des tribunaux* du 27 mai, que je vais citer textuellement,
fut immense. La multitude encombrait la place de Grève, plusieurs heures
avant le moment de l'exécution, et une foule d'hommes du peuple étaient
assis sur les parapets. Après l'exécution, la charrette qui revenait de la
place de Grève *a été un instant obligée de s'arrêter sur le quai aux
Fleurs. Là, on a vu plusieurs individus monter sur les roues, et, entraînés par une curiosité inexplicable, chercher à entr'ouvrir le panier
qui contenait les deux cadavres.*

« Voici un trait plus récent encore, extrait textuellement de *la Gazette
des tribunaux* du 17 décembre. « Déjà trompée deux fois dans son attente, la foule des spectateurs qui, durant les expositions, encombre la
place du Palais-de-Justice, a pu contempler enfin au carcan la fille Cornier.
Cette malheureuse se soutenait à peine, et ses membres étaient agités par
un tremblement continuel. Quand le bourreau s'est approché pour la flétrir, elle a poussé un grand cri. Dans ce moment, plusieurs voix parties
du milieu de la place ont fait entendre ces mots : *Levez-lui la tête, levez-
lui la tête !* »

et aux consciencieuses recherches des plus illustres médecins[1].

L'enfance elle-même, l'enfance voit la pureté de son innocence et la virginité de ses organes flétries, viciées par ce spectacle corrupteur. On sait ce que peuvent les premières impressions sur notre organisation individuelle. Quand les enfans deviennent des hommes, ces semences funestes d'insensibilité, d'égoïsme et de cruauté, ont germé chez eux avec l'âge, et bientôt elles fermentent et bouillonnent au foyer de mille passions. A toutes les époques critiques de l'histoire, à toutes les phases révolutionnaires, on a vu les enfans imiter dans leurs jeux les atroces immolations qui plongeaient leur patrie dans le deuil. La fusillade, le gibet, la guillotine, les tortures, rien ne manquait à l'exactitude de ces imitations sanguinaires; et souvent même on a vu de petits monstres, dont la férocité se trouvait subitement développée par la contagion de l'exemple, ne plus se contenter d'une vaine parodie, mais inventer des supplices réels, et, à défaut de victimes humaines, égorger des animaux domestiques sur leurs échafauds.

Mais le plus grand danger des exécutions à mort, leur plus affligeant résultat sur la morale publique et le bien-être social, c'est d'endurcir l'ame des citoyens, de les accoutumer au spectacle de la violence et du meurtre, d'anéantir dans leurs cœurs ces sentimens de bonté, de douceur, d'humanité, cette horreur du sang et du carnage que la nature y a gravés, et qui,

(1) Voir le chapitre iv.

fécondés par les inspirations de la conscience et les
lumières de la raison, sont destinés à être, dans la
pensée du Créateur, la véritable sauvegarde de la
société, la plus forte et la plus sacrée garantie de
nos droits, de nos propriétés et de notre existence.
Comment ne voit-on pas que se présenter sans cesse
environné de gibets, de haches et de bourreaux, c'est
traiter la société en ennemie, c'est agir à son égard
comme si elle était une atroce réunion d'assassins et
de bandits? Et cependant l'homme ne naît point
méchant. Malgré le vice de ses institutions, il est
encore généralement partout bon et vertueux; s'il
naissait méchant, si la majorité des êtres vivans était
perverse et cruelle, un grand homme l'a dit, il n'y
aurait point de force sur la terre qui pût enchaîner
leur furie, et le monde n'eût jamais offert que des
scènes de barbarie et de dévastation. Mais non,
l'homme naît en général bon et vertueux, et c'est
sur les nobles penchans qui sont la base de sa socia-
bilité et de sa perfectibilité que se fonde la sécurité
des races humaines. Il faut donc les développer et les
nourrir, car là gît l'espoir et l'avenir des sociétés,
la garantie de leur bonheur, l'élément durable de
leur prospérité. En énervant ces dispositions précieuses, en les usant par les supplices, en les étouffant dans le sang, on enlève à l'édifice social ses fondemens les plus solides, pour leur substituer un
affreux système de tortures et d'échafauds, véritable
système de terreur qui peut bien frapper et intimider
quelques ames faibles, mais qui, pour tous les bons
esprits, ne sera jamais qu'un système d'immoralité

et de déception plus propre à engendrer les crimes qu'à les prévenir.

Prévenir les crimes! ah! telle n'est pas la mission de la peine de mort. Des milliers d'années se sont écoulées depuis que cette peine existe; des milliers de victimes ont péri par la main du bourreau, et l'humanité n'a point vu diminuer le nombre des attentats qui la déshonorent. Plus les exécutions ont été fréquentes et les supplices cruels, plus les forfaits ont augmenté en nombre et en férocité. L'échafaud, si redoutable quelquefois pour le condamné, n'a jamais arrêté le scélérat méditant son crime. Que dis-je? son sanglant appareil semble inspirer le génie du mal; il fait fermenter dans les cœurs gangrenés de noires pensées, d'horribles tentations; et souvent l'on a vu d'effrontés voleurs exercer leur criminelle industrie sur le lieu même du supplice, et dans des villes où le moindre larcin est puni de mort[1].

Mais il faut bien que l'immoralité pernicieuse des exécutions capitales soit frappante et incontestable; que ce soit une de ces vérités de complète évidence, d'intuition immédiate, comme les demande M. de Broglie, car sur ce point la plupart des écrivains se trouvent d'accord. Toutefois, comme une aussi importante concession pouvait ruiner de fond en comble le système des partisans de la peine de mort, ils ont imaginé, pour sauver l'honneur de leurs principes, une curieuse et subtile distinction qu'il est nécessaire d'examiner. Ils ont prétendu qu'autre chose

_____

(1) A Madrid, par exemple.

était la peine, autre chose son exécution ; que les inconvéniens dont ils reconnaissaient eux-mêmes l'existence n'étaient point du tout inhérens à la peine, mais
résultaient uniquement de sa publicité, en sorte que
la non-publicité de la peine devait suffire pour faire
disparaître ces inconvéniens. Ils ont pensé qu'il fallait
pour cela que l'application de la peine de mort eût
lieu en secret, c'est-à-dire hors de la vue des hommes ;
et que, puisque les peines produisaient leur puissant
effet de répression lorsqu'elles étaient certaines,
connues et notifiées à la société, c'était la *notoriété*
de la peine et non la publicité de son exécution qu'il
fallait chercher à obtenir.

Voici le plan d'exécution que MM. Urtis et Silvela
ont imaginé de concert [1].

« Ils voudraient un édifice sans fenêtres, ne rece-
vant la lumière que d'en-haut, comme pour mieux
marquer que celui qui y entre est à jamais séparé du
monde, et ne doit plus communiquer qu'avec le ciel ;
ils le voudraient placé sur une hauteur de manière à
n'être vu que d'une certaine distance.

« Que le condamné, ajoutent-ils, aille vers sa peine
entièrement voilé ; qu'on ne distingue plus rien de
l'homme ; qu'on ne voie marcher que le criminel. Et,
lorsque le bourreau sortira de l'enceinte fatale pour
prononcer à haute voix ces formidables paroles :
l'assassin a vécu, la sensation qui se communiquera
à tous n'aura plus rien de cette horreur, de cette
aversion que produit la vue du sang qui coule, mais

(1) Voir les ouvrages de ces deux auteurs snr le Maintien de la peine
de mort.

sera un sentiment de terreur salutaire et ineffaçable.

« Qu'au jour marqué pour le supplice, le tambour, recouvert d'un crêpe funèbre, promène un bruit monotone et sourd; que des cloches d'un son particulier et destinées à cet usage fassent retentir au loin le glas de la mort. Semblables au cor d'Astolphe auquel nul courage ne résistait, leurs sons pénétrans iront porter l'effroi dans l'ame des scélérats. Eux qui couraient devant l'échafaud, vous les verrez fuir ce tintement lugubre, messager de mort, sinistre signal; il les poursuivra, il s'insinuera jusque dans la moelle des os comme un affreux pressentiment de leur propre sort.

« Frappez les esprits; c'est là le côté faible de l'homme. On brave parfois le danger que les yeux peuvent mesurer. La nature s'effraie et succombe devant les périls qu'elle n'entrevoit qu'à travers le prisme de l'imagination.....

« Le spectacle de l'échafaud est passager. Le temple consacré à l'expiation des crimes sera durable et permanent. Qu'il soit entouré de cyprès funéraires qui en rappellent incessamment la destination. Monument d'autant plus terrible qu'il sera mystérieux et impénétrable; le bandit ne passera jamais à côté sans éprouver un irrésistible frissonnement.

« La peine serait donc publique dans le sens qu'elle serait notoire, connue de tout le monde. Que si, cependant, ce temple de l'expiation, ces roulemens des tambours, ces cloches qui font retentir l'idée de la mort, ne semblent pas suffire pour rendre l'application de la peine capitale assez efficacement exem-

plaire, ne pas affecter assez fortement le sens de la
vue, on pourrait ajouter à ces tristes solennités. »

« Au sortir de l'enceinte fatale, les mêmes ministres de la justice qui accompagnent aujourd'hui le
condamné vivant suivraient les restes du supplicié
renfermés dans un cercueil que l'on irait placer sur
l'échafaud à la place où l'on fait aujourd'hui les exécutions. Arrivés en ce lieu, en présence de certaines
autorités, le magistrat chargé de la sûreté publique,
lirait à haute voix la sentence qui viendrait de recevoir sa terrible exécution. Il ferait ensuite au peuple
un récit de toutes les circonstances du crime; il ferait
ressortir la perversité, l'immoralité de l'action, et
adresserait en finissant aux spectateurs une allocution
capable d'affermir les uns dans l'amour des lois pro-
tectrices de l'ordre social, et qui menacerait les autres de la sévérité des peines qu'elles réservent à ceux
qui osent les enfreindre. La présence du cercueil,
l'appareil funèbre seraient là des preuves matérielles
de ce qui vient de se passer, et aideraient puissamment à produire les émotions fortes, les impressions
durables que l'on cherche à obtenir. Enfin (et il en
coûte à notre sensibilité de poursuivre), si l'on voulait
administrer la preuve irrécusable de la triste réalité,
si l'on voulait produire la certitude absolue, on pourrait aller jusqu'à placer les restes du supplicié dans
un temple, et là les exposer aux regards des incrédules, si, après tout, il est permis d'en supposer. »

C'est déjà beaucoup, à coup sûr, que de voir nos
adversaires embarrassés de l'immoralité et des graves
inconvéniens qui sont attachés à l'exécution publique

de la peine qu'ils préconisent, se réfugier, pour s'y soustraire, dans des conceptions bizarres et romanesques dont l'impossibilité matérielle saute aux yeux des moins clairvoyans. Mais ce qu'il y a de mieux encore, c'est que tous n'ont pu s'entendre pour l'adoption d'un si dramatique projet. Quelques-uns l'ont franchement repoussé en le déclarant impraticable en la forme, et au fond sans énergie et sans efficacité. En sorte que dans le camp même de nos adversaires se trouvent aujourd'hui deux drapeaux; l'un pour les partisans des exécutions publiques, l'autre pour les partisans des exécutions à huis-clos. Certes, il nous serait permis de nous prévaloir d'une divergence d'opinions qui pourrait prêter tant de force à nos argumens; mais, grace au ciel, nous n'avons pas besoin de recourir à ce moyen pour renverser le système de MM. Urtis et Silvela.

Sans parler des dangers sans nombre que présentent des exécutions secrètes dont un gouvernement sanguinaire pourrait si facilement abuser, et qui rappellent cette terreur vénitienne, ce redoutable Pont des Soupirs dont le nom fait frémir encore, et qui rendit si exécrable l'ombrageuse tyrannie des Dix[1], est-ce bien connaître l'état actuel de nos mœurs que de supposer praticables et salutaires les apprêts mystérieux, les longues et lugubres solennités dont on veut entourer l'agonie d'un malheureux condamné à mourir? Et d'abord deux écueils apparaissent contre

---

(1) La clandestinité dans l'infliction des châtimens, dit M. Béranger, est en proportion de la tyrannie qui pèse sur un peuple.

lesquels le projet de MM. Silvela et Urtis vient également échouer. Il y aura d'un côté insuffisance dans l'impression produite, de l'autre il y aura excès; voici comment. La société se compose de deux classes de citoyens bien distinctes : l'une, par ses mœurs douces et élégantes, par ses habitudes honnêtes, par son instruction libérale et éclairée, par son aisance enfin, se trouve ordinairement à l'abri de l'influence du crime. Pour se maintenir dans le sentier du devoir et de la vertu, elle n'a besoin ni de supplices ni de bourreaux; elle n'a qu'à suivre fidèlement les inspirations de son cœur et de sa conscience. Aussi n'est-ce point elle que l'on voit habituellement sur les bancs de la cour d'assises, et encore moins sur les places publiques, entourant avec une curiosité avide et féroce l'échafaud et la victime qui doit y périr. Elle fuit au contraire ces sanglans spectacles dont l'idée seule lui cause autant de dégoût que d'horreur. Ce sera donc lui faire violence et contrarier ses penchans humains et doux que de l'associer, malgré sa répugnance, aux sauvages émotions de la foule, en l'entraînant en quelque sorte sur le lieu du supplice, et en la faisant assister par la pensée au martyre d'un infortuné, à ses dernières convulsions, au râle de son agonie. Bien plus, ces tourmens si affreux pour quiconque a des entrailles, vous les rendez inévitables, vous les imposez à tous les cœurs. C'est en vain qu'on voudrait s'y soustraire; vos tambours retentissans, vos cloches ébranlées, votre fracas immense, s'insinuent, comme vous le dites vous-mêmes, dans la moelle des os, portent l'épouvante dans toutes les ames, et font retentir à toutes les oreilles le glas de la mort. Juste ciel! on frémit à la seule pensée des incalculables ravages que de telles excitations peuvent produire. Combien terribles seront leurs résultats sur les tempéramens nerveux et mélancoliques, sur les complexions faibles et maladives, sur les vieillards, les infirmes, les enfans, les filles, les femmes enceintes, en un mot sur tous les individus qui, par la délicatesse de leurs organes ou la gravité de leur position, sont hors d'état de supporter sans péril la moindre secousse pénible, le moindre ébranlement douloureux! On sait combien l'imagination est prompte à exagérer tout ce qui lui cause un sentiment d'effroi ou d'horreur : ce ne sera plus à une simple et rapide exécution capitale qu'assisteront toutes ces personnes désolées, mais à un long et inexprimable supplice dont chaque heure, chaque minute augmenteront pour elles les angoisses. Dans la solitude de leurs habitations, au fond des retraites les plus reculées, elles verront l'échafaud, la victime, le bourreau ; elles se créeront mille fantasques visions, mille lugubres fantômes ; elles inventeront des cris, des gémissemens, des larmes, des tortures, des physionomies hideuses, une tête pâle et livide, des ruisseaux de sang! Et c'est ainsi que dans le sein des familles honnêtes et paisibles on verra éclater ces catastrophes déplorables dont nos adversaires eux-mêmes ont constaté l'existence, et qui les portaient à proscrire la publicité dans les exécutions.

Quant à cette seconde classe de la société qui, par son éducation sauvage, ses mœurs dures et ses habitudes grossières, se trouve à l'abri des impressions dangereuses dont nous venons de parler, c'est à peine si elle sera faiblement émue de toute la pompe solennelle, de tout l'attirail dramatique dont vous entourez les derniers momens du condamné. Elle accourait en place de Grève pour assister à un spectacle, à un véritable et sanglant spectacle qui produisait sur ses rudes organes ces vives et poignantes émotions dont elle est avide; mais elle n'aura aucun empressement pour vos longues et lugubres cérémonies qui l'attristeraient sans compensation, et qui ne pourraient offrir à sa curiosité blasée qu'un vain et ennuyeux passe-temps, dès que le principal acteur y paraîtrait caché sous un voile, et que la scène la plus importante, *la scène du sacrifice*, manquerait de publicité. Le roulement de vos tambours, le bruit de vos cloches ébranlées, le sombre aspect de votre temple pourront bien l'étonner quelque peu d'abord, mais bientôt elle s'y accoutumera, et ils ne feront pas plus d'impression sur elle que n'en fait la vue du cimetière qui doit engloutir ses cendres, ou le glas funéraire qui lui annonce à toute heure du jour qu'un être vivant vient de trépasser.

Enfin, il est un dernier inconvénient que l'on peut reprocher au système que nous combattons, c'est de circonscrire à l'enceinte d'une seule ville l'effet répressif qui doit résulter de l'exécution de la loi. Il est évident que les villes voisines, que les campagnes environnantes y demeureront étrangères, en sorte que le résultat de ces tueries secrètes, de ces massacres à huis-clos sera si mesquin, même dans le sens de nós adversaires, que ce n'est pas sans indignation et sans dégoût que l'idée de la mort d'un homme pourra y être associée. Du moins aujourd'hui, les exécutions publiques, telles qu'elles sont offertes à la multitude, produisent sur elle une impression profonde, bien qu'éminemment immorale, et exercent dans un rayon immense une incontestable puissance d'attraction. Aussi, les partisans de ces exécutions prétendent-ils y trouver, avec une apparence de raison, toutes les conditions d'exemple, de répression et d'intimidation qui rendent une peine juste et salutaire. Mais les pâles représentations de MM. Urtis et Silvela, hors de leur sphère rétrécie, seraient sans énergie et sans efficacité; et même dans les limites de cette sphère elles produiraient, comme nous l'avons fait voir plus haut, des résultats diamétralement contraires aux vues du législateur; c'est-à-dire impression insignifiante ou nulle sur les masses populaires, et au sein des classes élevées des accidens affreux et d'irréparables malheurs. Vainement affirmerait-on que les populations voisines du lieu où l'exécution non publique sera *célébrée* s'empresseront de s'y rendre avec des sentimens calmes et religieux comme à une cérémonie expiatoire : erreur, erreur grossière! Si elles y accourent maintenant, nous l'avons dit, et nous ne pouvons nous lasser de le redire, ce n'est point pour y recevoir une leçon triste et sévère dont elles puissent faire leur profit; c'est pour y assister à un spectacle, à un vrai et *voluptueux* spectacle qui permet libre et large carrière à leurs sensations brutales, à leurs farouches émotions, et qui donne satisfaction horrible mais complète à leurs organes endurcis; elles y courent avec entraînement et furie, comme autrefois le peuple de Rome aux combats atroces des gladiateurs, et aujourd'hui encore le peuple espagnol à ses sanglantes courses de taureaux [1].

On peut donc, sans hésitation, déclarer que le plan de MM. Silvela et Urtis est inefficace, dangereux et inexécutable; et il est permis de leur dire ainsi qu'à tous les écrivains consciencieux qui partagent leur opinion : Hommes de bonne foi, mais aveuglés, partisans de la peine de mort, si vous tenez à ensanglanter vos codes de cette loi barbare, cherchez du moins un mode d'exécution qui n'ait pas les sinistres inconvéniens que nous venons de signaler; philosophes humains et vertueux, ne détruisez pas dans le cœur de l'homme cet instinct sacré de la nature

(1) Voici un exemple, entre mille, de l'avidité avec laquelle les habitans des campagnes se portent en foule vers la ville où doit avoir lieu une exécution. — En 1828, à Aix (Bouches-du-Rhône), le jour où le nommé Dubourg, condamné pour viol et assassinat sur la personne d'une jeune fille âgée de cinq ans, fut exécuté, outre la population de la ville dont une partie, comme d'usage, se trouvait près de l'échafaud, il a été constaté que plus de vingt mille personnes s'étaient rendues à Aix, des villes et campagnes environnantes. — M. Silvela croit-il que ces populations fussent accourues avec le même empressement pour assister à une lugubre cérémonie, à un discours menaçant en plein air, discours presque inintelligible pour elles? Et d'ailleurs un pareil *sermon*, prononcé sur la place publique et par un grave magistrat, est-il concevable aujourd'hui? Conviendrait-il à nos mœurs, à notre légèreté railleuse, à l'état actuel de notre civilisation? Qu'adviendrait-il, si un beau jour (ce qui certes serait fort possible) l'orateur se trouvait sans auditoire? La loi tomberait en désuétude ou serait méprisée; car, on le sait, en France plus que partout ailleurs, du sublime au ridicule il n'y a qu'un pas.

qui lui fait avoir horreur du sang de son semblable;
enfans d'un même Dieu, n'armez pas la main d'un
frère contre un frère; et, si vous voulez que nous
ajoutions foi à la sincérité de votre amour pour le
bien public et l'humanité, commencez par faire disparaître du sein d'une nation policée et sensible ce
personnage couvert d'infamie qu'on nomme le bourreau.

Oui, le bourreau; car tant qu'il s'agira de mort,
ses odieuses fonctions seront nécessaires. Il faudra
toujours (que l'exécution soit publique ou secrète) un
bras pour enlacer la victime, une main pour l'égorger.
C'est en parlant de l'exécration et de l'ignominie qui
sont attachées à la personne du bourreau que nous
avons commencé ce chapitre, c'est encore par quelques
courtes réflexions sur ce triste sujet que nous allons
le terminer.

Depuis que l'homme, sous le nom de législateur,
s'est arrogé le droit suprême de donner la mort, il
semble qu'il aurait dû environner de quelque considération et de quelque estime l'exécuteur nécessaire
de ses terribles arrêts. S'il l'eût voulu, à coup sûr il
n'eût pu le faire, mais sa conscience ne lui a pas même
permis de le tenter. A toutes les époques, les bourreaux
ont été l'objet de l'universelle exécration sans que
l'autorité ait rien fait pour les en garantir; que dis-je?
elle a toujours évité elle-même, comme une lèpre dégoûtante, leur contact impur. Le temps qui détruit
tout n'a pu détruire l'opprobre immense qui les couvre.
Dans ces siècles reculés d'ignorance et de barbarie
où leur affreux ministère était réputé légitime,

l'horreur et le dégoût qu'ils inspiraient n'étaient pas
moindres qu'aujourd'hui; ils recevaient leurs pro-
visions d'une manière qui attestait leur infamie; ils ne
pouvaient demeurer dans l'intérieur des villes, et
l'accès des temples leur était interdit.

Des révolutions gigantesques ont bouleversé plusieurs fois la face morale du monde; la civilisation
et les lumières ont fait d'incessans progrès; l'échafaud
lui-même s'est vu débarrassé de toutes ses tortures
inutiles; et cependant la tache de réprobation qui
frappe le bourreau n'a pu s'effacer. Il est encore
infâme aujourd'hui, et la distance qui existe entre lui
et l'ouvrier le plus pauvre, le chiffonnier le plus misérable, est aussi grande, aussi infranchissable que celle
qui le sépare du citoyen le plus riche et le plus respecté [1].

De quel droit la société a-t-elle choisi dans son sein
une classe entière d'hommes pour lui imposer d'a-
troces fonctions, et la vouer ainsi à l'opprobre et à l'i-
gnominie? De quel droit? dira-t-on; mais les bourreaux
se sont offerts eux-mêmes, et si leur profession est
déshonorante, elle est de leur choix. Eh bien! soit;
mais leurs familles? mais leurs enfans surtout? De
quel droit flétrir leur innocence, souiller leur avenir,
et les attacher au char infamant de leur père comme
à un pilori éternel? De quel droit les séquestrer de
la société comme une caste odieuse et avilie, comme
une caste de Parias? Car enfin, en l'état de nos mœurs,

(1) A Vesoul, le bourreau n'a pu trouver un logement; le ministère public, malgré la loi du 22 germinal an vi et l'article 114 du décret du 18
juin 1811, n'a pu contraindre les habitans à le lui fournir.

avec des préjugés et des répugnances que le passage des siècles n'a fait qu'enraciner, que peuvent devenir les enfans d'un bourreau? Repoussés partout, méprisés, honnis, conspués, quelle alternative peut rester encore à leur abandon et à leur désespoir? Si les premiers bourreaux furent volontaires, il faut aujourd'hui que le fils d'un bourreau soit bourreau. C'est sa fatale destinée, telle que le monde et la société la lui ont faite ; il la lui faut accomplir. On demandait à Sanson quelle nécessité avait pu le contraindre, lui d'un caractère doux et humain, à embrasser l'horrible profession de son père : Une nécessité terrible et irrésistible, celle qui a entraîné mon père lui-même, répondit-il d'un air morne, *une nécessité de position!* Et c'est ainsi que depuis plus d'un siècle ces fonctions abominables se perpétuent dans une même famille !

Non, la société n'a pas le droit de créer l'office de bourreau; non, elle n'a pas le droit de forcer un homme à le devenir. Elle ne peut le faire qu'en transgressant les lois de l'humanité et de la morale, comme elle ne peut attenter à la vie de l'homme sans violer les droits de la divinité. En sorte que l'illégitimité de la peine de mort ne résulte pas seulement du principe sacré du droit et du juste, mais aussi de l'impossibilité de son exécution matérielle ou soit de son immoralité. Car, comme dit M. Maffioli : «Dès que l'être libre et moral ne peut exécuter la peine de mort sur un de ses semblables sans se perdre dans le gouffre sans fond de l'infamie, il s'ensuit que la même peine ne peut être ordonnée par la société ni par ses représentans» [1].

(1) Il est injuste à la société, dit M. Bossange, de reconnaître autre que

Bien d'autres conclusions non moins importantes pourraient se tirer encore des divers argumens que nous avons développés dans ce chapitre; mais nous les omettons; il n'est pas possible de tout dire, et il nous reste une longue carrière à parcourir. D'ailleurs, en présence du mouvement universel qui se prononce aujourd'hui en faveur de l'abolition de la peine de mort; à l'aspect de l'élan sympathique, de l'énergique entraînement des cœurs, des ames et des consciences vers ce noble but; en voyant enfin les actes de notre gouvernement (où se révèle la pensée personnelle du chef de l'État) s'imprégner de l'esprit philantropique du siècle et seconder la marche féconde du progrès [1];

des professions honorables; il est immoral à la justice de sanctionner ce qu'elle ne regarde pas comme honnête! Elle dit à un homme : « Nous ren- « dons des arrêts d'équité, et par cela même nous sommes honorables; « tu exécuteras nos arrêts, et par cela seul tu seras réputé infâme. Quelque ré- « préhensible que puisse être notre conduite privée, notre robe magistrale « sera un titre à la vénération de nos concitoyens; quelque irréprochable « que puisse être ta vie, quelque pures que puissent être tes actions, ton « titre d'exécuteur des arrêts de notre sagesse sera un sceau réprobateur « aux yeux de l'univers entier. » Y a-t-il là moralité ou justice? (Des crimes et des peines capitales, page 367.)

(1) Deux ordonnances, entre autres, attestent éminemment le progrès dont nous parlons; on peut les voir à l'appendice qui se trouve à la fin de cet ouvrage. La première est une ordonnance de M. le préfet de police de Paris, en date du 20 janvier 1832, qui porte que les condamnations emportant peine capitale seront à l'avenir exécutées à l'extrémité du faubourg Saint-Jacques. Depuis la publication de cette ordonnance, les exécutions ont effectivement eu lieu dans cet endroit écarté et à huit heures du matin, en sorte que les spectateurs ont toujours été en très petit nombre. C'est un bienfait sans doute, mais pour Paris seulement. La France en attend de son gouvernement et de son roi un plus immense.

La seconde est une ordonnance royale, en date du 7 octobre 1832, qui diminue le nombre des exécuteurs des arrêts de justice criminelle et

nous ne pouvons douter un instant que le monde ne
se rende bientôt au majestueux et unanime concert de
la raison, de l'humanité et de la philosophie, et surtout
que notre belle France ne voie, dans peu d'années,
l'accomplissement de ses vœux régénérateurs.

L'illégitimité de la peine de mort démontrée, ainsi
que l'immoralité de son exécution, nous pouvons
passer maintenant à la preuve de son inutilité.

de leurs aides. Cette ordonnance est fondée sur la diminution toujours progressive des condamnations à des peines afflictives et infamantes, et sur la
suppression des peines de la flétrissure et du carcan.

Nous ajouterons ici un fait récent et très curieux, qui prouve que l'esprit public, en matière d'amélioration et de progrès, devance toujours
même le gouvernement le mieux intentionné. Nous citons textuellement
la *Gazette des tribunaux* du 18 octobre 1832. « La morale publique vient
de triompher aussi à Reims, à l'occasion de la vente *annoncée à son de
caisse* de certains instrumens et ustensiles ayant servi à l'exécution des
arrêts criminels rendus sous l'empire du code pénal de 1810. — Après
avoir donné lecture au public assemblé *des charges, clauses et conditions*
sous lesquelles il devait être procédé à cette vente, le fonctionnaire chargé
de la plus triste des opérations a fait apporter *le mobilier du bourreau,*
devenu inutile depuis la promulgation du nouveau code pénal. La vue des
objets qui le composent a glacé d'horreur et d'effroi tous les spectateurs.
— La séance est ouverte. — Le crieur : A prix, le couperet et le billot
qui étaient nécessaires pour couper le poing des parricides. (Profond silence.) — Le crieur : A prix, les carcans et les cadenas qui étaient nécessaires pour attacher l'homme au cou. (Profond silence.) — Le crieur :
A prix, les fers qui étaient nécessaires pour flétrir les condamnés à la
marque des lettres F, T, TF, TP, TPF. (Profond silence.) — Le délégué
du trésor : Attendu qu'il ne se présente aucun enchérisseur, renvoyons la
vente au jour qui sera *ultérieurement* indiqué par l'autorité supérieure.
La séance est levée. — Si *l'autorité supérieure* fait bien, elle ne re-
nouvellera pas cette horrible scène. Les sentimens qui dominaient tous les
esprits ne changeront pas.

CHAPITRE III.

DE L'INUTILITÉ DE LA PEINE DE MORT ET DES INCONVÉNIENS DE CETTE PEINE.

> « La peine de mort n'est et ne peut pas être
> « un droit; ce n'est donc qu'une guerre décla-
> « rée à un citoyen par la nation qui juge utile
> « et nécessaire la destruction de son être;
> « mais si je prouve que la peine de mort n'est
> « ni utile ni nécessaire, j'aurai fait triompher
> « la cause de l'humanité ».
>
> BECCARIA, *des Délits et des Peines.*

Lorsque Aristide disait aux Athéniens que le projet de Thémistocle de s'emparer de la flotte alliée était utile mais injuste, il ne voulait point dire assurément que ce projet offrait à la fois justice et injustice, c'est-à-dire exercice d'un droit et violation d'un devoir; c'eût été un misérable jeu de mots, une ridicule subtililité indigne d'un philosophe et d'un sage. Si Aristide avait eu besoin de développer sa pensée, il aurait facilement fait comprendre aux hommes éclairés qui l'écoutaient qu'une action injuste et infâme ne peut offrir qu'une utilité mensongère; que le bien qui résulte de la violation du devoir, loin de constituer un droit, n'est jamais qu'une sacrilége usurpation dont la durée est nécessairement éphémère et qui doit tôt ou tard amener un mal réel et des résultats désastreux. Mais Aristide était le plus juste des hommes; ses nobles vertus prêtaient à ses paroles une autorité toute puissante; d'ailleurs, il parlait à un peuple digne de l'entendre; ce peuple comprit toute sa pensée, et le projet de Thémistocle fut abandonné.

En effet, en morale comme en raison et en philosophie, l'utilité et la justice ne peuvent jamais être séparées. Aussi avons-nous commencé par dire que la question de la légitimité de la peine de mort tranchait invinciblement toutes les autres, et que, l'injustice de cette peine une fois démontrée, il n'était ni nécessaire, ni logique, ni moral de s'occuper de son utilité.

Toutefois, pour ne laisser aucune excuse à l'erreur obstinée de nos adversaires, nous avons consenti à isoler de la question philosophique la question dite politique ou des faits matériels, c'est-à-dire à traiter deux questions distinctes là où il n'y avait réellement qu'une seule question à traiter; certains que, même sur ce terrain étroit et de pure convention, l'humanité triompherait encore, et que l'inutilité de la peine de mort ne résulterait pas moins en pratique des inconvéniens et dangers de son exécution matérielle qu'elle ne résulte en théorie de son illégitimité.

C'est cette facile tâche que nous allons nous empresser d'accomplir.

L'utilité d'une peine réside essentiellement dans son efficacité. Une peine n'est efficace que lorsqu'elle est répressive et morale, c'est-à-dire lorsqu'elle réunit ces conditions de proximité, de certitude, d'exemple et d'amendement qui doivent être l'objet principal de toute bonne législation.

Règle générale : il faut, dans l'application d'une peine, rechercher, outre l'avantage de l'offensé, le plus grand bien de la société, en faisant au délinquant le moindre mal possible.

« Dans les punitions, dit Grotius, on a en vue, ou « le bien du coupable même, ou l'avantage de celui « qui avait intérêt que le crime ne fût pas commis, « ou l'utilité de tous généralement. »

Réparer le mal causé par le délit, protéger la société contre un nouvel attentat par l'exemple du châtiment souffert et la crainte que son infliction inspire ; enfin obtenir la correction du coupable lui-même, et purifier par l'influence salutaire de cet amendement les mœurs de la société ; telle est l'utile mission des peines en général, tels sont les vœux de la raison et de l'humanité : voilà toute la science du législateur.

Voyons si la peine de mort remplit toutes ces conditions.

Et d'abord, quant à réparer le mal causé par le délit et à indemniser la victime ou du moins sa famille, si elle a succombé, il est évident que la peine de mort est de toutes les peines la moins propre à atteindre ce but.

Quelle satisfaction la société peut-elle puiser dans

le sang du coupable? serait-ce une satisfaction de
haine et de vengeance? Mais la vengeance et la haine
sont d'indignes passions, et la société doit en être
exempte. Elle doit être impassible comme la loi, car
la loi est son propre ouvrage, et ce n'est point sans
doute pour l'outrager qu'elle s'est constituée elle-même
son exécuteur et son interprète. Ah! dans quelque
abaissement qu'un homme soit tombé, sa vie peut
encore être de quelque utilité pour ses semblables;
mais son cadavre, qu'en feront-ils? l'inutile pâture
des vers du tombeau; et loin que son châtiment puisse
offrir, par la répression et l'exemple, quelque faible
compensation du préjudice qu'il a causé, il devient
lui-même un mal contagieux et immense, un mal plus
redoutable que le crime même, parce qu'il porte une
atteinte plus profonde et plus fatale aux mœurs du
peuple et à tous les nobles sentimens sur lesquels repose l'édifice trop souvent fragile du bonheur social.
Si le coupable peut expier sa faute, si le spectacle
de la peine qu'il subit peut devenir pour ses semblables un exemple salutaire et réparateur, ce n'est point
par les rapides et inappréciables douleurs d'un supplice qui termine à la fois ses jours et son ignominie,
mais par le tableau de ses longues souffrances, plus
morales que physiques, par l'impression durable de
sa honte, de ses regrets, de ses remords, de son repentir, et enfin quelquefois aussi par son retour
sincère à la vertu, et l'exemple si grand, si admirable, si entraînant de sa conversion. Mais l'échafaud,
nous le répétons, ne répare rien: il ajoute un meurtre
à un meurtre, une victime à une victime; loin de réha-

biliter la nature humaine, il en désespère, il se hâte de l'anéantir. « La société, dit M. Bavoux, a perdu « un citoyen par un crime, et pour la consoler de « cette perte on lui en enlève un second! Quel soula- « gement apporte ce meurtre judiciaire ou à la fortune « de celui qui a été lésé, ou aux mânes de celui qui a « péri sous le fer d'un assassin? Le mort ressuscite-t-il « des cendres de son ennemi, ou le sang de celui-ci « rend-il à la victime quelque chose de ce qu'elle a « perdu? » [1].

Maintenant, si nous examinons l'efficacité préventive de la peine de mort, il sera facile de démontrer, malgré les argumens nombreux des partisans de cette peine, qu'elle est bien loin d'être, comme ils l'affirment, un puissant moyen de répression.

Une peine est d'autant plus efficace et répressive qu'elle est plus redoutable dans sa menace, et qu'elle offre dans l'exécution de cette menace plus de certitude et de proximité.

Nous verrons plus tard que la peine de mort, loin d'être certaine et immédiate dans son application, est de toutes les peines celle qui offre en perspective aux coupables le moins de certitude et le plus de chances de salut; mais examinons d'abord si la menace isolée de la mort, premier élément de cette peine, lui donne, comme moyen de répression, autant d'efficacité qu'on le soutient.

Si la menace d'une peine sévère avait dû suffire pour détourner les hommes du crime, certes, au pre-

____

(1) Leçons sur le code pénal, page 27.

mier aspect, nulle mieux que la peine de mort ne
pouvait garantir au monde un si beau résultat. La
vie est le plus grand des biens; perdre la vie, c'est
donc un châtiment terrible, et si l'on y joint les tortures et l'infamie, quel cœur ne se glacera à la seule
pensée du supplice? quel criminel osera le braver?
Que répond l'expérience à ces magnifiques promesses, à ces flatteuses espérances? Remuez la poussière des siècles passés, consultez leurs annales:
assurément la menace de la mort et des plus épouvantables tortures n'a pas été épargnée dans leurs
codes draconiens, et les exécutions n'ont pas manqué
pour accréditer la menace; eh bien! quelle a été l'efficacité de toutes ces rigueurs? Nous l'avons déjà dit;
près des échafauds en permanence on a vu les attentats se multiplier. Chez tous les peuples de la terre,
anciens ou modernes, incultes ou civilisés; sous toutes
les formes de gouvernemens, sous l'empire des légis-
lations les plus sanguinaires, la peine de mort n'a
jamais été qu'un épouvantail inutile et barbare. Bien
que l'humanité, grace à la civilisation, ait fait sur
elle une première conquête; bien qu'elle soit réduite
aujourd'hui à la simple privation de la vie, elle n'en
est pas moins demeurée une impuissante et stérile
garantie. A l'exception des heureuses contrées où elle
a entièrement disparu, et de celles qui ont commencé
par la restreindre dans l'espoir de la proscrire un
jour, chez quel peuple lui a-t-on vu diminuer la masse
des crimes? Hélas! chez aucun. Que dis-je? quoique
sa faux sanglante moissonne incessamment de nouvelles victimes, chez toutes les nations de l'univers

chaque année a vu et voit à peu près éclore le même nombre de forfaits. C'est que, dans tous les temps, de honteuses passions ont dévoré le cœur des hommes, et que la peine de mort, loin d'être un frein au mouvement tumultueux de ces passions, a dû plutôt contribuer au déchaînement de leur furie par cette empreinte ineffaçable d'égoïsme et de férocité dont partout elle a souillé les mœurs.

Parmi les hommes qui commettent des actions criminelles, parmi ceux même qui se couvrent des plus noirs attentats, qui baignent leurs mains dans le sang, il en est qui cèdent à un premier mouvement, à l'explosion soudaine d'une grande passion. Que peut la crainte de la mort contre des actes qu'il était aussi impossible de prévoir que d'éviter? Là où il n'y a ni préméditation, ni résolution, ni volonté libre, que peut la hache du bourreau? Entre le crime et la vertu il y avait un abîme; rapide comme la foudre, la passion, d'un bond impétueux, l'a franchi. Quand la violence et l'emportement ébranlent les fibres du cerveau jusqu'à l'exaltation, la nature physique devient insurmontable, la nature morale demeure étouffée, et la menace de la mort reste sans pouvoir.

Mais il y a plus encore : cette menace, quelque terrible qu'on la suppose, sera également vaine pour contenir et réprimer ces ames brûlantes et frénétiques qui, calculant froidement toutes les chances d'un crime, se sentent entraînées à le commettre par une indomptable excitation. Qu'importe la mort à l'homme exaspéré qu'un seul sentiment domine et absorbe? Dans l'état de fureur où se trouvent ses sens,

c'est moins un être doué de raison qu'une créature
féroce et abâtardie. Il faut un assouvissement à sa
passion, une horrible jouissance aux désirs qui le
rongent. Qu'il sente l'aiguillon de la haine, de la jalousie ou de la vengeance, peu importe, ses transports
sont les mêmes ; il éprouve un seul besoin, instant,
impérieux, irrésistible, le besoin d'arracher la vie à
son ennemi, de tremper ses mains dans son sang, d'é-
touffer ses convulsives étreintes, d'entendre les derniers sanglots de son agonie : après cela, la mort n'est
rien ; l'assassin souvent se la donne ; tout palpitant
encore des vives émotions de sa rage satisfaite, on le
voit s'immoler lui-même sur le cadavre de sa victime ;
ou bien, s'il fut poussé au meurtre par le fanatisme
de la religion ou de la liberté, courir à l'échafaud
comme à un char de triomphe et chercher dans le
martyre la consécration de son attentat [1].

(1) Tels ont été Ravaillac, Damien, Sand, Louvel et une infinité d'autres
assassins célèbres ou obscurs, parmi lesquels se distingue le jeune Sureau
qui poignarda, il y a quelques années, son amante Henriette, dans un
transport de jalouse fureur. On sait que l'illustre M. Canning, assistant au
procès de cet infortuné, ne put retenir ses larmes.

Au moment où nous relisons ces lignes, un événement déplorable qui
vient de frapper d'épouvante la ville de Montpellier semble fournir un
nouvel argument à la thèse que nous soutenons, et donner une bien triste,
mais bien évidente preuve du peu de cas qu'un assassin fait de sa propre
vie, lorsqu'il veut satisfaire sa haine ou sa vengeance par la mort de son
ennemi. Voici ce que nous lisons dans la *Gazette des tribunaux* du 7 novembre 1832 :

« Montpellier, 29 octobre.

« Un forfait inouï vient de plonger notre ville dans la consternation :
« Montpellier vient de perdre un des hommes qui faisaient sa gloire. M. le
« professeur Delpech vient d'être assassiné en plein jour, à une heure après
« midi, sur la grande route, et à cent pas de la ville ; son domestique a été
« tué à côté de lui. Le célèbre professeur avait reçu, il y a un an, dans son

Enfin, la crainte de la mort sera-t-elle du moins répressive pour ces hommes dépravés et bas qui, cherchant dans le crime un honteux trafic, en font un objet de spéculation et de lucre? Hélas! non. L'intérêt cruel et sordide a aussi son enchantement et son prestige; car l'intérêt est aveugle comme la passion. Sans doute, l'homme pervers qui convoite la fortune d'autrui n'ignore pas qu'il lui faut courir des dangers pour s'en rendre maître. Tandis qu'il prépare froidement dans l'ombre les instrumens de son crime, l'image de l'échafaud doit lui apparaître. Entre lui et sa vic-

« .... » établissement d'orthopédie, un monsieur D... de la maison D... père et « fils, de Bordeaux. Cet étranger souffrait d'un varicocèle, dont il fut, « après quelque temps, parfaitement guéri, et en quittant l'établissement « il se montra très satisfait de son traitement. Vers le milieu de la semaine « passée, il revint à Montpellier sans qu'on sache le motif qui l'y avait « appelé (il paraît que c'était un atroce désir de vengeance, par suite d'une « indiscrétion qu'il attribuait au docteur), et après avoir descendu à l'hôtel « du Petit-Paris, il prit le lendemain un appartement dans la maison Malet, « située sur la grande route de Toulouse, à cent pas environ de l'établis- « sement de M. Delpech.

« Les habitans de la maison ont remarqué que ce matin il n'a presque « pas quitté le balcon qui donne sur la route. A une heure de l'après- « midi, le cabriolet de M. Delpech s'avance. D..., en le voyant arriver, « quitte le balcon, entre dans sa chambre, y prend un beau fusil à deux « coups, et se place sur la route dans l'attente de sa proie; elle s'approche, « un coup part et atteint le domestique; une seconde balle à l'instant frappe « M. Delpech au cœur; le cheval s'effraie et part comme un trait, il s'ar- « rête machinalement devant la porte accoutumée; son infortuné maître, « tombé hors du cabriolet, expire sur la route.

« Un cri unanime d'horreur s'est élevé à cet aspect. Dans un lieu aussi « fréquenté, la foule s'est bientôt assemblée; pendant ce temps, le meur- « trier était rentré dans sa chambre; assis sur un canapé, le fusil fatal à « ses pieds, il s'est brûlé la cervelle d'un coup de pistolet. Un second pis- « tolet a été trouvé dans sa poche; dans un tiroir, un sac à balles et de « la poudre. »

time il voit la mort, la mort infâme qui peut l'atteindre avant l'accomplissement de son atroce dessein, la mort qui le menace encore après son forfait, s'il est découvert; mais ce péril, bien que redoutable, est incertain et éloigné; il peut s'y soustraire; il y a pour lui des moyens de salut; n'y en eût-il pas, actif, habile et intelligent, il saurait en créer; le prisme de l'amour-propre se joint pour l'encourager au prisme de l'espérance. D'ailleurs le danger de succomber fût-il mille fois plus grand, il l'affronterait encore, car ce n'est après tout qu'une mauvaise chance; quelle opération n'en présente pas? qui ne hasarde rien n'a rien? Que dis-je? la possession de l'or convoité, l'assouvissement de la passion délirante ne sont-ils pas une large et magnifique compensation d'un péril évitable et lointain? La jouissance du moment, voilà l'important, voilà le certain; le reste ne doit pas inquiéter, c'est le domaine d'un vague avenir.

Tels sont ou à peu près la pensée et le langage de tous les malfaiteurs. S'il en était autrement, depuis qu'il existe des échafauds, la société n'aurait point eu à sévir contre un si grand nombre de coupables. Mais l'expérience nous crie que, dans tous les temps, le bourreau fut un mauvais réformateur. Non-seulement aujourd'hui la peine de mort, réduite à la simple privation de la vie, est inhabile à arrêter le débordement des crimes; mais la peine de mort, telle que l'avaient conçue nos ancêtres, cruelle, lente, hideuse, accompagnée et précédée des plus effroyables tortures, n'eut jamais plus d'efficacité [1]. L'histoire est là pour en

(1) Autrefois, en Europe, on brûlait, on écartelait, on rouait, on

fournir la preuve, et l'on peut même dire que l'inégalité des fortunes et le fardeau des priviléges soumettant le peuple à plus de souffrances, l'humanité eut constamment à déplorer dans ces temps de misères un plus grand nombre d'attentats. La peine de mort frappait alors une infinité de délits qu'elle n'atteint plus aujourd'hui, les simples vols par exemple. Eh bien! les mémoires du temps en font foi; malgré l'atrocité de la peine, jamais les vols de toute espèce ne furent plus multipliés. Quoi! l'image du dernier supplice n'a pu suffire pour soustraire à la tentation d'un misérable larcin un être non entièrement dégradé; et l'on vient nous vanter l'efficacité de la peine de mort pour contenir dans les limites du devoir et de la vertu le scélérat endurci que de furieuses passions poussent au crime! Ah! qu'il nous soit permis de révoquer en doute une assertion aussi mal prouvée. Grand Dieu! peut-on, sur de pareils élémens, étayer un système qui outrage à la fois la raison, la justice et l'humanité!

Oui, sans doute, le créateur a gravé dans le cœur de l'homme l'impérieux désir de conserver son existence; mais à côté de ce sentiment se trouve placée la certitude qu'il doit mourir un jour. L'homme qui voit à chaque instant la tombe engloutir quelques-uns des objets de son affection, se familiarise insensiblement avec l'idée de la mort. Dans les momens de calme et de tranquillité, elle peut encore se montrer

torturait avec la plus atroce barbarie; la décapitation, la fusillade, la strangulation sont les trois seuls genres de supplices qui soient en usage aujourd'hui.

à lui redoutable et menaçante; mais, nous l'avons dit, sitôt qu'une passion quelconque allume ses sens, il l'affronte; il la brave; bien plus, il se fait gloire de la mépriser. Ici, victime d'un faux point d'honneur, il offre avec intrépidité sa poitrine aux balles de son adversaire en champ clos; là c'est l'odieuse vengeance ou l'implacable jalousie qui arment son bras forcené du poignard de l'assassin, et lui font compter pour rien le sacrifice de sa propre vie, pourvu qu'il assouvisse sa rage dans le sang de son ennemi; plus loin, c'est la cupidité ou d'autres passions aussi honteuses qui mettent dans ses mains le manteau du filou, la coupe de l'empoisonneur, la torche de l'incendiaire.

Le criminel est là..... Invisible à ses yeux, je le contemple; il va consommer son forfait. Eh quoi! l'appareil du supplice qu'il a vu souvent, qui peut-être a tranché les jours d'un voisin, d'un ami, d'un frère, ce redoutable appareil ne vient pas glacer ses esprits, ébranler son courage! L'échafaud, a-t-on dit, est plus près de lui que l'éternité; oui, sans doute; mais ce qui est plus près de lui que l'éternité et l'échafaud, c'est la frénésie du moment, cette frénésie terrible qui le subjugue et qui l'entraîne, et qui a étouffé dans son cœur les sentimens les plus sacrés de la nature.

C'est une grave erreur de la part de nos adversaires que d'avoir attribué à la menace de la mort une si grande efficacité morale et matérielle. La crainte d'une mort incertaine et éloignée n'a point en général un si puissant empire sur les hommes. Il n'y aurait que la mort actuelle qu'on pût à la rigueur considérer

comme véritablement répressive, et encore nous
verrons bientôt avec quel courage les condamnés
savent la subir. Mais en admettant qu'au moment
suprême l'aspect de l'échafaud fît chanceler et pâlir
le coupable, qu'en pourraient conclure les partisans
de la peine de mort? Que les condamnés craignent
de mourir? Mais ce n'est point la crainte que le criminel éprouve après son forfait et au moment du
supplice qui pouvait l'empêcher de faillir; c'est évidemment la crainte qu'il éprouve lorsqu'il est tenté
de commettre le crime, car c'est cette crainte seule
qui peut l'arrêter. Eh bien! cette crainte, nous le
répétons, n'a pas l'efficacité qu'on lui attribue. « La
« mort, a dit Labruyère, n'arrive qu'une fois et se
« fait sentir à tous les momens de la vie; il est plus
« dur de l'appréhender que de la souffrir. » La crainte
abstraite de la mort ne doit pas plus frapper le criminel que l'honnête homme qui peut la recevoir à tout
instant, le jour lorsqu'il vaque à ses affaires, la nuit
lorsqu'il repose dans son lit. L'échafaud n'est qu'une
chance funeste de plus pour le criminel. Comment un
lien si fragile pourrait-il lutter contre les indomptables
passions qui fermentent et bouillonnent dans son
ame? « C'est une grande faute dans laquelle on tombe
« involontairement, disait Duport à l'assemblée na-
« tionale, que de se prendre soi-même pour juge de
« l'effet de la peine que l'on destine au meurtrier.
« Pour déterminer la mesure de cette peine, ce n'est
« pas sur ce que vous éprouvez, ce n'est pas sur les
« sensations d'un citoyen paisible, mais sur celles d'un
« scélérat qu'elle doit être calculée. » Eh bien! ces

sensations, nous avons fait voir ce qu'elles étaient, ce qu'elles devaient nécessairement être; et il est demeuré aussi manifeste, aussi clair que la lumière du jour, qu'elles ne peuvent surmonter dans le cœur du criminel ces violens désirs, ces excitations terribles que les passions y ont fait naître.

Qu'est-ce en effet que la mort? C'est le terme fatal de l'existence de tous les êtres; le dernier point d'un horizon variable dont nul ne peut déterminer pour soi l'étendue. L'honnête homme et le criminel doivent mourir : telle est la loi inévitable, chacun le sait; nul ne s'en effraie, car la mort est une condition de la vie, et il faut que toute créature vivante accomplisse sa destinée. Quant à l'heure précise de notre décès, quant à la forme sous laquelle la mort doit nous apparaître, là il y a doute, là il y a incertitude, et cette heureuse ignorance est un des plus grands bienfaits de la divinité. Le sort de l'homme serait trop à plaindre s'il pouvait savoir à l'avance l'instant marqué pour sa destruction. Sans connaissance de l'avenir, il vit du moins heureux et tranquille, insoucieux et libre, quoique exposé sans cesse aux attaques soudaines du trépas. De quelle noire amertume ses jours ne seraient-ils pas remplis s'il pouvait se dire, même avec la perspective d'une longue carrière : Telle année, tel jour, à telle heure, je mettrai le pied dans la tombe, et mon ame immortelle se séparera de mon corps. Ce n'est donc point la peine de mort qui nous est redoutable, nous savons tous qu'il faut mourir; la mort nous entoure au berceau, elle nous accompagne dans le pélerinage de la vie, creusant hélas! assez de cercueils autour de nous pour nous accoutumer à son image. Ce qui nous épouvanterait dans la mort, ce serait la connaissance anticipée de l'heure où doit s'opérer la dissolution de notre être. Cette science funeste, nous ne l'avons pas; son poids terrible nous accablerait; aussi Dieu se l'est réservée. La crainte de la mort, telle qu'il nous est permis de la concevoir, c'est-à-dire incertaine et éloignée, n'est donc pas plus efficace sur le cœur du scélérat qui va se souiller d'un forfait, qu'elle ne l'est sur le cœur de l'homme de bien qui expose ses jours pour sauver ceux de son semblable. Le premier, malgré la mort menaçante, commet le crime et assouvit la passion qui le presse; le second, sourd à la voix de l'égoïsme et sensible aux accens plaintifs de l'humanité, puise l'oubli de ses propres dangers dans le sentiment exalté du devoir qui le porte à un dévouement généreux et sublime.

L'industrie, les sciences et les arts ont agrandi partout le domaine déjà si immense de la mort, et partout de nobles cœurs se sont rencontrés qui, dans l'intérêt de l'industrie, des sciences et des arts, ont su dompter la terreur que la mort inspire; ils l'ont bravée dans de périlleuses entreprises, dans des courses aventureuses, à travers des climats sauvages, par-delà des mers inconnues, tantôt par amour pour la gloire, tantôt pour un modique salaire, toujours avec sang-froid et intrépidité comme la bravent des soldats aguerris sur le champ de bataille.

Si la crainte de la mort avait seulement un médiocre empire sur les esprits, que deviendraient ces

professions meurtrières mais indispensables qui dé-
vorent l'existence de tant d'ouvriers? certes, le danger
n'est pas ignoré; il n'y a là ni piége, ni captation, ni
violence; le bénéfice même est modique et sans nulle
proportion avec le péril; et cependant une constante
expérience l'atteste, jamais les ouvriers n'ont manqué
aux travaux, jamais, tant que le commerce a été pros-
père, l'atelier le plus insalubre, le plus mortel même,
n'est devenu désert. Pour ne citer que deux exemples
de cette abnégation vertueuse dont l'espèce humaine
s'honore, la navigation à l'aide de la vapeur, l'éclai-
rage au moyen du gaz hydrogène en donnant un
nouvel essor à l'industrie ont offert à l'homme de
nouveaux dangers. Eh bien! il a su les braver encore.
Plein d'un légitime orgueil, il s'est mis en possession
de ces nouvelles conquêtes de son génie, et pour en
assurer le progrès et le perfectionnement, on le voit
sans cesse multiplier courageusement les expériences
aux dépens même de ses jours [1].

M. Lucas, dans la deuxième partie de son ouvrage
sur la peine de mort, adoptant la méthode de la
chimie, a décomposé l'efficacité de l'échafaud dans

---

[1] Personne n'ignore les nombreux et déplorables accidens que l'explosion des machines à vapeur a occasionnés dans les usines et sur des navires. Il n'y a pas long-temps qu'un événement de ce genre, arrivé à Lyon
sur un bateau à vapeur qui se trouvait dans l'intérieur de la ville, près l'un
des ponts de la Saône, a causé d'épouvantables ravages; des personnes qui
passaient ou stationnaient à une énorme distance ont été tuées ou horriblement mutilées. L'explosion des tuyaux conducteurs du gaz a aussi occa-
sionné, surtout à Paris dans plusieurs passages, de très graves accidens,
notamment cette année dans le passage du Saumon; plusieurs personnes
y ont perdu la vie, d'autres par suite de leurs blessures, ont subi de cruelles
amputations. Je ne sache pas qu'un seul locataire ait rompu son bail.

laquelle entrent trois réactifs contre le crime, *la crainte de la mort*, *l'infamie*, et *l'aversion du meurtre.* Après avoir victorieusement démontré que la crainte de la mort est par elle-même un réactif impuissant, il examine si, jointe aux deux autres, elle apporte dans cette union une énergie qui ne lui appartient point isolée.

C'est à cet examen que nous allons également nous livrer.

L'aversion du meurtre est, à notre avis, et nous croyons l'avoir prouvé dans le chapitre qui précède en parlant de l'immoralité de la peine de mort, l'aversion du meurtre est le frein le plus puissant, le plus efficace contre le meurtre même; c'est le manteau tutélaire de l'humanité, la plus noble, la plus admirable, la plus sacrée de toutes les garanties. En la gravant en traits profonds dans le cœur des mortels, le créateur a été fidèle à ce principe de conservation et de durée qui se manifeste dans tous ses ouvrages. Sans cette aversion nécessaire, il n'y aurait point de société possible. L'homme serait pire que la brute, que dis-je? pire que les animaux les plus féroces; car du moins ceux-ci possèdent un instinct qui les protége contre leur propre fureur. Et si, par des lois éternelles dont les motifs cachés échappent à notre faiblesse, les créatures plus petites et plus débiles sont destinées à servir d'aliment aux animaux plus grands et plus forts, l'espèce du moins épargne l'espèce, le lion dort en paix près du lion, et l'on ne voit pas le tigre insatiable et sanguinaire déchirer les entrailles palpitantes du tigre pour les dévorer.

Le législateur doit donc chercher à fortifier l'aversion du meurtre dans le cœur de l'homme ; c'est par ce moyen qu'il parviendra réellement à diminuer la masse des crimes et peut-être même à faire entièrement disparaître le meurtre et l'assassinat. L'homme est le roi de la nature ; dans le vaste univers tout est soumis à son empire : que dis-je ? tout, jusqu'aux créatures vivantes comme lui, semble n'avoir été formé que pour donner satisfaction à ses besoins, à ses plaisirs et à ses caprices. La Providence, qui s'est montrée si magnifiquement prodigue envers lui de ses dons, ne lui a imposé, dans aucun cas, la cruelle nécessité de s'entre-détruire. Il n'est que trop vrai cependant que de funestes et honteuses passions poussent quelques hommes isolés à répandre le sang de leurs frères. C'est une souillure pour l'humanité, c'est un crime abominable, une action impie et sacrilége. Pour en purger la société, que n'ont point tenté les législateurs de tous les siècles ? comment n'ont-il pas réussi ? Pourquoi leurs décrets, leurs lois, leurs codes, monumens immortels de science et de sagesse, sont-ils demeurés pour ces attentats des barrières trop faibles, des digues impuissantes ? Hélas ! c'est qu'ils ont suivi une fausse route. L'éclatante lumière de la vérité était devant eux, ils ont pris pour guide le flambeau de l'erreur. Au lieu d'imiter et de seconder la nature, la nature qui conspirait si manifestement pour eux, ils l'ont, comme à plaisir, contrariée, faussée, violentée. Pour détruire toute tentation homicide, il fallait ne pas tuer publiquement ; pour arrêter le poignard de l'assassin, il fallait briser la hache du bourreau ;

pour empêcher qu'une seule goutte de sang humain
ne fût répandue, il fallait ne point en verser des torrens;
en un mot, pour anéantir le meurtre, il fallait rendre
la vie de l'homme sainte en la respectant. C'est alors,
mais alors seulement, que chacun eût compris tout ce
qu'il y a de grand, de vénérable et de divin dans
l'existence, et que la moindre atteinte à ce don précieux
eût été considérée comme une exécrable profanation.
L'inviolabilité de la vie de l'homme fût devenue pour
tous un religieux symbole, et l'assassin féroce qui
déjà méditait la mort de son semblable, loin de se
voir entraîné au meurtre par le spectacle d'une exécution sanguinaire, eût reculé d'horreur devant la
consommation de son forfait, à l'aspect de la société
abdiquant elle-même un pouvoir barbare et déposant
au fond du sanctuaire le glaive de la loi.

« Vous aussi vous défendez le meurtre, disait le
« vertueux Duport à l'assemblée constituante, mais
« vous vous en reservez l'exclusif usage; ce n'est pas
« l'homicide que vous improuvez, mais seulement l'illé-
« galité de cette action; vous altérez des agens doux
« et directs d'humanité et de confiance, et vous mettez
« à la place des agens indirects, des peines à la fois
« cruelles et sans effet. Les bases de la moralité des
« actions ne sont plus les mêmes; cet instinct que
« vous avez affaibli agissait sur tous les hommes, dans
« toutes les situations; la défense légale, au contraire,
« n'a lieu que lorsqu'il craint d'être vu ou qu'il n'es-
« père pas d'échapper : d'autre part, celui qui hésite
« encore dans cette horrible résolution du crime se
« sent moins retenu par la prohibition de la loi, par

« les idées métaphysiques qui en dérivent, que par
« les avertissemens actuels et physiques que la nature
« lui donne. Que doit-on chercher? c'est que la nature
« soit la plus forte dans cette lutte que l'assassin lui
« livre, lorsqu'il veut commettre un crime; au lieu de
« cela, vous déplacez le lieu du combat, vous donnez
« à l'esprit à décider ce qui appartient à l'ame; vous
« soumettez au calcul ce qu'il fallait laisser au sen-
« timent; le meurtre cesse d'être une action atroce,
« puisque vous vous le permettez: il n'est plus qu'une
« action illégale; ce n'est plus qu'une simple forma-
« lité qui sépare l'assassin et le bourreau; c'est cette
« formalité qui devient toute la garantie que vous
« donnez à chaque individu de sa conservation.»

On le voit donc, la crainte de la mort n'ajoute rien
à l'aversion du meurtre que la main du créateur a
gravée dans le cœur de l'homme; et loin que l'é-
chafaud soit une utile succursale de la conscience, il
l'altère, il la souille et en paralyse les nobles effets.
Mais il y a plus encore: la crainte de la mort, qui n'est
point répressive pour le criminel, ne l'est pas davantage pour le spectateur qui assiste à ses derniers
momens. Celui qui, pour assouvir la passion qui le
subjuguait, a pu braver la menace de la mort, celui-
là n'est point assurément dépourvu d'énergie. Soit
amour-propre, soit force d'ame, soit résignation ou
repentir, il marche presque toujours au supplice avec
assurance. On le voit contempler d'un œil sec les terribles apprêts et recevoir sans gémir et sans sourciller
le coup fatal qui tranche sa vie. Que devient alors
la vertu exemplaire de la crainte de la mort sur les

masses qui entourent l'échafaud? Elle a perdu toute
efficacité. Heureux encore lorsque l'impression produite par l'exécution n'est point un scandale pour
la société et un outrage pour la justice! Car si le
condamné montre un courage stoïque et au-dessus de
la nature; si la peine qu'il subit n'est point en rapport
exact avec son crime; s'il meurt victime d'une condamnation politique; si l'on voit en lui l'enthousiasme
religieux du repentir, le langage brûlant du remords,
en un mot quelque reste de moralité ou de grandeur;
son supplice, à qui manquait déjà la sanction de la
classe éclairée, n'a plus même l'approbation senti-
mentale de la multitude. Les esprits s'agitent, fermentent et bouillonnent autour de lui; on le plaint,
on le vante, on l'admire; on maudit ses juges qu'on
flétrit du nom d'assassins; on couvre d'imprécations
et d'injures les satellites qui le conduisent, le bourreau
et ses aides qui vont l'immoler. L'exaltation populaire
est contagieuse; les transports de la foule que l'attitude
du condamné a fait naître réagissent sur le condamné
lui-même et viennent augmenter son enthousiasme.
Ce n'est point, de sa part, illusion ni délire; la sympathie a pris la place de la haine, l'estime et le respect
ont remplacé l'opprobre et l'ignominie; l'échafaud
se transforme à ses yeux en autel expiatoire; il y court
d'un pas intrépide; il y meurt en héros, en martyr.
Et c'est ainsi que le criminel quelquefois succombe
au bruit des applaudissemens qui ne sont dus qu'à
l'innocence et à la vertu.

Le nombre des condamnés qui ont montré un inébranlable courage avant et après leur condamnation, comme au moment de subir leur peine, est très considérable. Le récit détaillé de leur conduite à ces momens solennels pourrait former la matière d'un très long chapitre qui ne manquerait certes, ni d'intérêt ni d'utilité. Mais comme il s'agit ici de faits matériels dont l'existence est incontestable, et dont le nombre d'ailleurs s'accroît chaque jour, nous préférons renvoyer le lecteur à ses souvenirs et aux divers recueils qui se sont spécialement occupés de cette matière. Nous recommandons surtout à son attention les différens faits cités par M. Lucas dans la deuxième partie de son ouvrage sur la peine de mort. Nous nous bornerons à citer nous-même quelques exemples fort récens que nous empruntons au hasard et sans choix à la *Gazette des Tribunaux*.

« Depuis la révolution de juillet, aucune exécution à mort n'avait eu lieu à Paris. C'est aujourd'hui que ce triste spectacle s'est représenté pour la première fois. D'après l'arrêté de M. le préfet de la Seine, cette exécution a eu lieu dans la place qui se trouve à l'extrémité de la rue Saint-Jacques. L'échafaud avait été dressé pendant la nuit, et ce matin, à huit heures et demie, le condamné Désandrieux a été conduit directement de Bicêtre au lieu de l'exécution, dans une voiture couverte. Il était assisté du respectable abbé Montès. Désandrieux a témoigné beaucoup de résignation. Pendant le trajet il a gardé un profond silence, et arrivé sur l'échafaud, ses seules paroles ont été : *Dépêchez-vous, dépêchez-vous!* A neuf heures il avait cessé de vivre. (*Gazette des Tribunaux*, 4 février 1832.) [1] »

« Pierre-Prosper Ballière âgé de 18 ans, accusé d'homicide sur la personne de la veuve Ballière, sa grand'mère, a été condamné par la cour d'assises de la Seine-Inférieure à la peine des parricides. Il a entendu son arrêt sans manifester la moindre émotion. (*Gazette des Tribunaux*, 13 et 14 février 1832.) »

« Thiault, accusé d'assassinat sur la personne de la veuve Caritey, sa belle-mère, a été condamné par la cour d'assises de la Haute-Saône à la peine de mort. Ce malheureux a entendu cet arrêt avec la même impassibilité qu'il avait montrée pendant tout le cours des débats. (*Gazette des Tribunaux*, 1er mars 1832.) »

« François Chevallier, accusé du crime d'incendie, a été condamné par la cour d'assises des Hautes-Alpes à la peine de mort; il a entendu son arrêt sans émotion. (*Gazette des Tribunaux*, 26 et 27 mars 1832.)

« La cour d'assises des Basses-Alpes a condamné à la peine de mort le nommé Pierre Barrême, accusé d'arrestation à main armée et de tentative de meurtre. Barrême a entendu cet arrêt avec le sang-froid qui ne l'avait pas abandonné un seul instant pendant les débats. (*Gazette des Tribunaux*, 25 avril 1832.) »

« La cour d'assises d'Ille-et-Vilaine a condamné à mort le chouan Caro, convaincu d'avoir fait partie des bandes rebelles du Morbihan. Caro a entendu sa

(1) Desandrieux avait été condamné à mort comme coupable d'une tentative d'assassinat commise sur la personne de M. Aillaux, vieillard âgé de quatre-vingt-quatre ans. Il est à remarquer que l'un de ses complices, nommé Huet, au moment où il allait être arrêté, *se donna la mort*.

sentence sans émotion visible, et avec une résignation stupide qui semble tenir du fanatisme et de l'ignorance. (*Gazette des Tribunaux,* 20 mai 1831.)»

« Un paysan du Morvan, condamné aux travaux forcés à perpétuité pour avoir tué d'un coup de fusil un homme qu'il considérait comme son ennemi, s'écriait, après avoir entendu son arrêt : *Je suis innocent, je ne veux point de galères, je veux la mort, la liberté ou la mort!* Cette mort que l'indulgence de ses juges lui refusait, il a cherché à se la donner en buvant de l'urine dans laquelle il avait fait oxider plusieurs gros sous; mais n'ayant pas obtenu de résultat de cette tentative, il a avalé cinq sous oxidés; les débris d'une pipe, des morceaux de verre de vitres et de verre de bouteille, une épingle et une aiguille. (*Gazette des Tribunaux,* 20 septembre 1832.)»

Nous ne parlons pas des condamnés politiques ; le dévouement, le courage, la grandeur d'ame, forment généralement la base de leur caractère; il est bien rare que le vice et l'immoralité en ternissent l'éclat, et qu'ils montrent de la lâcheté à leur moment suprême. Ils meurent sur l'échafaud comme au champ d'honneur. Pour ne rappeler ici que nos pertes les plus récentes, combien, depuis l'illustre et brave maréchal Ney, combien de nobles et malheureuses victimes ont perdu la vie avec l'intrépidité la plus héroïque, soit sous la hache du bourreau, soit sous le plomb meurtrier de nos soldats! [1]

(1) L'énumération en serait longue : ce sont, entre autres, le jeune et bouillant Labédoyère, le brave Mouton, les deux frères Faucher de la Réole, intéressans jumeaux tombant percés des mêmes coups, dans les bras

De tout ce qui précède, nous sommes en droit de conclure que la crainte de la mort manque à la fois

l'un de l'autre, sur le lieu du supplice, après avoir partagé toute leur vie les mêmes plaisirs, les mêmes devoirs, les mêmes hasards; l'audacieux général Berton et ces quatre jeunes et courageux sergens de La Rochelle, dont une tombe expiatoire doit, dit-on, bientôt recueillir les cendres.

Les funestes et déplorables événemens des 5 et 6 juin dernier nous ont montré encore des hommes égarés, mais braves, acceptant la mort avec sang-froid et fermeté.

« Le deuxième conseil de guerre de Paris a condamné à la peine de quinze ans de travaux forcés le nommé Margot, convaincu d'avoir tenté de commettre le 6 juin plusieurs meurtres sur des gardes nationaux agissant pour l'exécution des ordres de l'autorité. Margot écoute sans émotion la lecture du jugement; lorsqu'il apprend qu'il est condamné à quinze ans de travaux forcés, il témoigne du mécontentement sans irritation : *Les galères! les galères!* s'écrie-t-il, *je préférerais être fusillé que d'aller au bagne!* (Gazette des Tribunaux, 20 juin 1832.) »

« Colombat, accusé d'avoir dans les journées des 5 et 6 juin commis un attentat dont le but était, soit de détruire, soit de changer le gouvernement du roi, soit d'exciter les citoyens ou habitans à s'armer contre l'autorité royale, etc., etc., a été condamné à la peine de mort par le deuxième conseil de guerre de Paris. Colombat écoute la sentence du jugement sans manifester la moindre émotion. Cependant, lorsqu'il entend la terrible condamnation, il lève les yeux au ciel, et croise les mains en changeant d'attitude. A peine M. le commandant rapporteur lui a-t-il annoncé que la loi lui accorde vingt-quatre heures pour se pourvoir en révision, que Colombat s'écrie : *Je le jure devant Dieu et devant les hommes, je suis innocent; je suis victime d'infâmes délateurs qui ont souillé leurs consciences. Je sais que la mort m'attend.... je la subirai avec résignation ; un Français ne connaît que ça, il meurt avec courage!* (Gazette des Tribunaux, 22 juin 1832.) »

« Le premier conseil de guerre de Paris a condamné à la peine de mort le nommé Hassenfratz, comme coupable de s'être mis dans les journées des 5 et 6 juin à la tête de bandes armées et d'y avoir exercé un commandement. Le condamné écoute la lecture du jugement sans manifester aucune émotion; cependant il agite son pied et paraît attendre avec impatience l'instant où le greffier prononcera la condamnation. Au moment où il entend ces mots : *condamné à la peine de mort*, il fait un léger mou-

de vertu préventive et de vertu exemplaire, puisque
rien n'est plus commun chez les délinquans que le
mépris de la mort, soit avant la consommation de

vement, quelques papiers tombent de son bonnet de police, et pendant
qu'il les ramasse il s'exprime ainsi : Veuillez, M. le rapporteur, recevoir
ma déclaration de me pourvoir en cassation et en révision, et puis avec
le plus grand sang-froid il ajoute : « Je vous déclare, monsieur, que si
ma vie peut être de quelque utilité pour le bien de mon pays, j'en fais
volontiers le sacrifice ; mais mon dernier cri sera : *Vive la patrie ! Vive la
liberté !* » (Gazette des Tribunaux, 24 juin 1832.)

Et lorsque le mémorable arrêt de la cour de cassation, en date
du 29 juin, proclamant l'incompétence des conseils de guerre, eut
rendu les accusés de ces fatales journées à leurs juges naturels, on a vu le
petit nombre de ceux que les cours d'assises ont condamnés à la peine
de mort entendre leur arrêt avec la même fermeté et le même sang-froid.
Aucun d'eux n'a péri sur l'échafaud, grace au bon sens du gouvernement,
et surtout à l'humanité bien connue du chef de l'Etat. Mais il a fallu que la
clémence royale vînt protéger la tête de l'un de ces malheureux (le nommé
Cuny) malgré lui-même ; car dans son exaltation il voulait mourir, et
il a obstinément refusé de se pourvoir en grace, après le renvoi de son
pourvoi en cassation.

Dans l'affaire de la barricade du cloître Saint-Méry, l'accusé Jeanne,
par la noble franchise de ses aveux et son courage extraordinaire, sans
jactance ni forfanterie, a excité au plus haut degré l'intérêt et la sympathie
de tous les citoyens, même de ceux qui condamnaient hautement la déplorable erreur qui l'avait entraîné. Eh bien ! ce Jeanne si ferme, si héroïque,
dont l'assurance et le sang-froid ne se sont pas démentis une minute pendant le cours des longs débats de son affaire, nous l'avons attentivement
observé : il n'a témoigné un moment de vive inquiétude qu'une seule fois,
c'est lorsque la question des circonstances atténuantes affirmativement ré-
solues par ses juges, en écartant la mort de sa tête, lui laissait en perspective des peines infamantes. Nous étions près de lui dans ce moment d'angoisse. *Point de flétrissure*, disait-il, *point de travaux forcés à perpétuité,
pas même de travaux forcés à temps, plutôt la mort !* et il n'a repris toute
sa sérénité que lorsqu'il a entendu l'arrêt qui prononçait contre lui la peine
de la déportation, laquelle, quoique plus élevée dans l'échelle pénale que
celle des travaux forcés à temps, n'est point réputée infamante, et lui semblait plus en harmonie avec le délit politique qu'il avait commis,

leur crime, soit au moment de leur condamnation, soit enfin à l'heure terrible où le glaive de la loi va frapper leur tête [1]. Ainsi donc, non-seulement la crainte de la mort ne se combine pas utilement avec l'aversion du meurtre, mais elle énerve et paralyse son action; que dis-je? elle la détruit entièrement et elle lui substitue un sentiment contraire, l'amour du sang et des tortures, excité chez les uns, développé chez les autres par le spectacle féroce et contagieux des assassinats judiciaires.

Voyons maintenant si la crainte de la mort se combine plus efficacement avec l'infamie. Mais avant de passer à l'examen de cette question, il est bon de repousser une dernière objection relative aux sentimens qui affectent le condamné allant au supplice.

On insiste et l'on dit : le criminel que l'on mène à l'échafaud regarderait comme une faveur insigne la prison la plus dure, les travaux les plus pénibles, l'esclavage perpétuel; d'où il suit que la crainte de ces peines n'aura jamais autant de pouvoir que celle de la mort pour l'éloigner du crime. La fausseté d'un pareil raisonnement est plus qu'évidente. Rien ne constate en effet que cette préférence que l'on prête gratuitement à tous les condamnés soit aussi générale qu'on le suppose; l'expérience de chaque jour et les

---

(1) Nous disons que *rien n'est plus commun* que ce mépris de la mort chez les condamnés, mais nous ne prétendons pas qu'il n'y ait aucune exception; et quand bien même M. Silvela, la *Gazette des Tribunaux* à la main, viendrait, comme il le dit, nous montrer des exemples de faiblesse et de lâcheté chez quelques criminels, cela ne détruirait pas la force des faits que nous avons invoqués, et n'affaiblirait en rien la rigueur de notre démonstration.

exemples que nous avons cités prouvent du moins
qu'il faudrait apporter à ce principe de nombreuses
exceptions. Mais admettons qu'il n'y en ait pas; que
tous les condamnés indistinctement reculent à l'aspect du supplice, et consentent à racheter leur vie
aux dépens de leur liberté et au prix des plus rudes
travaux; que peut-on en conclure? Déjà nous l'avons
dit, et nous ne pouvons nous lasser de le redire : ce
n'est point la crainte que le criminel éprouve au moment de subir sa peine qu'il faut envisager; mais celle
qu'il éprouve lorsqu'il est tenté de commettre le
crime; car c'est celle-là seule qui peut l'arrêter. Quoi!
vous me parlez des idées qui assiégent l'ame du condamné que l'on conduit à l'échafaud! mais si on le
conduit à l'échafaud cet homme coupable, l'image du
dernier supplice n'a donc pas été assez puissante pour
le retenir sur le bord de l'abîme? Malgré la mort infâme qui le menaçait, il a pu faillir. Eh! que m'im-
portent maintenant ses discours, ses larmes, sa lâche
préférence et son tardif repentir? Sans doute la mort
instante, accompagnée d'opprobre et d'une cruelle
agonie, doit lui être amère : il est affreux, comme on
l'a dit, d'entrer tout vivant dans la mort. Pour éloigner de ses lèvres ce calice d'absinthe, je conçois que
le condamné regarde comme une grace toute autre
espèce de châtiment. C'est le lot de notre humanité
débile; le mal présent pèse seul à notre faiblesse.
L'énergie morale est immense, elle puise ses raisons
de souffrance dans le passé et dans l'avenir; mais
l'énergie physique a des bornes étroites, et si la
trempe de l'ame n'est pas vigoureuse, la douleur du

moment suffit à la nature et absorbe sa sensibilité.
Eh ! qui vous a dit que cet infortuné qui repousse la
mort aujourd'hui, lorsqu'il aurait passé quelques années dans un cachot obscur, privé de la liberté et du
doux commerce de ses semblables, livré à la solitude
de sa conscience et au souvenir de son forfait, ne de-
manderait pas lui-même le dernier supplice à grands
cris, regardant alors comme un bienfait la fin de sa
misérable existence? Ah! si vous osez affirmer qu'il
n'en sera jamais ainsi, le cœur de l'homme ne vous
est point connu, du moins le cœur de l'homme faible
et pusillanime qui n'a ni assez d'orgueil, ni assez de
constance pour subir son sort [1]. Du reste, répétons-
le, quelle que puisse être la pensée du criminel que
l'on conduit à l'échafaud, toujours est-il que la crainte
de la mort n'a pu le détourner du crime. Voilà ce
que nos adversaires auraient dû loyalement reconnaître, au lieu de nous opposer un argument sans
valeur et sans portée qui ne peut manifestement se
soutenir.

Examinons maintenant ce que c'est que l'infamie,
et comment elle se combine avec la crainte de la
mort.

L'infamie est à coup sûr par elle-même un excellent moyen de répression. La crainte du blâme et de
la honte, l'amour de l'estime et de la considération
se trouvent plus ou moins gravés dans tous les cœurs,
et il n'est point d'homme, quelque dépravé qu'il soit,

___

(1) Nous ne voulons point parler de ce qui arrive sous l'empire de l'absurde système de nos bagnes tel qu'il est conçu aujourd'hui, mais de ce qui
arriverait infailliblement sous l'empire d'un bon système pénitentiaire.

qui puisse entièrement briser leur aiguillon. Il y a dans l'ame une sorte d'instinctive pudeur qui surnage au milieu du naufrage de toutes les vertus, et qui se révèle par de soudains éclairs au sein même de l'immoralité la plus profonde. L'homme exposé aux regards de la multitude subit la mort avec intrépidité, mais en général le fardeau de la honte publique lui est insupportable. C'est ainsi que l'on voit des criminels, courbés dans leurs cachots sous le poids des remords et de l'infamie, relever tout à coup leur tête en présence des hommes assemblés, et chercher à parer leur front du bandeau de l'audace ou de l'héroïsme. Mais pour que la crainte de l'infamie ait de l'efficacité il faut la joindre à une peine vivante et durable, et non point à un cruel et rapide supplice qui ne laisse après lui que des traces sanglantes et de hideux souvenirs.

« Qu'ajoute la peine de mort à l'infamie, dit « M. Lucas? Rien, car l'infamie ne tient point à l'é- « chafaud, mais vient de la réprobation que la con- « science attache aux actes qui y conduisent, et qui « n'en seraient pas moins infâmes quand même ils « conduiraient au Capitole. Quel est l'infâme, de « Louis XVI à la guillotine ou de Marat au Pan- « théon? Malesherbes a-t-il un plus beau titre à l'im- « mortalité que l'échafaud? On y meurt donc avec « gloire toutes les fois que ce n'est point un crime « qui nous y fait condamner. Au sortir de notre ter- « rible révolution, combien y a-t-il de familles en « France qui n'aient point payé tribut à la guillotine? « Où est aujourd'hui le déshonneur attaché à la mé-

« moire de ces victimes? Ah! ne sait-on pas qu'il est
« des temps où la gloire d'un citoyen est de mourir
« sur l'échafaud, comme celle du soldat sur le champ
« de bataille? » (*Du Système pénal*, pag. 232.)

De même que l'aversion du meurtre puise sa principale force de répression dans l'horreur que le
meurtre inspire, de même la crainte de l'infamie
n'est efficace et répressive que par la honte même
qui la constitue. Admirable sagesse de la Providence,
qui, en plaçant dans nos cœurs l'aversion du meurtre,
le besoin de l'estime et l'amour de la vertu, nous
montre dans l'inviolabilité de l'existence l'élément
essentiel de notre sûreté, et nous fait trouver dans la
pratique du devoir les satisfactions de l'amour-propre,
et les jouissances plus dignes et plus nobles qui mè-
nent à la gloire et font le bonheur.

L'infamie ne résulte donc point du supplice, même
lorsque c'est le bourreau qui l'inflige. Si le condamné
est un scélérat couvert de crimes et de souillures, il
meurt infâme et exécré sans que l'échafaud ajoute à
son ignominie. Si c'est un homme vertueux que la
tyrannie ou l'erreur ont condamné à perdre la vie,
le contact du bourreau ne peut le flétrir, car l'échafaud n'ôte rien à son innocence. Sous la hache homicide, le prestige de la vertu l'environne encore; il
excite en mourant le respect, les regrets et la sympathie; son sang est celui d'un martyr. Non-seulement l'échafaud n'ajoute rien à l'efficacité de l'infamie, mais il détruit le salutaire effet de ce réactif.
En offrant le spectacle du meurtre il en réveille l'horreur dans toutes les âmes. Les spectateurs d'une exé-

cution judiciaire ont droit de crier, Anathème! car
leurs entrailles s'émeuvent, leurs sens se soulèvent en
faveur de la victime qu'on va égorger; et la nature se
sent blessée dans son instinct conservateur. Ils dé-
testent le crime sans doute, ils ont maudit l'assassin;
mais l'infamie de l'action qui a mérité la peine se
perd dans l'atrocité de l'exécution. La pitié l'emporte
sur la haine; l'agonie présente étouffe le souvenir de
l'attentat qui fut commis; le condamné n'est plus
qu'une créature faible et gémissante aux prises avec
une force brutale et cruelle qui l'accable de sa supériorité immense, et l'oblige comme la victime rési-
gnée de nos abattoirs à tendre docilement la gorge au
fer du bourreau qui va l'immoler. Que peuvent la
honte et l'infamie dans un pareil moment? Comment
en resterait-il une ombre en présence d'un sort si funeste? Ah! l'échafaud n'est-il pas l'autel expiatoire?
Le sang de la victime ne doit-il pas tout effacer? Que
dis-je? la multitude est impressionnable et mobile,
elle s'abandonne facilement à tous les extrêmes. Pour
peu que le condamné montre de résignation et de
courage, déjà nous l'avons constaté, au lieu du mépris et de l'aversion dont il était l'objet, c'est l'intérêt
et l'admiration qu'il inspire; et l'échafaud qui devait
augmenter l'infamie de son supplice, loin de remplir
son utile mission, détruit cette infamie elle-même, et
soulève les sentimens des masses indignées contre les
arrêts de la justice et la souveraine majesté des lois.

Cependant, diront nos adversaires, vous êtes forcé
de convenir que la crainte de l'infamie est un frein
puissant et efficace; oui, sans doute, et c'est pour cela

que nous ne voulons pas que par un mélange impie
on vienne l'énerver [1]. Nous demandons qu'on la joigne
à une peine qui n'éveille pas dans les ames douteuses
des penchans pervers, à une peine durable et exemplaire qui obtienne l'approbation et la sympathie de
tous les hommes en flattant les sentimens moraux que
la nature a gravés dans leurs cœurs; car c'est l'opinion éclairée des honnêtes gens qui fait l'infamie, et
non l'aveugle coup de hache du bourreau. « Les lois,
« dit M. Guizot, puisent plus de forces dans la con-
« science des hommes que dans leurs peurs. La ré-
« probation et la honte publiquement attachées à
« certains actes agissent plus puissamment pour les
« prévenir que la crainte des châtimens qui pour-
« raient les suivre. Quiconque sait la nature humaine
« en sera convaincu comme moi. A qui en douterait,
« une supposition le prouvera. Retirez des actions
« incriminées par nos codes l'aversion morale qu'elles
« inspirent, qu'on les croie innocentes, et vous verrez

(1) Voici un trait assurément bien remarquable qui prouve ce que peut
la crainte de l'infamie, même sur les classes les moins éclairées de la société,
lorsque cette crainte est pure, isolée, et que la pensée de la mort ne
vient pas la dénaturer. « On lit dans la *Gazette des Tribunaux* des 12 et
13 décembre dernier : Ce matin, à sept heures et demie, on remarquait un
enfant de quatorze à quinze ans attaché à l'aide d'une corde aux barreaux
d'une croisée. Un gros morceau de pain était sous son bras, et il pleurait à
chaudes larmes; enfin quelques passans se sont approchés et lui ont demandé le motif de cette position extraordinaire. Au même instant, un ouvrier
s'est avancé et a dit : C'est mon fils, j'aime mieux le voir exposé ici que sur
la place du Palais de Justice, et je veux qu'il y reste pendant six heures. »
Ce n'a été que sur les vives sollicitations de quelques personnes que l'on
est parvenu à avoir la grace de ce petit malheureux, qui probablement
avait commis quelque larcin. »

« si toutes les habiletés de la police et toutes les ri-
« gueurs du pouvoir suffiront à les prévenir. » (*De la
peine de mort*, pag. 34 [1].)

Concluons donc avec assurance de tout ce que nous
venons d'exposer que la crainte de la mort, réactif
impuissant par lui-même, ne se combine utilement ni
avec l'aversion du meurtre ni avec l'infamie; que
pris isolément ses conséquences sont désastreuses,
et que joint aux deux autres il paralyse et détruit leur
efficacité réelle en les couvrant du vernis d'immoralité et de barbarie dont il est empreint.

Nous avons dit qu'il fallait encore, pour qu'une
peine fût efficace, qu'elle présentât des garanties de
certitude et de proximité; voyons si la peine de mort
remplit ces conditions.

« Tout l'art des lois criminelles, disait Servan,
« consiste à si bien régler le poids des peines qu'excé-
« dant toujours celui des passions, il fasse pencher
« infailliblement le citoyen du côté du devoir. » Ajoutons que les peines doivent être aussi douces et aussi
modérées que possible, car le but du législateur en
punissant n'est point d'exercer un acte de vengeance
ni de tourmenter un être sensible, mais de prémunir
la société contre de nouveaux crimes par l'infaillibilité
de la peine, la moralité de l'exemple et la promptitude de la répression.

C'est aujourd'hui un principe universellement re-

(1) La petite contrebande, par exemple, réputée délit par la loi. Dans
beaucoup de localités on la considère comme une supercherie presque innocente, l'opinion publique ne la flétrit pas, et malgré les peines qui lui
sont réservées, combien de gens qui passent pour honnêtes ne se font pas
scrupule de frauder un peu!

connu en matière pénale que plus il y a de possibilité d'augmenter la certitude de la peine, plus il est permis d'en diminuer la grandeur. C'est un axiome non moins incontestable que l'excessive sévérité des peines détruit leur efficacité, en apportant une grande incertitude dans leur application. La crainte d'un châtiment modéré, mais infaillible, fera toujours plus d'impression sur le cœur de l'homme que celle d'un châtiment beaucoup plus terrible, mais que tempérera l'espoir de l'impunité. Quelle terreur peut inspirer une peine que repoussent l'opinion publique, le vœu de l'humanité, la conscience même des juges? Le coupable peut hardiment en affronter la menace, car il est presque certain de s'y soustraire : pour une chance de ruine il a mille chances de salut[1]. Lorsqu'en France les vols domestiques étaient punis de mort, la rigueur de cette peine les empêcha-t-elle de se produire? Non certes, car les voleurs ne la redoutaient pas, le progrès des lumières et l'adoucissement des mœurs rendant son exécution chaque jour plus impossible. Tout concourait alors pour assurer l'immunité des délinquans. Les maîtres répugnaient à se rendre dénonciateurs ; les témoins, malgré la sainteté du serment, n'osaient pas dire la vérité tout entière ; et les juges eux-mêmes, frappés de la disproportion de la peine avec le délit, oubliaient l'impérieux devoir de leur ministère, et, obéissant aux inspirations de leur raison et de leur conscience, se hâtaient de

(1) L'atrocité des lois, dit Montesquieu, en empêche l'exécution; lorsque la peine est sans mesure, on est souvent obligé de lui préférer l'impunité. (*Esprit des lois*, liv. 6, chap. xiii.)

proclamer les accusés non coupables, dans la crainte
que, l'existence du vol une fois reconnue, leur humanité ne fût forcée de fléchir devant le texte d'airain
de la loi. Que résultait-il de cette funeste indulgence?
Que les vols domestiques si propres à porter le trouble
dans la société étaient impunis et se multipliaient.
Aujourd'hui qu'une peine plus modérée, mais plus
sûre, les menace, voyez combien les délits de cette
espèce sont devenus rares. C'est que l'indignation
qu'ils inspirent n'est plus affaiblie ni contenue par la
pitié généreuse des personnes lésées et l'honorable
répugnance des magistrats. Le châtiment a gagné en
certitude ce qu'il a perdu en sévérité.

Veut-on un autre exemple? Les peines religieuses
vont nous l'offrir. Certes, les châtimens dont toutes
les religions punissent les coupables sont terribles;
ils doivent épouvanter l'imagination la plus intrépide
par leur grandeur et leur éternité. Cependant sont-
ils efficaces? ont-ils sur la détermination des criminels une action immédiate et puissante? Non, assurément. Pourquoi cela? C'est qu'ils manquent de
proximité et de certitude. Quelque redoutables qu'ils
soient pour ces ames que la foi religieuse possède,
mais ne met pas à l'abri de la tentation, un nuage
impénétrable les environne; l'espoir de l'expiation,
du repentir, de la grace, amortit l'effet qu'ils tendent
à produire; et d'ailleurs, comment lutteraient-ils
contre la frénésie des passions du moment, contre les
séductions du crime? ils ne menacent les pécheurs et
les coupables que dans un lointain avenir [1].

_____

(1) C'est là meilleure réponse que l'on puisse faire à cette objection de

Ces principes posés, examinons si la peine de mort offre dans son exécution ces garanties de certitude et de proximité qui assurent à la menace son efficacité, et aux lois pénales en général leur autorité et leur empire. Si cette importante question nous était soumise pour la première fois, et qu'il fallût y répondre sans qu'elle eût été l'objet de nos recherches et de nos méditations; consultant uniquement notre conscience et notre raison, sans crainte d'être démentis par l'expérience, nous n'hésiterions pas à la résoudre négativement, et sans trop orgueilleusement préjuger de notre intelligence nous oserions penser que les motifs qui ont formé notre conviction pourraient en entraîner bien d'autres. Mais fort heureusement pour notre faiblesse nous n'avons pas même le fardeau de cette lutte à soutenir. L'expérience a parlé d'une manière éclatante; elle a montré aux plus incrédules les vœux de l'humanité dans une fidèle et matérielle traduction. Des faits nombreux, constans,

M. Silvela tirée de ce que la *grandeur du mal* est le premier principe d'efficacité dans la menace d'une peine, principe bien supérieur, dit-il, à la *certitude* et à la *proximité*. M. Silvela, qui traite d'absurde le système que nous défendons, a bien facilement oublié les leçons de l'histoire; qu'il parcoure l'Italie, l'Espagne et l'Amérique espagnole où la religion catholique a aujourd'hui encore un si grand empire, et qu'il nous dise si la menace des épouvantables supplices de l'enfer chrétien est assez efficace dans ces contrées pour empêcher ou diminuer les crimes! Eh! mais, c'est précisément la *grandeur du mal* (lorsqu'il s'agit de la peine de mort) qui tend à établir l'incertitude dans la répression et à faire naître le scandale de l'impunité. Du reste, nous avons déjà prouvé au commencement de ce chapitre combien est insuffisante la grandeur du mal dans la menace de la mort.

positifs; des faits plus éloquens que les plus éloquentes
paroles; des faits dout tout le monde peut vérifier la
sincérité et l'exactitude; en un mot, des faits officiels
sont venus nous révéler ce consolant résultat, savoir :
que la peine de mort était de toutes les peines la moins
répressive et la plus éludée; que c'était celle enfin
qui offrait le moins d'efficacité dans la menace et le
plus d'incertitude dans l'exécution. Oui, à la gloire
de l'espèce humaine, il faut le dire et le dire bien
haut, la peine de mort, si affligeante, si cruelle, si
honteuse pour la société, porte en elle-même un principe dissolvant qui énerve son action et en paralyse
les effets. Les ames douces et sensibles la repoussent
par la seule aversion qu'elle inspire; les ames scru-
puleuses hésitent à l'appliquer parce qu'elles la croient
illégitime; mais en présence de son irréparabilité
toute ame raisonnable recule glacée de terreur. Ins-
truit par tant d'erreurs fatales, quel homme possédant des entrailles ne se hâtera de la proscrire comme
un détestable instrument trop aveuglément placé
dans les mains d'une justice faillible? Aussi voit-on,
partout où le flambeau de la civilisation a pénétré,
les magistrats imposant silence à leur conviction, et
le pouvoir lui-même, devenu accessible à la voix de
l'humanité, s'interposer entre le condamné et le bourreau. Certes la société ne peut qu'applaudir à ce noble
usage du droit de commutation et de grace; mais la
justice doit s'en alarmer, et il lui est permis de demander l'abolition d'une peine que son atrocité rend
inexécutable, et qui, en cessant d'être réprimante et
certaine, n'est plus qu'un dangereux véhicule pour le

crime et un déplorable encouragement à la violation de la loi.

Consultons d'abord le tableau des condamnations à mort pononcées par les cours d'assises de la Grande-Bretagne, et plaçons en regard le tableau des exécutions. D'après l'examen approfondi de ces condamnations par sir Samuel Romilly, il résulte que dans un espace de 18 années, de 1805 à 1823, 1282 personnes ont été poursuivies pour *vols qualifiés* entraînant la peine capitale. Sur ce nombre, 342 seulement ont été déclarées coupables; une seule dont le crime était accompagné de circonstances aggravantes a été exécutée.

Mises en accusations.	Condamnations.	Commutations.	Exécutions.
1,228.	342.	341,	1.

Opérant maintenant sur une échelle plus étendue quoique sur un plus petit nombre d'années, voici le résultat général des mises en accusation en matière capitale (sans distinction de la nature des délits) qui ont occupé les cours d'assises du même royaume pendant les sept années écoulées de 1814 à 1821. 85,487 individus ont été traduits en jugement pendant cet espace de temps. Parmi eux, se trouvaient 71,319 hommes et 14,168 femmes. Sur ce nombre 7,683 ont été condamnés à mort et 693 ont été exécutés.

Mises en accusations.	Condamnations.	Commutations.	Exécutions.
85,487.	7,683.	6,990.	693.

D'où il suit que le rapport des condamnations aux exécutions a été de 11 et une fraction à 1.

L'attention des philosophes et des publicistes était fixée sur ce résultat si extraordinaire, lorsqu'une publication officielle et inattendue est venue offrir un champ plus vaste à leurs observations. Par une innovation heureuse et qui sera féconde, les comptes-rendus de l'administration de la justice criminelle en France en 1825 et 1826 ont été livrés à la publicité par M. le garde-des-sceaux. C'est une leçon nationale et pratique ajoutée à celle d'un pays voisin. Les faits s'y groupent autour du principe conservateur que nous avons développé; ils proclament avec la même énergie, avec la même opiniâtreté, ces vérités consolantes, ces leçons impérissables que la civilisation et l'humanité ont eu hâte de recueillir.

Un fait très important résulte d'abord de la lecture attentive de ces deux rapports, c'est que la répression est beaucoup moins forte pour les crimes contre les personnes que pour les crimes contre les propriétés, ce que l'on doit évidemment attribuer à la répugnance toujours croissante qu'inspire l'application de la peine de mort. Sur 100 accusés de crimes contre les personnes, le nombre des acquittés a été de 50 en 1825 et de 49 en 1826, tandis que sur 100 accusés de crimes contre les propriétés le nombre des acquittemens n'a été que de 31 en 1825 et de 33 en 1826.

Le nombre total des accusés de crimes capitaux a été de 997 en 1825 et de 915 en 1826; 506 seulement ont été condamnés en 1825, et 484 en 1826, d'où il suit qu'il y a eu 491 acquittemens complets en 1825 et 431 en 1826; premier effet du droit d'absolution ou de grace qu'exerce la société par l'intervention du jury qui, trop souvent placé dans l'alternative d'absoudre l'accusé ou de l'envoyer à l'échafaud, repousse un sacrifice qui lui fait horreur en usant de l'indulgence que la nécessité lui impose, et à laquelle il n'a souvent recours qu'à regret.

Mais ces 506 condamnations en 1825, et ces 484 en 1826 ne sont pas toutes des condamnations capitales, bien que les accusations aient eu ce caractère. Après son droit d'absolution ou de grace, la société, toujours par l'organe du jury et en écartant telle ou telle circonstance aggravante, exerce son droit de commutation. Le nombre de ces commutations de peines indiqué avec détail aux tableaux réduit le chiffre des 506 condamnations de l'an 1825 à 172 condamnations capitales, et le chiffre des 484 condamnations de l'an 1826 à 150 condamnations capitales seulement.

Enfin, dit M. Lucas à qui nous avons emprunté en partie cette intéressante analyse, et que nous allons citer textuellement : « La justice humaine ne dé-
« couvre pas tous les crimes qui se commettent; les
« découvre-t-elle, elle en ignore souvent les auteurs;
« le criminel est-il connu, souvent encore elle ne l'at-
« teint pas. Cette dernière impuissance, cette impuis-
« sance d'arrestation est constatée au premier tableau;
« 38 condamnations par contumace ont été pronon-
« cées en 1825 [1], et nous pouvons ajouter que le
« nombre a été de 47 en 1826. Pour passer du chiffre
« des condamnations capitales au chiffre des exécu-
« tions, il faut donc encore retrancher des 172 con-

(1) Le chiffre indiqué par M. Lucas est 42, mais c'est une erreur qui rendrait inexacts les calculs qui suivent. Il existe, du reste, dans le tableau général, d'autres erreurs typographiques que nous avons rectifiées.

8

« damnations de l'an 1825 38 condamnations par
« contumace. Quant à l'année 1826, ce retranche-
« ment n'est point à faire puisque le nombre 150 au
« tableau ne comprend que les condamnés contradic-
« toirement.

« Ainsi sur 997 accusés de crimes capitaux en 1825,
« et 915 en 1826, après déduction faite des acquit-
« temens et des commutations de peines prononcés
« par le jury, ainsi que des condamnations par cou-
« tumace, on trouve :

« Nombre des condamnés à mort :

1825.	1826.
134.	150.

« Un autre intervalle encore nous reste à parcourir
« pour arriver de la cour d'assises à la place de Grève,
« et il faut rendre grace au ciel de toutes ces entraves
« à l'exécution de la loi, quand on songe que c'est un
« meurtre qu'elle ordonne et qu'il s'agit de consommer.
« Après la société, le pouvoir vient exercer son droit
« de commutation à son tour ; car tous ceux que la
« société envoie à la guillotine, il ne veut pas prendre
« l'engagement de les y conduire.

« Or, ce nombre de commutations indiqué au tableau
« est de 23 pour l'année 1825, et de 28 pour l'année
« 1826. Le rapport définitif du nombre des accusés
« de crimes capitaux avec le nombre des exécutés se
« trouve donc ainsi déterminé par le résultat de deux
« années consécutives :

Années.	Nombre des accusés.	Acquittés.	Condamnés.	Capitalement.	Non capitale ment.	Contumaces.	Commutations par le pouvoir.	Exécutés.
1825.	997	491	506	172	334	38	23	111
1826.	915	431	484	150	334	»	28	110

Nous croyons entièrement inutile de rien ajouter à ce qui précède. Une telle masse de faits est irrésistible; leur imposante autorité doit dissiper tous les doutes, enchaîner toutes les convictions[1]. Quiconque

(1) Le hasard vient de faire passer sous nos yeux un extrait du compte général de l'administration de la justice pendant l'année 1830, présenté au roi par M. le garde-des sceaux; il en résulte que sur 5,068 accusations jugées contradictoirement 3,910 avaient pour objet des crimes contre les propriétés et 1158 des crimes contre les personnes. Par suite du double droit d'absolution et de commutation exercé par la société, 92 accusés seulement ont été condamnés à la peine capitale. Tous, à l'exception d'un seul, se sont pourvus en cassation; 4, après annulation du premier arrêt, ont encouru la même peine devant la seconde cour d'assises; 58 ont été exécutés; 1 s'est suicidé dans la prison; 52 ont vu commuer leur peine; 1 seul a obtenu sa grace entière.

Nous regrettons de ne pouvoir mettre sous les yeux du lecteur les comptes rendus des années intermédiaires; nous n'avons pu nous les procurer. Du reste, il est tout-à-fait probable qu'ils présenteraient à peu près les mêmes résultats.

Cette note était déjà imprimée lorsque nous avons eu connaissance du rapport que M. le garde des-sceaux vient de présenter au roi, sur l'administration de la justice criminelle pendant l'année 1831. Il résulte de ce rapport que sur 7,606 individus accusés, 3,508 ont été acquittés et 4,098 condamnés à diverses peines; parmi ces condamnés, 108 ont encouru la peine capitale; sur ces 108 condamnés à mort, deux se sont suicidés, un troisième est mort à l'hôpital; 105 se sont pourvus en cassation; 14, après l'annulation du premier arrêt, ont encouru la même peine devant la cour

osera soutenir désormais que la peine de mort est
réprimante et certaine devra être réputé absurde ou
fanatique ; s'il est de bonne foi, il faudra le plaindre,
mais en lui laissant son erreur, car celui que la prévention possède au point de le rendre sourd au cri de
l'expérience est un être qu'il faut désespérer de convaincre par le raisonnement. Mais à tout ami de l'humanité et de la justice qui chercherait la vérité dans
la sincérité de son cœur, et qui n'aurait pas connaissance de tous ces faits officiels, il faudra montrer avec
orgueil ces tableaux révélateurs, monumens précieux
du progrès de la civilisation contemporaine, qui ont
ouvert une ère nouvelle à la science des lois et de la
philosophie. Qu'à leur aspect tout partisan de la peine
de mort puisse dire : Je me suis trompé! Certes, il ne
balancera pas à proclamer son erreur sitôt qu'il aura
énuméré toutes les chances que le coupable d'un crime
capital a aujourd'hui en sa faveur pour échapper à la
peine qu'il a encourue. En voyant la société reculer
incessamment devant un supplice qui blesse sa raison
et ses sympathies, imaginer d'ingénieuses combinai-
sons pour arracher une tête au bourreau sans violer
trop ouvertement l'équité dont elle est l'organe, et

---

d'assises ; *soixante-dix-huit* de ces condamnés ont obtenu la commutation
de leur peine, savoir : 31 en travaux forcés à perpétuité; 14 en travaux
forcés à temps; 16 en réclusion perpétuelle; 12 en réclusion temporaire, et
5 en simple emprisonnement perpétuel pour deux et temporaire pour
trois; deux enfin ont obtenu grace entière; *vingt-cinq* seulement ont été
exécutés. Les crimes qu'ils avaient commis, ajoute le ministre, et les circonstances qui s'y rattachaient, les rendaient indignes de clémence, et Votre
Majesté a dû, *quoique à regret*, laisser à leur égard un libre cours à la
justice.

la sainteté du serment qui la lie; en voyant le pouvoir
lui-même partager cette répugnance pour le sang,
trahir avec empressement ses devoirs ou saisir d'une
main hésitante le glaive de la loi [1]; en voyant enfin

(1) Cette tendance du jury et du pouvoir à diminuer le nombre des
condamnations et des exécutions devient chaque jour plus remarquable;
il serait facile d'en constater l'existence par la citation d'un nombre très
considérable de faits; nous nous bornerons à présenter au lecteur quelques-
uns des plus récens.

« Jeanne Prade a été traduite devant la cour d'assises de l'Indre sous le
poids d'une accusation d'homicide sur la personne de son frère. Malgré
les efforts du défenseur, les jurés ont répondu affirmativement à la question de culpabilité. M. Daiguzon, substitut du procureur du roi, a conclu
d'une voix émue à la peine de mort; une demande en commutation de
peine a été faite en faveur de la condamnée. (Gazette des Tribunaux,
1er janvier 1852.) »

« La cour d'assises de la Vendée a condamné à la peine de mort le
chef de chouans René Gaboriau. Le condamné a entendu l'arrêt avec calme
et impassibilité. Les jurés, qui savent allier l'indulgence à l'impartialité, ont
signé une requête en commutation de peine. (Gazette des Tribunaux, 16 et
17 janvier 1852.) »

« Une famille entière, la famille Orèves, a comparu devant la cour d'assises d'Ille-et-Vilaine sous le poids d'une accusation d'assassinat sur la
personne du nommé Desnier. Les débats paraissaient avoir prouvé d'une
manière évidente la culpabilité de plusieurs des accusés. La conviction
du ministère public avait passé dans le public même, et les jurés semblaient
ne pas devoir hésiter. Cependant, pour ne point envoyer presque toute une
famille à l'échafaud, ils ont écarté la préméditation. Ceux des accusés qui
ont été déclarés coupables se sont vus condamnés à la peine des travaux
forcés à perpétuité. (Gazette des Tribunaux, 17 et 19 février 1852.) »

« La cour d'assises de la Charente-Inférieure a eu à juger le nommé
Aucoin et Virginie Fillonneau, accusés de tentative d'assassinat sur la personne de Louis Raffin, mari de cette dernière. Le crime était constant,
la victime avait reconnu ses meurtriers. La défense, en présence des
charges qu'elle avait à combattre, devait nécessairement échouer. Elle a
obtenu cependant une espèce de triomphe en réussissant à faire écarter
la circonstance aggravante de préméditation. (Même gazette du 19 février.)»

« Pierre Isidore Laumié, accusé d'assassinat sur la personne de son en-

le vœu si souvent reproduit des populations éclairées,
le cri retentissant de la presse qui tient dans les deux

fant, avec des circonstances atroces, a comparu devant la cour d'assises
de la Seine-Inférieure. Malgré sa culpabilité évidente, Laumié, déclaré coupable de meurtre, mais sans préméditation, a été condamné aux travaux forcés à perpétuité. (*Gazette des Tribunaux*, 25 février 1832.) »

« Jean Reynaud, condamné à mort par la cour d'assises de la Gironde pour crime d'assassinat sur la personne de sa femme, a été renvoyé (après cassation de cet arrêt pour défaut de forme) devant la cour d'assises de Lot-et-Garonne. Quoique la conviction du jury fût pleine et entière, l'accusé, déclaré coupable du crime de meurtre, mais sans préméditation, a été condamné aux travaux forcés à perpétuité. (*Gazette des Tribunaux*, 9 et 10 avril 1832.) »

« La cour d'assises du Tarn a condamné à la peine de mort le nommé François Tournier, accusé du crime d'empoisonnement sur la personne de sa femme. Le jury a rédigé une supplique au roi dans laquelle il demande que S. M. fasse grace au condamné de la peine de mort. (Même gazette, 9 et 10 avril.)»

« Étienne Rousseau fils a été traduit devant la cour d'assises du Doubs pour crime d'assassinat sur la personne de sa belle-mère. Bien que la préméditation parût constante, le jury n'a pu se résoudre à la reconnaître, c'est-à-dire à faire prononcer la peine de mort. (*Gazette des Tribunaux*, 27 avril 1832.) »

Nous ne pousserons pas plus loin nos citations, mais nous ferons remarquer que ces faits déjà si nombreux sont extraits d'un seul journal et ont eu lieu dans le court espace de quatre mois. Nous ajouterons que depuis la publication de la loi modificative du Code pénal, qui accorde au jury la faculté de reconnaître des circonstances atténuantes, il a très largement usé de ce droit pour écarter de la tête des coupables la mort qui les menaçait.

Nous croyons devoir rapporter encore un dernier fait dont nous avons été nous-mêmes témoins et qui peut-être un jour fera époque dans nos fastes judiciaires. Le 4 février 1832, le nommé Prosper Garsonnet a été condamné à la peine de mort par la cour d'assises de la Seine pour crime d'assassinat sur la personne du nommé Muller, logeur, rue Saint-Nicolas-d'Antin, à Paris. Le crime était constant, les témoins nombreux, l'accusé avouait tout avec un sang-froid extraordinaire. Le chef du jury (M. Laboissière, je crois), au moment de prononcer la fatale condamnation, a été saisi d'une profonde émotion qui s'est communiquée à tout l'auditoire.

mondes le sceptre de l'opinion, il se rendra à l'évidence, il comprendra que le temps a marché, qu'un grand événement s'est accompli, et que la peine de mort irrévocablement dépouillée de proximité et de certitude ne peut plus avoir désormais d'efficacité. Il sentira que ces acquittemens, ces commutations, ces graces, déposent d'un vice qu'il faut extirper, d'un besoin réel qu'il faut satisfaire. Dans l'intérêt de la justice que l'impunité outrage, dans l'intérêt de la société qu'elle met en péril, il demandera l'abolition d'une peine barbare et inexécutée ; il demandera que nos lois pénales soient mises en harmonie avec les mœurs, les lumières, les exigences de notre époque, afin qu'elles aient la sanction de la multitude et l'approbation consciencieuse des jurés et des magistrats.

Il resterait à démontrer que la peine de mort est entièrement nulle en ce qui touche la correction et

Plusieurs jurés pouvaient à peine maîtriser leurs larmes, le défenseur de l'accusé a été forcé de quitter la salle. Il était évident que c'était l'horreur seule qu'inspirait une peine que repoussent notre civilisation et nos mœurs qui produisait une telle impression, et non un intérêt de bienveillance pour l'accusé dont l'attitude et les propos pendant le cours des débats n'avaient point été propres à le faire naître. Le pouvoir a entendu cette muette et éloquente requête du jury. Le 8 mai dernier la peine de mort prononcée contre Garsonnet a été commuée en la peine des travaux forcés à perpétuité avec exposition et sans flétrissure. Il a fallu d'autant plus de fermeté au pouvoir pour accomplir cet acte de clémence que l'irritation était extrême dans le quartier qu'avait habité la victime dont les parens et les amis, égarés par leur douleur et leur affection, demandaient la mort de l'assassin. La nouvelle de la commutation y fut reçue avec de violens murmures et des cris de vengeance, et il fallut y envoyer des sergens de ville pour dissiper les rassemblemens tumultueux qui s'y formaient. Après cet exemple, nous ne voyons plus sur quelle tête pourrait tomber la hache du bourreau.

l'amendement du condamné; mais une semblable
démonstration serait dérisoire. La loi qui tue est une
loi athée; c'est une loi sauvage qui s'inquiète aussi
peu du repentir et des remords du coupable que du
sort que lui réserve, par de-là le tombeau, le redoutable avenir. Qu'importe au législateur avide de
sang le retour possible d'un homme égaré au devoir,
à la vertu, à l'honneur? Ce qu'il lui faut, c'est un
supplice prompt qui satisfasse sa vengeance et le
mette à l'abri de nouvelles craintes par la destruction
du criminel. La mort, voilà le grand remède; c'est
plus expéditif et plus sûr. Cela ne demande ni soins,
ni inquiétudes, ni efforts de génie, ni établissemens
pénitentiaires, ni réforme dans la législation; il suffit
pour cette œuvre sublime de quelques sbires, d'une
hache et d'un bourreau. O Dieu! sont-ce là les com-
mandemens de ta loi sainte? En présence de ta mi-
séricorde infinie, comment l'homme peut-il se montrer inexorable et sans pitié? La société n'a-t-elle
donc rien à espérer de l'existence du criminel même
le plus endurci? Au lieu d'un cadavre, détestable
offrande qu'elle repousse, ne peut-elle dans la punition qu'elle inflige recueillir un moral et salutaire
exemple en réparation du mal qu'elle a pu souffrir?
Si le coupable, comme on l'a dit, est une abstraction,
les lois en ont fait aussi une machine expérimentale.
Si vous voulez qu'elle vous soit utile cette machine,
pourquoi la briser? Ce n'est point un féroce et rapide
supplice qui peut vous servir; nous connaissons maintenant les inconvéniens désastreux qu'il entraîne. Ce
sont les longues douleurs de l'expiation, l'énergie du

remords, la sincérité du repentir qu'il faut noblement exploiter; c'est là qu'est tout le mystère, toute
la force de la répression. C'est par ces moyens si moraux et si purs que l'humanité triomphe; c'est par
eux que se manifestent ces tourmens appréciables de
la solitude, ces angoisses de la conscience, ces écla-
tantes conversions, en un mot tous ces hauts enseignemens qui impriment aux masses des sensations
durables et profondes [1].

(1) Les exemples de repentir chez les condamnés sont nombreux et se
renouvellent tous les jours; pour ne point fatiguer l'attention du lecteur,
nous n'en citerons ici que quelques-uns que nous empruntons à la *Gazette
des Tribunaux* des deux premiers mois de l'année 1832.

« Samedi dernier la veuve Fortin a été exécutée dans la ville de Bourges.
Jamais une telle affluence ne s'était pressée sur le chemin qui conduit de
la prison à la place où était dressé l'instrument du supplice. La patiente a
montré dans le trajet une inconcevable impassibilité. Elle n'a cessé d'a-
dresser la parole à ceux qui l'environnaient; elle disait *que si elle mou-
rait, elle le méritait bien, et engageait les spectateurs à voir dans ce
qui lui arrivait une grande leçon.* Parvenue au lieu du supplice, elle
a monté tranquillement sur l'échafaud, et a fait à l'exécuteur quelques observations sur la manière dont il l'attachait à la planche fatale. Le bruit
s'est répandu que le cou de la patiente n'ayant d'abord été coupé qu'aux
deux tiers, les valets de l'exécuteur avaient été obligés de tirer avec violence le corps de cette malheureuse pour le séparer de la tête engagée
sous le couperet. En écoutant ces affreux détails, chacun frissonnait d'horreur! (*Gazette des Tribunaux*, 20 janvier 1832.) »

« Le sieur Leblay, ex-gendarme à Beaugency, mû par un sentiment in-
définissable de jalousie contre la dame M... avec laquelle d'ailleurs rien
ne constate qu'il eût d'intimes relations, lui tire à bout portant un coup
de pistolet qui lui fracasse l'épaule droite; il dirige ensuite contre lui-même
un autre pistolet, mais il ne se fait qu'une légère blessure à la tête. Dans
le premier moment de son arrestation, Leblay n'exprime qu'un seul regret,
celui d'avoir manqué la dame M... et de ne s'être pas tué. Revenu à de
meilleurs sentimens, il exprime plus tard des regrets tout différens, et
en apprenant que la blessure de la dame M... ne sera pas mortelle, il en

Avoir prouvé que la peine de mort n'est ni répressive, ni morale, ni exemplaire, qu'elle n'offre ni proximité ni certitude, c'est avoir prouvé qu'elle est inefficace et par conséquent inutile. Mais c'est peu que la peine de mort ne remplisse pas ces conditions indispensables que la raison et l'équité imposent à toute peine que la législation veut maintenir, elle est encore la source d'une foule d'inconvéniens excessivement graves qui suffiraient seuls, à défaut de toute autre cause, pour entraîner son abolition; nous allons rapidement les énumérer :

La peine de mort est indivisible; elle ne peut s'approprier aux nuances infinies de criminalité et d'immoralité que présente le crime; et l'on sait que dans l'application da la peine il faut non-seulement considérer la perversité en quelque sorte matérielle de l'acte, mais encore l'intentionnalité de l'agent. L'indivisibilité de la peine de mort la rend nécessairement inégale et par conséquent injuste. Comment en effet la graduer? Il n'est point de degrés dans la

---

manifeste de la joie et ajoute : *C'est donc moi seul qui mourrai !* (*Gazette des Tribunaux*, 28 janvier 1832.) »

« Le nommé Laforgue dit *Baraquet* était détenu dans les prisons de Castel-Sarrasin. Dans le but d'assurer son évasion, il se livra à un triple assassinat sur la personne du concierge de la prison, de son petit-fils et d'un tambour de la garde nationale. Quatre jours après le crime il est arrêté de nouveau. L'instruction de cette affaire se poursuit avec activité. Depuis le jour de son arrestation Baraquet est triste, mais sans paraître accablé ni désespéré; il ne cesse de maudire les perfides conseils qui l'ont poussé au crime. Il parle souvent avec effusion et pitié de sa victime dont il vante l'humanité et la douceur. Quant au châtiment qui lui est réservé, il a, dit-il, mérité son sort, et il l'attend sans crainte et sans trouble, car il a mis sa confiance en Dieu. (*Gazette des Tribunaux*, 2 février 1832.) »

mort. De là, nulle proportion entre la peine et une infinité de délits qu'elle tend à punir ; de là encore la nécessité de frapper du même supplice le criminel égaré et repentant qui commit une seule faute, et le scélérat endurci qui marqua chaque jour de sa vie d'un lâche forfait ; le jeune homme qu'une passion terrible fit faillir au printemps de sa vie, et le vieillard couvert d'infamie que le voisinage de la tombe n'a pu retenir.

Si le coupable a des complices, la peine de mort qui vient le frapper fait perdre leurs traces à la justice, car nous ne sommes plus au temps où d'atroces tortures arrachaient à un accusé, innocent ou coupable, des aveux qui étaient bien moins l'expression de la vérité que le cri déchirant de ses douleurs. Si l'attentat commis est grand, si plusieurs victimes ont succombé, l'existence du criminel arrêté est nécessaire pour découvrir ses complices. Tant qu'il vivra, ceux-ci n'auront ni repos ni trève ; tremblans ils fuiront la lumière. Ils croiront voir sans cesse la main de la justice suspendue sur leur tête tant qu'ils auront à redouter des révélations qu'amènerait infailliblement le remords ou le repentir. La mort de leur complice, cette mort déjà si nuisible à la société, et qu'ils appellent de tous les vœux de leurs cœurs, devient pour eux le gage de l'impunité et un encouragement à de nouveaux crimes.

Lorsqu'un brigand médite ou consomme un forfait, si au milieu des noires passions qui l'assiègent la peine de mort lui apparaît menaçante, elle le rend féroce et sans pitié. L'idée que s'il est découvert il y va de la destruction de son être exalte ses sens jusqu'à la fré-

nésie, et le pousse au crime par le crime même. Combien
d'assassins n'a-t-on pas vus, et ne voit-on pas encore
chaque jour, après un premier attentat, égorger avec
une rage désespérée de nouvelles victimes, se baigner
comme à plaisir dans le sang, soit qu'ils veuillent par
un affreux calcul avoir largement le prix de leur
propre sang que le bourreau doit répandre, soit qu'ils
éprouvent une atroce satisfaction à tuer avant d'être
tués, et à descendre entourés de cadavres dans le tombeau qu'ils se creusent de leurs mains homicides.

La peine de mort rend nécessaire le droit de grace
qui tend à mettre de l'incertitude dans les châtimens,
et à substituer le caprice et l'arbitraire à la loi. Les
partisans de la peine de mort reconnaissent eux-mêmes
que ce droit exorbitant est nécessaire en présence des
incouvéniens possibles de leur peine de prédilection ;
aussi tous les auteurs des codes anciens ou modernes en
ont-ils confié l'exercice à l'autorité revêtue du pouvoir
exécutif. « Nous croyons, dit M. Taillandier, qu'une
« législation criminelle qui adopterait la peine de mort
« et rejeterait le droit de grace ou de commutation
« serait barbare et contradictoire. » Cela est clair,
et pour toute personne de bonne foi cela tranche évidemment la question. Une peine qui ne peut se passer
d'un droit reconnu exorbitant et dangereux est une
peine qu'il faut abolir.

Nous avons déjà fait connaître l'influence pernicieuse de la peine de mort sur les mœurs des peuples
qu'elle pousse aux crimes les plus féroces et éloigne
des plus douces vertus. Mais indépendamment de cette
influence immédiate il en est une autre plus éloignée,

mais dont les effets sont plus fâcheux encore, je veux parler de ce fatal mépris pour la vie de l'homme que la peine de mort inspire, et qui se révèle soit dans les actes de l'homme sur lui-même, soit dans ses rapports avec ses semblables, soit enfin dans les relations des peuples entre eux. Suicides, duels, guerres sacriléges, fléaux épouvantables, quand cesserez-vous d'affliger et de décimer l'humanité? Hélas! ce ne sera que lorsque la loi elle-même, renonçant au sanglant monopole qu'elle s'est attribué, aura par son exemple rallumé dans tous les cœurs l'instinct sacré de la nature, et que, proclamant par ses actes et par ses décrets le principe tutélaire de l'inviolabilité de la vie de l'homme, elle aura imprimé à l'existence ce caractère de sainteté et de grandeur qui commandent avec empire la vénération et le respect.

Enfin il nous reste à parler de deux inconvéniens très graves qui résultent de l'application de la peine de mort; l'un est son incertitude et son impuissance lorsqu'elle veut atteindre la criminalité de l'intention de l'agent dans les crimes commis par suite d'une monomanie homicide; l'autre, le plus terrible de tous, est son irréparabilité si déplorable et si funeste dans le cas d'une erreur judiciaire. L'importance de ces deux inconvéniens, l'intérêt de nouveauté qui s'attache au premier, l'inexprimable horreur que soulève toujours le second, nous ont engagés à appeler sur eux l'attention particulière du lecteur; c'est pourquoi nous leur avons consacré le chapitre suivant.

CHAPITRE IV.

DE LA MONOMANIE HOMICIDE ET DES ERREURS JUDICIAIRES.

> « Je persisterai à demander l'abolition de la
> « peine de mort tant qu'on ne m'aura pas prouvé
> « l'infaillibilité des jugemens humains. »
>
> M. le général LAFAYETTE.

Ce qui distingue éminemment l'homme c'est le libre arbitre : doué d'une raison perfectible et puissante, rien hors de lui n'enchaîne sa volonté; il peut opter entre le bien et le mal; mais comme créature intelligente il est responsable de son choix. Tandis qu'un penchant naturel le porte à la vertu, des passions terribles peuvent l'entraîner vers le crime; dans cette lutte, sa volonté demeure indépendante, et s'il succombe à de funestes tentations il doit compte à la société de sa faiblesse, comme il aurait droit à ses hommages s'il fût resté fidèle aux inspirations du devoir. Mais pour qu'un homme soit coupable il faut qu'il ait eu la volonté de le devenir, car sans intention criminelle il ne saurait y avoir de délit. Ce principe écrit dans toutes les consciences a facilement passé dans les mœurs des peuples, et nul, au jour où il a exercé la puissance législative, n'a oublié de le formuler dans ses lois.

Lorsqu'un meurtre est commis, ce n'est point l'acte matériel que l'on doit se hâter de flétrir et de châtier, car il peut ne mériter ni l'exécration, ni même le blâme. C'est l'intentionnalité de l'agent qu'il faut d'abord apprécier, car elle constitue seule la criminalité, et c'est elle seule que la justice vindicative de la société doit atteindre.

C'est sous l'invocation de ces principes incontestés que nous voulons placer nos lecteurs et nous placer nous-mêmes en commençant ce chapitre; car nous allons traiter une question neuve et difficile, et nous aurons souvent besoin de remonter aux sources éternelles *du droit* et *du juste* pour combattre l'opiniâtreté quelquefois intolérante de nos adversaires et leur dédaigneuse incrédulité.

L'homme si fier de sa raison abdique volontairement dans plus d'un cas ce don précieux; l'intempérance et les passions lui en ravissent momentanément l'usage; souvent aussi les secousses et les agitations de son ame le lui enlèvent pour toujours. Qu'un homme en démence commette un meurtre; aux yeux de ses concitoyens, aux yeux du législateur, il demeure innocent, car il n'y a pas chez lui de volonté intelligente, et conséquemment il ne peut y avoir eu d'intention criminelle. La pitié universelle le couvre de son égide; et si la société, dans la vue d'éviter de nouveaux malheurs, le livre à ses magistrats, c'est moins pour punir un infortuné déjà trop à plaindre que pour le confier à leurs soins empressés et à leur paternelle surveillance.

« Il n'y a ni crime ni délit lorsque le prévenu était « en état de démence au temps de l'action. » Voilà ce que dit notre Code pénal; cela est juste, cela est logique, et je ne sache pas qu'une pareille maxime ait jamais trouvé de contradicteur. Même dans les temps d'ignorance et de barbarie, sous l'empire d'une législation brutale et sans pitié, la folie a été respectée. Loin que les insensés aient jamais été responsables de leurs actions devant la justice des hommes, la bienveillance populaire les a constamment protégés, et chez plus d'une nation superstitieuse on les a vus devenir un objet de culte et d'adoration. Ils n'ont plus sans doute aujourd'hui cette importance religieuse; mais la même faveur les environne encore, et partout la générosité contemporaine a élevé des hospices où leur infirmité est attentivement secourue. Certes, l'humanité dira que c'est avec justice, car s'il existe sur la terre un être digne de compassion et de larmes, c'est assurément l'homme qui a perdu la raison, qui vit ou plutôt végète sans instinct, sans intelligence et sans but, livré sans cesse aux transports d'une aveugle fureur ou dans l'imbécillité d'une éternelle enfance.

Il n'y a donc pas de danger qu'un homme évidemment fou soit livré au supplice; et quand bien même il tremperait ses mains égarées dans le sang de plusieurs victimes , son état de démence l'absoudrait encore : où trouverait-on en effet un jury pour le condamner, des magistrats pour lui infliger une peine, un bourreau pour lui ôter la vie?

Mais s'il arrivait qu'un fou dont le délire ne fût point permanent, qui, durant de longs intervalles lucides, pensât et agit comme le reste des hommes, dans un moment d'aberration mentale vînt à commettre un meurtre, quelle insurmontable difficulté ne présenterait pas sa mise en jugement? Comment distinguer dans cette nature double et équivoque si l'acte criminel fut le résultat de la démence, ou s'il fut exécuté avec l'assentiment de la raison? Supposez que cette dernière opinion vînt à prévaloir, et que l'accusé fût condamné au supplice, quels ne seraient pas les regrets et les remords de ses juges, lorsque de nouveaux actes déchirant le voile du doute viendraient révéler dans le prétendu coupable un infortuné frappé de folie! Hélas! nulle réparation ne serait possible envers lui, puisque la hache du bourreau aurait tranché le fil de sa vie. Son nom irait grossir le lamentable catalogue des victimes des erreurs judiciaires.

Mais combien le danger que nous signalons serait plus grand encore si le meurtrier, sans être atteint d'une véritable démence, telle du moins que la science jusqu'ici nous l'a fait connaître, c'est-à-dire, sans être fou selon l'acception vulgaire du mot, éprouvait cependant un penchant intérieur et en quelque sorte automatique à commettre des actes atroces, une insurmontable tentation de détruire, une passion ou plutôt un besoin irrésistible de répandre le sang, en un mot un de ces accès connus aujourd'hui sous le nom de monomanie homicide!

A ce nom nouveau, je crois entendre la foule des incrédules et des retardataires se récrier et me dire : Cessez d'invoquer un moyen qu'il nous est impossible d'admettre ; nous ne croyons pas à la monomanie homicide, absurde invention qui est devenue le texte banal des déclamations modernes, et le commode argument du crime pour pallier tous ses attentats.

Vous ne croyez pas à la monomanie homicide? et pourquoi cela? Est-ce parce que la chose est neuve et extraordinaire? En bonne dialectique ce serait là un motif de sage hésitation et non de dénégation absolue. J'avoue moi-même que j'ai quelque temps balancé, et que j'ai eu besoin d'une évidence presque matérielle pour admettre une croyance qui choquait tous les sentimens de mon cœur. Mais il existe des faits, des faits nombreux et incontestables, et devant leur autorité imposante toutes les convictions consciencieuses doivent céder. Il ne s'agit point ici d'une lutte puérile entre des théoriciens acharnés; il s'agit, pour le bonheur de l'espèce humaine, de rechercher de bonne foi la vérité, la verité indivisible et féconde pour la convertir en utile pratique; et quiconque refuserait d'admettre dans la discussion la grande voix de l'expérience manquerait de logique et de loyauté. « Il importe peu en effet, disait l'éloquent Bellart, « de savoir si une opinion est nouvelle, mais si elle « est juste, car une vérité nouvelle doit l'emporter « sur une vieille erreur. »

Oui, la monomanie homicide existe, et quelque surprenant, quelque monstrueux que soit ce phénomène, il est impossible de le révoquer en doute. C'est une maladie incompréhensible et honteuse qui doit humilier notre orgueil, mais dont il faut bien reconnaître l'existence lorsque tant de médecins célèbres n'ont point hésité à la proclamer.

La libérale nature a doué l'homme d'une infinité d'organes dont l'ensemble et l'harmonie produisent toutes les forces fondamentales qui sont nécessaires au perfectionnement et à la conservation de son être. Tels sont, entre autres, l'organe *de l'attachement, de l'amour de l'appropriation, de la destructivité*, qui le portent à aimer, à acquérir et à détruire. Ces facultés précieuses sont nécessaires à l'homme qui n'aurait sans elles ni mouvement, ni sensations, ni vie. Ces différens organes peuvent être plus ou moins développés chez chaque individu, mais ils ne doivent pas dépasser certaines limites; sans quoi le système tout entier de l'organisme se trouve vicié, et l'on voit les forces, sans corrélation et sans frein, dégénérer en abus. C'est surtout l'organe de la destructivité qui présente ce danger. Les physiologistes et les crânologues qui ont traité de l'existence et des propriétés de cet organe l'ont présenté comme une des forces fondamentales de la constitution physique de l'homme, et ils en ont fait dériver cette faculté indispensable qui le porte à détruire pour se nourrir de la chair des animaux, et à détruire encore, dans certains cas, pour sa défense personnelle. Sous ce rapport, l'organe de la destructivité est éminemment

nécessaire et utile à l'homme, car la destruction qui
a le double but que nous venons d'indiquer est pour
lui un besoin et quelquefois un devoir. Cependant
l'homme n'a reçu de la nature ce droit important
que pour en faire un légitime usage, c'est-à-dire (pour
nous servir d'une expression de M. Silvela qui trouve
ici sa juste application) *qu'il ne doit détruire que
pour se conserver.* Mais il existe des individus chez
qui l'organe dont nous parlons a reçu un trop grand
développement ; il rompt alors l'équilibre des autres
organes, et devient nuisible par l'excès de sa force.
Si des excitations imprévues viennent lui donner un
subit essor, il peut produire d'incalculables ravages ;
et de *simple organe de la destructivité il devient
organe du meurtre.* C'est ainsi que l'on peut voir
encore, par suite d'un abus pareil, l'organe si essentiellement utile *de l'amour de l'appropriation* dégénérer en organe *du vol.* L'être chez qui l'organe
de la destructivité a pris ce développement dangereux demeure placé sous l'empire de sa fatale influence. Tant qu'aucune sensation extérieure affectant
le système cérébral ne vient l'exciter, il reste in-
actif et comme endormi ; mais sitôt qu'un ébranlement quelconque irrite sa sensibilité, il produit sur-
le-champ ces horribles tentations, ce poignant et
irrésistible besoin de meurtre et de sang contre lesquels l'infortuné monomane veut lutter en vain, et
qui tôt ou tard finissent par triompher de sa résistance. Le seul avantage que la nature morale puisse
espérer sur la nature physique dans ce combat douloureux, c'est de voir le maniaque attenter à ses

propres jours, et terminer ses insupportables angoisses par un suicide. Mais ces exemples sont rares; dans la plupart des cas la maladie dégénère en passion ou plutôt en frénésie; il lui faut un assouvissement; et comme la société est sans défiance à l'égard d'un être qui jouit en apparence de toute sa raison, il devient facile à ce dernier d'atteindre son but, de déchirer sa proie, d'en disperser les lambeaux, et même de boire le sang de sa victime encore palpitante, ou bien de faire couler ce sang goutte à goutte *pour le seul plaisir de le voir couler!*

Tout cela est affreux à dire, mais tout cela n'en est pas moins l'expression de la vérité. Quoique la découverte soit moderne, quoique la question, inconnue aux anciens, n'ait été que trop tard agitée, la réalité de la chose n'en a pas moins une existence aussi reculée que celle du monde; car le phénomène dont nous parlons tient à la nature physique de l'homme, qui de tout temps a eu dans ses organes les mêmes perfections et les mêmes imperfections. Il est surprenant, à coup sûr, que tant de siècles se soient écoulés sans qu'une maladie aussi extraordinaire ait été reconnue et étudiée; mais ce n'est point le seul cas qui témoigne de notre paresseuse insouciance et de l'insuffisance de nos lumières : chaque jour vient révéler aux philosophes et aux savans des découvertes et des phénomènes qui peuvent également nous prouver l'impuissance de nos efforts et l'inépuisable fécondité de la Providence. Constatons seulement les faits et qu'ils parlent eux-mêmes. Disons, parce que cela est, que l'homme peut se voir frappé de monomanie ho-

micide; disons, parce qu'on les a vus, qu'il existe des
êtres malheureux qui éprouvent par intervalles irré-
guliers des accès de fureur marqués par un penchant
sanguinaire et insurmontable ; ajoutons, avec le
docteur Pinel, que s'ils peuvent saisir un instrument
tranchant ils sont portés à sacrifier avec une sorte de
rage la première personne qui s'offre à leur vue;
qu'ils jouissent, à d'autres égards, du libre exercice
de leur raison; que, même durant leurs accès, ils répondent directement aux questions qu'on leur fait, et
ne laissent échapper aucune incohérence dans leurs
idées, aucun signe de délire; qu'ils sentent profondément toute l'horreur de leur situation, et qu'ils
sont pénétrés de remords comme s'ils se reprochaient
le penchant forcené qui les entraîne. Disons enfin que
le trop grand développement de l'organe *de la destructivité* peut avoir des résultats si terribles et si
prompts que l'on a vu le spectacle d'une exécution à
mort, l'aspect d'une blessure sanglante, le récit détaillé d'une action féroce, ou même la seule publicité
donnée à certains attentats, suffire pour déterminer
chez quelques individus des monomanies homicides.

Certes nous ne prétendons pas qu'il faille laisser
en liberté tous ces infortunés que la nature semble
avoir marqués d'un sceau réprobateur en leur imposant
des tentations si abominables ; il faut s'assurer de leurs
personnes comme de celles des autres insensés dont
la folie souvent moins dangereuse est pourtant plus
évidente et mieux caractérisée. Mais ce que nous
demandons, ce qu'il importe à l'humanité d'obtenir,
c'est qu'ils ne soient pas punis comme des malfaiteurs.

car dans les actes déplorables auxquels les pousse une force exclusivement animale et automatique, leur volonté n'a aucune part, et il est de principe que sans volonté ou intention de nuire il n'y a ni crime ni délit. Nous voulons encore, prévoyant le cas où ils pourraient devenir victimes d'une prévention toujours trop facile, et être condamnés comme coupables malgré leur malheur et leur innocence, nous voulons au moins qu'une peine irréparable ne vienne point enlever à la conscience de leurs juges la satisfaction de revenir sur une erreur trop tard reconnue. Or, ce résultat sera impossible tant que la peine de mort subsistera dans nos codes; car, dans un procès de monomanie, une fois l'existence de cette cruelle maladie révoquée en doute, la violence morale ne peut plus être admise, la perversité de l'intention devient incontestable, et l'acte paraissant d'autant plus atroce qu'il aura été moins provoqué, et que des circonstances bizarres et extraordinaires l'environneront, il est évident que la peine capitale sera toujours appliquée.

Le cœur se serre, l'ame se soulève à la seule pensée des condamnations injustes qui ont dû livrer au fer du bourreau un si grand nombre de monomanes. Quand on ne voyait en eux que de féroces assassins, pouvait-on hésiter à les envoyer au supplice? Hélas! malgré le cri de la raison et de l'expérience, malgré le cri de l'humanité, à peine hésite-t-on aujourd'hui. Sans aller chercher trop loin nos exemples, ne sait-on pas qu'un savant médecin a déclaré, après un scrupuleux examen, qu'en son ame et conscience il pensait que Léger et Papavoine, condamnés à mort, il y a peu d'années, comme d'exécrables scélérats, n'étaient en réalité que des insensés atteints de monomanie homicide, et que c'était à l'hospice qu'il eût fallu les conduire, non pas à l'échafaud. Quelle que soit notre philantropie, nous ne faisons pas ici *de la sensiblerie*, comme on ne manquera pas de nous le reprocher; nous ne prêchons point l'anarchie et l'impunité. Nous détestons les actes sanguinaires, quelle que soit la cause intentionnelle qui a pu les produire; mais nous ne voulons pas que des hommes malades soient punis comme des assassins; nous voulons un rapport exact entre les délits et les châtimens; enfin nous ne voulons que des peines morales, divisibles et surtout réparables. C'est ainsi que nous avons repoussé la peine de mort même pour le véritable meurtrier, non point assurément que nous ayons aucune sympathie pour son crime ou pour sa personne; l'horreur qu'il nous inspire est aussi pleine, aussi complète que celle de qui que ce soit. Certes, si nous respectons sa vie, ce n'est point pour lui, meurtrier, car il s'est rendu indigne de ce bienfait; mais c'est pour la société qui a intérêt à le conserver avec son forfait et ses remords, et à chercher dans son existence vouée à l'expiation et à l'ignominie un élément de répression plein de puissance et de moralité. La peine de mort nous répugne, non-seulement parce qu'elle est illégitime, mais aussi parce qu'elle donne naissance à une infinité d'inconvéniens qui lui sont propres sans présenter aucun avantage qu'une autre peine bien combinée ne puisse également nous offrir. Nous n'avons jamais pu, à l'instar de nos adver-

saires, la considérer comme une extrémité douloureuse, comme un remède nécessaire, comme une ressource désespérée à laquelle on a recours à l'exemple
du chirurgien qui coupe un membre gangrené pour
sauver les autres; nous pensons, nous, au contraire,
avec Lepelletier Saint-Fargeau, que la peine de mort
est un remède violent qui, sans guérir la maladie,
altère et énerve les organes du corps politique; et
c'est pour cela que nous voulons l'abolir.

Mais nous avons promis de citer des faits pour
prouver l'existence, hélas! malheureusement trop
réelle de la monomanie homicide; nous n'aurons que
l'embarras du choix : car, bien que cette importante
question ait fixé depuis peu de temps l'attention des
jurisconsultes et des médecins, déjà les exemples
fourmillent. Ceux que nous allons offrir au lecteur et
que nous avons puisés aux sources les plus respecta-
bles sont si concluans et si décisifs que nous croyons
inutile de les accompagner d'aucune réflexion.

« Un missionnaire, par ses fougueuses déclamations et l'image effrayante des tourmens de l'autre
vie, ébranle si fortement l'imagination d'un vigneron
crédule que ce dernier croit être condamné au brasier éternel, et qu'il ne peut empêcher sa famille de
subir le même sort que par ce qu'on appelle *baptême
de sang* ou martyre. Il essaie d'abord de commettre
un meurtre sur sa femme, qui ne parvient qu'avec
la plus grande peine à échapper de ses mains; bientôt
après son bras forcené se porte sur deux enfans en
bas âge, et il a la barbarie de les immoler de sang-
froid pour leur procurer la vie éternelle. Il est cité

devant les tribunaux, et durant l'instruction de son procès il égorge encore un criminel qui était avec lui dans le cachot, toujours dans la vue de faire une œuvre expiatoire. Son aliénation étant constatée, on le condamna à être enfermé pour le reste de sa vie dans les loges de Bicêtre. L'isolement d'une longue détention, toujours propre à exalter l'imagination, l'idée d'avoir échappé malgré l'arrêt qu'il suppose avoir été prononcé par les juges, aggravent son délire et lui font penser qu'il est revêtu de la toute-puissance, ou, suivant ses expressions, qu'il était *la quatrième personne de la Trinité;* que sa mission spéciale était de sauver le monde par le baptême de sang, et que tous les potentats de la terre réunis ne sauraient attenter à sa vie. Son égarement est d'ailleurs partiel, comme dans tous les cas de mélancolie, et il se borne à tout ce qui se rapporte à la religion ; car sur tout autre objet il paraissait jouir de la raison la plus saine. Plus de dix années s'étaient passées dans une étroite réclusion, et les apparences d'un état calme et tranquille déterminèrent à lui accorder la liberté des entrées dans les cours de l'hospice avec les autres convalescens. Quatre nouvelles années d'épreuve semblaient devoir rassurer, lorsqu'on vit tout à coup se reproduire ses idées sanguinaires comme une idée de culte, et une veille de Noël il forme le projet atroce de faire un sacrifice expiatoire de tout ce qui tomberait sous sa main. Il se procure un tranchet de cordonnier, saisit le moment de la ronde du surveillant, lui porte un coup par derrière, qui glisse heureusement sur les côtes, coupe la gorge à deux aliénés qui étaient à ses côtés, et il aurait ainsi poursuivi le cours de ses homicides si on ne fût promptement venu pour s'en rendre maître et arrêter les suites funestes de sa rage effrénée. » (Extrait de M. le docteur Pinel, et rapporté par M. le docteur Georget dans les Archives générales de médecine au mois de juillet 1825.)

« Une dame, dans un accès de mélancolie qui lui fait craindre d'être arrêtée pour être jugée et conduite à l'échafaud, est désespérée du chagrin qu'elle cause à son mari, veut le tuer en lui portant un coup de pierre sur la tête et se tuer après.

« Une dame belge, après avoir jeté quatre de ses enfans dans un puits, s'y précipita ensuite; elle eût fait subir le même sort à un cinquième qui s'échappa; elle avait envoyé un gâteau empoisonné à un sixième enfant qui était en pension.

« Une dame est séparée de son mari plus longtemps qu'elle n'avait compté; elle se chagrine de cette absence, devient triste et morose, et finit par se persuader qu'elle est la plus malheureuse des femmes; bientôt elle s'afflige sur le sort réservé à ses deux filles, et souvent elle est tentée de les tuer pour les empêcher de tomber dans un abîme de maux. Plusieurs fois elle a essayé de les étrangler, et s'est écriée : *Retirez-les !...*

« Une femme de trente-six ans, à la suite d'affections morales, fut prise de penchant au suicide. *Mais, disait-elle, je n'ai pas le courage de me tuer, et, pour qu'on me fasse mourir, il faut que je tue quelqu'un;* en effet, elle essaya de tuer sa mère et ses enfans.

« Une dame, qui avait eu antérieurement un léger accès de mélancolie avec des idées fugaces de suicide, devint triste, impatiente, difficile; on l'entendait se plaindre d'avoir des enfans; elle devint brusque envers un nourrisson qu'elle allaitait depuis huit mois; plusieurs fois on s'aperçoit qu'elle le presse assez fortement comme pour l'étouffer; une fois, sans son mari, elle le jetait par la fenêtre. Cependant la tendresse maternelle reprenait ses droits; mais si elle voulait caresser ses enfans, si elle s'approchait d'eux, le dessein de les tuer se réveillait aussitôt.» (Rapporté par M. Georget, d'après M. le docteur Esquirol.)

« Un cordonnier de Strasbourg tue sa femme et trois de ses enfans, et aurait tué le quatrième, si celui-ci ne se fût pas soustrait à sa fureur. Il s'ôta ensuite la vie. Cet homme jouissait de la réputation d'un homme doux et loyal.

« Une femme de vingt-six ans éprouvait des accès périodiques dans lesquels elle ressentait des angoisses inexprimables, et la tentation affreuse de se détruire et de tuer son mari et ses enfans qui lui étaient infiniment chers. Un combat se livrait dans son intérieur, entre ses devoirs, ses principes de religion et l'impulsion qui l'excitait à l'action la plus atroce. Depuis long-temps elle n'avait plus le courage de baigner le plus jeune de ses enfans, parce qu'une voix intérieure lui disait sans relâche : *Laisse-le couler, laisse-le couler.* Souvent elle avait à peine la force

et le temps nécessaires pour jeter loin d'elle un couteau qu'elle était tentée de plonger dans son propre
sein et dans celui de ses enfans. Entrait-elle dans la
chambre de ses enfans et de son mari et les trouvait-
elle endormis, l'envie de les tuer venait aussitôt la
saisir. Quelquefois elle fermait précipitamment sur
elle la porte de cette chambre, et elle en jetait au loin
la clé, afin de n'avoir plus la possibilité de retourner
auprès d'eux pendant la nuit, s'il lui arrivait de ne
pouvoir résister à son infernale tentation.

« Un homme mélancolique ayant assisté au supplice
d'un criminel en ressentit une émotion si violente
qu'il fut saisi tout à coup du désir le plus véhément de
tuer ; et en même temps il conservait l'appréhension
la plus vive de commettre un crime. »(Extrait de M. le
docteur Gall, tom. IV.)

« Un voiturier, qui avait quitté sa famille, étant en
parfaite santé, a été subitement saisi d'un accès de
folie furieuse. Son premier acte de démence fut de se
renfermer dans son écurie avec ses trois chevaux,
auxquels il n'avait pas fait donner de fourrage. S'étant
mis en route, il commença par maltraiter une femme ;
il marche ensuite devant sa voiture, une hache à la
main. Il rencontre une femme à qui il donne quelques coups de hache et la laisse étendue dans un fossé.
Plus loin, il fend d'un coup de hache la tête à un jeune
garçon de treize ans ; peu après, il enfonce le crâne
à un jeune homme de trente ans, dont il répand la
cervelle sur le chemin, et, après avoir porté encore
plusieurs coups à son cadavre, il laisse la hache et la
voiture, et continue sa route ainsi désarmé. Il atta-

que deux juifs qui lui échappent après une courte lutte. Il se jette sur un paysan qui, en se débattant et poussant des cris, fit venir quelqu'un à son secours : ce frénétique fut lié et mis en lieu de sûreté. Lorsqu'on le conduisit auprès des cadavres de ceux qu'il avait tués, il dit à leur aspect : *Ce n'est pas moi, c'est mon mauvais génie qui a commis ces meurtres.* » (Rapporté par M. le docteur Georget.)

Tout le monde a entendu parler des homicides commis par Léger, Papavoine et la fille Cornier; nous croyons inutile d'en reproduire ici les affreux détails. L'attentat de Léger présente cette circonstance particulière que ce monomane, subitement devenu monstre et assassin, après avoir assouvi sa brutalité sur les restes inanimés de la jeune fille qu'il avait enlevée, étranglée et déchirée, a sucé son cœur *pour boire du sang chaud!* puis s'est tranquillement endormi près de sa victime. Les meurtres commis par Papavoine et la fille Cornier sont surtout remarquables en ce qu'ils ont donné naissance presque immédiatement à des actes analogues qui ont prouvé que la monomanie homicide, comme toutes les affections violentes, peut devenir contagieuse par imitation. Nous lisons dans *le Globe* du 15 août 1826 le compte suivant d'une séance de l'Académie de médecine :

Faits récens de monomanie homicide survenus par contagion d'imitation.

« L'académie royale de Médecine (section de médecine) a reçu dans sa dernière séance plusieurs communications qui n'intéressent pas seulement les mé-

decins, mais encore les juges, les moralistes, et tous
ceux qui s'occupent de l'etude de l'homme.

« M. Barbier, médecin en chef de l'hôpital d'A-
miens, auteur de plusieurs ouvrages très estimés,
adresse à l'académie une observation dont il certifie
l'exactitude. Une femme nouvellement accouchée,
ayant entendu parler du crime de la fille Cornier,
fut prise de monomanie homicide. Elle lutta d'abord,
quoique avec peine, contre le désir qui la poursui-
vait; mais craignant enfin de ne pouvoir résister plus
long-temps, elle en fit l'aveu à son mari, qui se vit
dans la nécessité de la faire enfermer; elle n'est pas
encore guérie.

« M. Esquirol rapporte à cette occasion que, depuis que les détails du meurtre commis par Henriette
Cornier ont été publiés, il a reçu dans sa maison de
santé six ou sept femmes atteintes d'une maladie
semblable.

« Un membre fait une communication du même
genre. A Gayac, dans le Languedoc, une femme,
sur le récit du même crime, contracta aussi la monomanie homicide, et conçut le projet de tuer un de
ses enfans. Elle se munit à cet effet d'un rasoir,
qu'elle porta quelque temps caché sur elle, attendant
une occasion favorable. Mais au moment de commettre le meurtre, une lutte violente s'établit dans
son esprit, et pour s'ôter la possibilité de céder à son
affreux penchant elle ne trouva d'autre moyen que
d'appeler au secours. On la désarma, et on a été
obligé de l'enfermer.

Un autre membre de l'académie affirme que le double meurtre commis par Papavoine a donné lieu à un fait semblable en tout aux précédens. « Une dame d'un rang très élevé, dit-il, ayant eu la curiosité de visiter le lieu où l'assassinat avait été commis, fut prise aussi à l'instant même de la monomanie homicide. »

M. le docteur Marc a cité dans une consultation des faits nombreux du même genre [1].

(1) Nous ajouterons à cette masse de faits déjà si imposante quelques exemples plus récens encore.

La Gazette des Tribunaux du 8 février 1832 contient un article extrait du 13e numéro des *Annales d'hygiène publique* (mois de janvier), où se trouvent, sur le fait d'une monomanie parricide observée chez une petite fille, des détails du plus grand intérêt:

« Cette malheureuse enfant, âgée de huit ans, ayant menacé de tuer son père et sa mère, et persistant dans ce dessein avec sang-froid et en termes raisonnés qui faisaient frissonner ses auditeurs, a été interrogée par un des commissaires de police de la ville de Paris; voici un fragment du long interrogatoire que lui a fait subir ce magistrat :

« D. Aimez-vous bien votre maman? — R. Non, monsieur. — D. Pourquoi? — R. Monsieur, je ne sais pas. — D. A quoi pensez-vous? — R. Je pense que j'aurais voulu faire du mal à maman. — D. Quel mal? — R. J'aurais voulu faire mourir maman. — D. Et comment? — R. La nuit, monsieur. — D. Avec quoi? — R. Avec un couteau, monsieur. — D. Et de quelle manière? — R. Par le cou, monsieur. — D. Si votre maman était morte, elle qui vous donne à manger, de beaux habits, que seriez-vous devenue étant seule? — R. J'aurais été avec des hommes, monsieur. — D. Qu'est-ce qui vous fait penser à tuer votre maman? — R. Personne. — D. Mais qui vous a donné cette idée? — R. Personne ne m'en a donné l'idée. — D. Mais enfin, pourquoi vouloir la tuer? — R. Monsieur, pour avoir ses hardes. — D. Mais étant si petite, que feriez-vous, que deviendriez-vous, si votre maman était morte? — R. Je ne sais pas ce que je deviendrais, j'irais avec les hommes. — D. Aimez-vous votre papa? — R. Non, monsieur. — D. Pourquoi? — R. Je ne sais pas. — D. Qui aimez-vous? — R. Personne, monsieur. — D. Si on voulait vous donner tout ce que vous

Mais il est une autre espèce d'erreurs plus funestes
et plus préjudiciables encore que celles qui peuvent

voulez, que demanderiez-vous? — R. Je voudrais être bien arrangée et
m'aller promener. — D. Et ensuite que feriez-vous? — R. Je ne sais pas
trop ce que je deviendrais. — D. Mais si l'on venait pour tuer votre papa
et votre maman, cela ne vous ferait-il rien? — R. Je crois tout de même
que cela me ferait du chagrin. — D. A présent, tueriez-vous votre papa et
votre maman? — R. Oui, monsieur. — D. Pourquoi les tueriez-vous,
puisque cela vous ferait de la peine de les voir tuer par d'autres? — R. Je
ne sais pas pourquoi, je suis comme cela.

« Voici maintenant quelques passages d'un dialogue entre cette petite
fille et sa malheureuse mère; cette dernière, après une longue conversation,
voyant son enfant persister dans l'intention de la faire mourir, lui dit :
Mais comment ferais-tu pour me faire mourir? — R. Si c'était dans un
bois, je me cacherais dans un trou, sous des feuilles; quand vous passeriez,
je vous ferais tomber par votre robe, et vous enfoncerais un poignard dans
le cœur.—D. Comment, un poignard! est-ce que tu sais ce que c'est qu'un
poignard? — R. Vous savez bien, maman, qu'un monsieur avait laissé
un livre chez nous, dans lequel il y avait qu'une femme dans un souterrain
avait enfoncé un poignard dans le cœur d'un homme. — D. Tu penses bien
que je n'irai pas dans un bois pour me faire tuer? — R. Ah! maman, c'est
bien à mon grand chagrin. — D. Alors tu ne me tueras pas? — R. J'ai
pensé encore que je pourrais vous tuer la nuit avec un couteau. — D. Pourquoi ne l'as-tu pas fait quand j'étais malade? — R. Maman, parce que
vous aviez une garde. — D. Mais pourquoi ne l'as-tu pas fait depuis que je
n'ai plus de garde? — R. C'est par la légèreté du sommeil, et je craindrais
que vous me vissiez prendre le couteau. — Le père et la mère de cette petite
fille étant tous deux en état de domesticité, elle a été placée par les soins
de l'administration dans un couvent où elle est demeurée plusieurs années.
En décembre 1831, elle a été mise en apprentissage chez une polisseuse
de bijoux; elle est adroite des mains, *mais elle ne sait ni lire ni écrire.*
Elle vient tous les dimanches chez sa mère et passe la soirée avec elle. Elle
est très soumise et ne parle pas de sa vie antérieure; mais elle reste toujours
triste et taciturne; elle ne joue et ne s'amuse jamais. Sa mère présume qu'elle
a conservé ses mauvaises habitudes. »

La Gazette des Tribunaux du 10 mai 1832 contient l'article suivant :
« On écrit de Strasbourg, 5 mai : Un attentat affreux a été commis aujour-
d'hui. M. Linder, avocat, ayant été appelé chez M. Edme Champy, an-

résulter de la monomanie homicide, et qui ne con-
cernent pas seulement une classe limitée de la société,

cien chirurgien, à l'effet de lui donner des éclaircissemens sur une affaire
qui avait été traitée six semaines auparavant, s'y rendit aujourd'hui vers
midi, et lui donna lecture d'une décision judiciaire qui était de nature à
satisfaire entièrement M. Champy. Il en témoigna en effet son contente-
ment, et pria M. Linder de se charger d'une somme d'argent que M. Champy
s'était engagé à payer dès que l'affaire serait terminée. M. Linder fit
observer que cet argent ne lui revenant pas, il préviendrait la personne à
laquelle il appartenait de le faire prendre elle-même. Mais M. Champy
insista à différentes reprises pour qu'il l'emportât aussitôt. Cédant à ses
prières, M. Linder se mit à compter l'argent, et peu d'instans après,
M. Champy, faisant semblant de chercher un nouveau sac, se plaça derrière M. Linder, et lui tira un coup de feu dans le dos. M. Linder se re-
tourna aussitôt en apostrophant vivement M. Champy; mais celui-ci arma
un pistolet, et ce n'est qu'en s'esquivant promptement que M. Linder
échappa à ce second coup. Il eut encore la force de rentrer chez lui, où
les secours les plus prompts lui furent apportés. Les blessures sont graves,
on en a extrait 73 plombs; sa situation n'est cependant pas désespérée. A
peine M. Linder avait-il quitté la chambre de M. Champy, que celui-ci
se tira dans le cœur un coup de feu qui l'étendit raide mort. Aucune cause
ne pouvant justifier ce crime atroce, on ne peut l'attribuer qu'à un accès
de monomanie.»

« La femme Desroches âgée de vingt-sept ans a comparu devant la cour
d'assises du Rhône, comme accusée de trois assassinats et d'un parricide,
commis avec des circonstances horribles. L'accusée ne nie pas ces crimes,
elle avoue même la préméditation. Elle ne paraît ni étonnée, ni alarmée,
et supporte sans s'émouvoir les regards qui se fixent sur elle avec une curiosité avide. Elle ne rougit, ni ne pâlit, ni ne pleure; sa physionomie im-
mobile, ses yeux caves et presque fixes semblent incapables d'exprimer
aucune passion violente. Le ministère public s'efforce de démontrer que
l'accusée a agi avec préméditation et connaissance de cause. Il n'a rien vu
dans toutes les circonstances qui ont été rapportées par les divers témoins,
ni dans la conduite de la femme Desroches en prison et à l'audience, qui
établisse la monomanie ou la démence. Il s'élève avec énergie contre ce moyen
nouveau inventé par les médecins modernes, d'après lequel l'atrocité même
et la grandeur du crime lui serviraient de justification. Le défenseur de l'accusée s'efforce d'établir l'existence, chez Jeanne Desroches, de la monomanie

mais qui peuvent atteindre tous les accusés sans distinction; ce sont celles généralement connues sous le
nom d'*erreurs judiciaires.*

L'homme, sous le rapport des qualités intellectuelles et physiques, est sans doute une créature admirable; mais Dieu ne lui a point accordé cette suprême perfection qu'il a gardée pour lui-même comme
l'attribut de sa prééminence et de sa grandeur. Dans
le monde extérieur qui l'environne, l'homme ne voit
pas tout avec précision et netteté; trop souvent mauvais juge de ses propres sensations, il est tout-à-fait

homicide et même de la démence. Il conclut à l'acquittement pur et simple,
sauf au ministère public à requérir la détention de l'accusée par mesure de
sûreté générale. Après vingt minutes de délibération, le jury a rendu un
verdict de culpabilité sur toutes les questions, mais avec des circonstances
atténuantes. La cour, après un instant de délibération, a condamné Jeanne
Desroches à dix ans de travaux forcés et aux frais, sans exposition. »
(*Gazette des Tribunaux*, 12 septembre 1852.)

On peut blâmer cet arrêt. Jeanne Desroches était monomane ou elle ne
l'était pas. Si elle ne l'était pas, la peine à laquelle on l'a condamnée est
sans nulle proportion avec son crime abominable. Si elle l'était, comme
le jury et la cour ont paru le penser, ce n'était point une peine qu'on devait lui infliger, et encore moins une peine infamante; mais elle devait être
placée dans une maison de détention par mesure de sûreté générale,
comme l'avait demandé son défenseur. Du reste, cet arrêt nous permet
de constater un progrès sensible chez les jurés et les magistrats; ils ont admis
l'existence de la monomanie homicide; l'humanité n'aura point à gémir sur un
nouvel assassinat judiciaire. Il y a quelques années, Jeanne Desroches,
malheureuse insensée, eût péri comme Léger et Papavoine sur un échafaud.

Peu de jours après l'assassinat de Ramus, dont le tronc mutilé ainsi
que la tête sanglante ont été retrouvés dans la Seine, les journaux ont
publié qu'un tronc d'homme avait été trouvé enveloppé dans une serviette
sous un bateau de blanchisseuse. L'auteur de ce second crime est demeuré
inconnu; mais ne peut-on pas y voir un nouvel exemple de monomanie par
contagion d'imitation? (Voir à l'appendice un autre exemple de monomanie
homicide.)

incapable de lire dans la conscience et la pensée de ses semblables. Dans son ignorance presque absolue des causes, comment pourrait-il juger sainement les effets? Malgré sa perfectibilité étonnante, il rencontre dans le cours de la vie mille difficultés sans cesse renaissantes qui mettent son intelligence et sa pénétration en défaut. C'est surtout dans l'appréciation des actes qui constituent les délits et les crimes, que son impuissance se manifeste. Il a beau se dresser de toute sa hauteur, enfler sa voix, et s'entourer de pompe et de majesté, pour donner à ses décrets une autorité plus imposante, il n'en est pas moins une créature imparfaite et faillible, et sa justice est imparfaite et faillible comme lui. De tristes exemples lui ont fait voir que, même avec des intentions pures, il pouvait se tromper et faire tomber sa hache vengeresse sur une tête innocente. Après de si cruelles leçons, on a peine à concevoir qu'il ait pu sciemment s'exposer à commettre de nouveaux meurtres, et que les remords qui ont dû déchirer son ame n'aient pas suffi pour l'engager à abolir une peine que son irréparabilité rend si dangereuse, et qui d'ailleurs n'est dans les mains mortelles de l'homme qu'une monstrueuse et sacrilége usurpation.

Dans le temps où la justice criminelle se rendait en France sans l'intervention du jury; où les audiences manquaient de publicité; où le droit sacré de la défense était méconnu, violé sans pudeur; où les prévenus brisés, torturés, se voyaient jugés et condamnés sans avoir été à peine entendus; dans ce temps malheureux, l'humanité eut à déplorer bien des erreurs judiciaires. Le nombre de celles qui ont été reconnues n'est que trop considérable. Quel homme sensible leur a refusé le tribut de ses larmes[1]? Mais combien d'injustices du même genre sont demeurées sans révélation! Que d'horribles secrets ont été ensevelis dans la tombe muette! L'indifférence du public était grande alors; et les magistrats, endurcis par une cruelle habitude, étaient sans entrailles. Tout conspirait pour écraser la faiblesse de l'accusé; et d'ailleurs, comment le cri de son innocence serait-il parvenu à se faire entendre, étouffé d'abord par la *question ordinaire et extraordinaire*, expirant ensuite sous le fer sanglant des bourreaux?

Aujourd'hui les choses sont bien changées. Un jury sans cesse renouvelé, organe du pays qu'il représente, décide souverainement toutes les affaires criminelles; les débats sont publics; la défense a plus de latitude et d'indépendance; la voix de l'accusé n'est plus comprimée, et si la procédure qu'il doit subir n'est pas entièrement irréprochable, du moins elle lui offre assez de garanties pour que la partialité où la tyrannie ne puissent arbitrairement le faire périr.

Mais l'accusé n'a-t-il donc à craindre que la haine

---

(1) **Voltaire**, dans son *Essai sur les probabilités en fait de justice*, rapporte le trait suivant : « Un vieillard nommé Martin était accusé d'un vol et d'un meurtre; un témoin du meurtre fut confronté avec lui et dit : Ce n'est pas là l'assassin. — Dieu soit loué! s'écrie le vieillard, *en voici un qui ne m'a pas reconnu!* Le juge, interprétant ces paroles, crut qu'elles signifiaient : Je suis coupable, on ne m'a pas reconnu. Elles signifiaient tout le contraire. Le vieillard fut condamné à périr sur la roue. Peu de jours après son exécution, son innocence fut reconnue. »

du pouvoir ou l'injustice de ses juges? Ces hommes
faibles et bornés qui vont prononcer sur son sort ne
céderont-ils jamais aux apparences, à la prévention,
à la calomnie, à l'erreur? Ne peuvent-ils pas, avec
la meilleure foi du monde, se laisser dominer
par des présomptions qu'un funeste concours de circonstances aura fait naître, et envoyer à l'échafaud
un infortuné qui n'aura pour témoins de son innocence que le ciel et son cœur? Je ne sais si l'on
doit éprouver plus d'étonnement que d'indignation
lorsqu'on voit des publicistes affirmer, avec une assurance plus que robuste, que de pareilles erreurs
sont impossibles; qu'en matière criminelle la justice
ne doit point faillir; que l'étendue de ses pouvoirs,
la longueur des instructions lui donnent tous les
moyens d'arriver à la découverte de la vérité. Eh
quoi! faudra-t-il donc, pour convaincre ces hommes
pleins de contradictions, ces hommes tout à la fois
incrédules et optimistes, faudra-t-il évoquer les mânes
des nombreuses victimes qui ont péri, malgré leur
innocence, par suite de la fatale erreur de leurs juges?
Ah! si nos adversaires voulaient se donner seulement
la peine de parcourir quelques feuillets de nos annales judiciaires, ils y verraient les noms consacrés
des Calas, des Sirven, des Lebrun, des Langlade,
des Game, des Lelann, des Lesurques, des Brion, des
Verse, et de tant d'autres condamnés dont le souvenir,
éternel objet d'attendrissement et d'angoisse, de-
meurera la honte de notre présomptueuse justice et
la plaie à jamais saignante de l'humanité. Que tous
ces écrivains aux croyances exclusives, que le récit

de tant d'injustes catastrophes trouverait sans émotion
et sans sympathie, dévoilent du moins franchement
le fond de leur pensée; qu'effaçant ce mot sublime
de Trajan répété depuis par tant de bouches ver-
tueuses : « Il vaut mieux absoudre dix coupables que
de faire périr un innocent, » ils disent, eux, ces paroles de M. Bossange : « Un innocent de moins est
sans doute une perte et un grand malheur; mais dix
coupables de plus sont une peste et un horrible fléau; »
nous les comprendrons alors, et sur le terrain où ils
se seront hardiment placés, se presseront en foule pour
les combattre tous les cœurs sensibles qui repoussent
avec indignation le sens caché et perfide que renferme leur cruelle distinction. Mais qu'ils cessent de
révoquer en doute la possibilité d'une erreur judiciaire, en présence des faits opiniâtres dont la masse
toujours croissante vient les accabler. Qu'ils imitent
la sincérité du législateur qui, forcé de prévoir la
condamnation de l'innocence, s'est exécuté de bonne
grace, et a tracé avec une froide impassibilité toutes
les dispositions contenues dans le chapitre III du
titre III du Code d'Instruction criminelle, lesquelles
indiquent les formalités à suivre pour préserver les
jours de la victime si elle est sauve encore au moment
où l'erreur est reconnue, ou bien pour réhabiliter
sa mémoire si malheureusement elle a succombé.
Que tout homme de bonne foi médite ces étonnans
articles où les principaux cas d'erreur et d'injustice
sont calculés et prévus avec une sagacité merveilleuse,
et que, la main sur la conscience, il se demande s'il
n'y a pas inconséquence et barbarie à conserver dans

nos codes une peine irréparable, lorsque nous sommes réduits à reconnaître et à proclamer à la face du ciel et des hommes les aberrations possibles de notre justice faillible et bornée.

Mais il est une autre pensée qui nous inquiète et nous tourmente, c'est celle-ci : Que deviendrait parmi nous l'administration de la justice criminelle, si les jurés se préoccupaient trop profondément de cette crainte qu'ils peuvent condamner un innocent à mort ? Vainement l'accusation accumulerait preuve sur preuve, témoignage sur témoignage ; vainement elle rendrait la culpabilité du prévenu plus éclatante que la lumière du soleil ; les jurés pourraient toujours se dire : Nos prédécesseurs étaient des hommes honnêtes, consciencieux et éclairés ; dans ces douloureuses circonstances où une fatale erreur égara leur jugement, ils crurent immoler un coupable ; cette lumière qui parut à leurs yeux le flambeau de la vérité fut pourtant un phare trompeur ; confians dans l'autorité des preuves et des témoignages, ils crurent puiser dans les débats une conviction rassurante, et ils lancèrent ce terrible verdict qui donne la mort ; et cependant l'infortuné qu'ils ont envoyé au supplice a été reconnu innocent ! Qui nous garantit que nous ne serons pas victimes de la même erreur ? Ah ! du moins, sachons profiter d'une triste expérience ; craignons de commettre un crime irréparable, et ne chargeons pas nos cœurs et nos consciences d'une responsabilité qui nous fait horreur.

Vainement objecterait-on que les jurés pourront toujours, s'ils veulent écarter la peine de mort, recourir, d'après la nouvelle loi, à la déclaration des circonstances atténuantes. Oui, assurément, ils le pourront, et l'on peut dire que déjà ils usent largement de cette faculté. Mais s'ils repoussent la peine de mort même lorsque la culpabilité du prévenu paraît complètement établie, et dans la seule crainte d'une erreur judiciaire [1], dans quel cas cette peine

(1) J'ai été témoin, il y a quelques années, d'un fait qui m'a prouvé combien il était facile d'inspirer au jury la crainte de commettre une erreur judiciaire, et par conséquent d'augmenter la répugnance qu'il éprouve naturellement à prononcer la peine de mort.

Un malheureux comparaissait devant la cour d'assises d'Aix, sous le poids d'une accusation de parricide. Les charges qui pesaient sur lui étaient accablantes. La victime avait été tuée d'un coup de fusil chargé à plomb et tiré presque à bout portant, près du domicile de l'accusé. Le fusil de ce dernier avait été trouvé récemment déchargé; le canon et le bassinet étaient encore noircis par la poudre. Dans la poche de l'accusé se trouvait un morceau de papier dont avait évidemment fait partie celui qui avait servi de bourre au fusil de l'assassin; enfin, dans le tiroir d'une armoire appartenant à l'accusé, on avait trouvé des grenailles égales en poids et en volume à celles qu'on avait extraites du corps de la victime. Mais il n'existait pas de témoin du fait principal; personne n'avait vu commettre le crime; seulement l'explosion de l'arme avait été entendue. L'éloquent défenseur de l'accusé (Me Défougères) se prévalut de cette circonstance. Il démontra au jury la possibilité d'une machination infernale, par suite de laquelle l'assassin pouvait avoir préparé et combiné son crime de manière à faire tomber les soupçons sur l'accusé, qu'on savait être en mésintelligence avec son père; il rappela plusieurs mémorables exemples d'erreurs judiciaires plus excusables peut-être, disait-il, que celle qu'il s'efforçait de prévenir; il évoqua de leurs cercueils et fit planer autour des bancs des jurés les ombres plaintives de tant d'innocens injustement condamnés. Ses efforts eurent un plein succès, l'accusé fut acquitté; et certes il fut facile de reconnaître que le moyen employé par son habile défenseur avait seul préservé ses jours. Ce n'était point là uniquement le triomphe d'une prestigieuse éloquence, et tout le monde y vit autre chose qu'un coupable enlevé à l'émotion du jury. Il était évident que cette décision inattendue était l'effet de la crainte de commettre une erreur irréparable, et de la

pourra-t-elle être jamais appliquée? Où sera la
vertu répressive de sa menace, s'il devient de style de
ne plus y recourir? Ne vaut-il pas mieux la faire disparaître totalement, et la remplacer par une autre
peine qu'on appliquera du moins, et qui aura ainsi
une efficacité réelle et incontestée? M. Urtis a si bien
senti cette difficulté qu'il n'hésite point à déclarer que,
dans son opinion, la faculté accordée au jury de reconnaître des circonstances atténuantes équivaut à la
suppression entière de la peine de mort.

Que dire de ceux de nos adversaires dont l'inflexible sévérité s'émeut faiblement des inconvéniens
que nous signalons, les regardant comme l'inévitable
conséquence de notre imparfaite nature, et qui cependant se montrent extraordinairement alarmés
d'un autre danger à coup sûr bien moins important,
je veux parler du danger *d'évasion* que présentera
toute peine qu'on voudra substituer à la peine de
mort? Qui nous assure, disent-ils, que le condamné
ne brisera jamais ses fers, et qu'il ne viendra pas, ivre
du succès de son adresse, et rendu plus féroce par
l'espoir de l'impunité, désoler le pays par de nouveaux attentats? N'y en eût-il que deux, n'y en eût-il

---

nécessité où s'étaient trouvés placés les jurés d'acquitter l'accusé ou de
l'envoyer à l'échafaud.

Mais, dira-t-on, de pareils exemples sont infiniment rares, et l'on ne doit
pas facilement présumer que des citoyens appelés par la loi à remplir un
ministère sacré n'auront pas le courage de faire leur devoir. Eh! ne sait-on
pas que tel homme qui brave la mort avec intrépidité pour son propre
compte frémit et recule à la seule pensée de concourir à la condamnation
possible de l'innocence, et de s'exposer ainsi au danger de charger sa
conscience d'un remords éternel?

qu'un seul qui parvînt à s'évader chaque année,
voyez quel appât funeste offert à tous les criminels,
et par suite quel bouleversement social ! Certes, nous
sommes loin de contester ce qu'un pareil événement
aurait de déplorable, puisqu'il tendrait à apporter de
l'incertitude dans l'exécution de la peine, et nous
avons fait connaître nous-mêmes combien cette incertitude offrait de danger. Mais ces évasions dont on
nous menace, n'est-il donc pas au pouvoir de l'homme
de les éviter? Sans doute nos adversaires auront assez
de bonne foi pour ne point nous objecter ce qui se
passe aujourd'hui sous l'empire du système vicieux
de nos bagnes que nous avons été les premiers à flétrir. Chaque année, la société voit avec horreur rentrer dans son sein des forçats évadés qui y rapportent leur infamie et leurs penchans pervers. Y a-t-il
là rien qui doive nous surprendre, lorsque nous
voyons le législateur lui-même, par suite de cet esprit d'erreur et de vertige qui semble être son triste
apanage dans la route impopulaire ou il s'est four-
voyé, lorsque, dis-je, nous voyons le législateur accorder dans les bagnes une liberté presque entière
aux meurtriers et aux assassins que la conscience du
jury n'a pu se résoudre à frapper de mort? Il suffit,
en effet, d'avoir été à Toulon, à Brest ou à Rochefort pour savoir que les plus grands criminels n'y
sont pas enfermés ni chargés de fers. Par une inconcevable tolérance, on les laisse sortir de l'enceinte du
bagne et circuler librement en public. On leur permet, comme aux autres condamnés doués de capacité
et d'intelligence, de se livrer aux travaux pour les-

quels ils ont le plus d'aptitude, sans considérer que quelques-uns de ces travaux, ceux de forgeron et de serrurier, par exemple, mettent dans leurs mains des instrumens meurtriers. A l'aspect d'une telle incurie et d'un si coupable abandon, si quelque chose doit nous étonner, c'est que le nombre des évasions ne soit pas plus considérable; car il ne faut pas confondre comme on le fait généralement, avec les forçats évadés, les forçats libérés que la loi autorise à rentrer dans la grande famille, et qui, loin d'y revenir corrigés par une dure épreuve et purifiés par le remords et le repentir, y arrivent ordinairement (admirable effet de la peine qui leur fut infligée!) pires cent fois qu'ils n'étaient avant leur condamnation, c'est-à-dire l'ame couverte d'une lèpre plus dégoûtante et le cœur plus profondément gangrené. Pour nous, dont les idées se lient et s'enchaînent, et qui ne voulons point détruire pour le seul plaisir de détruire, mais qui ne demandons la suppression du mal même qu'à la charge de le remplacer par le bien, nous croyons qu'il n'est pas impossible de concilier l'abolition de la peine de mort avec un système pénitentiaire répressif, exemplaire et moral, qui, joignant à sa mission régénératrice de solides garanties d'ordre et de sûreté, anéantirait tout espoir d'évasion, et donnerait ainsi au châtiment qui serait substitué à la peine de mort la plus grande certitude et la plus grande efficacité. Nous examinerons plus longuement cette proposition dans la conclusion de cet ouvrage, et le lecteur verra que, fidèles à la méthode loyale et franche que nous avons adoptée, nous produirons encore le témoignage des faits et de l'expérience à l'appui de notre opinion.

Mais revenant à l'objection de nos adversaires, et en admettant qu'aucune peine ne soit susceptible d'offrir à la société contre l'évasion possible du condamné une garantie aussi certaine, aussi radicale que la peine de mort, quel homme raisonnable balancerait entre cet inconvénient et le danger bien autrement redoutable d'envoyer une innocente victime à l'échafaud? Y a-t-il au monde rien de plus désolant que cette impuissance où se trouve le législateur de réparer les suites d'une injuste condamnation? Qui pourrait, sans un mortel découragement, parcourir les pages sanglantes de nos annales judiciaires qui attestent que des hommes probes et intègres ont fait périr du dernier supplice des infortunés dont l'innocence a été plus tard reconnue? Et ce n'est pas seulement à des époques reculées, dans des siècles d'ignorance et de barbarie, que ces déplorables erreurs ont fait gémir l'humanité; c'est de tout temps, c'est près de nous, c'est même (nous l'avons déjà dit) depuis l'établissement en France de l'institution tutélaire du jury. Hélas! quand on n'aurait à faire à la peine de mort que ce reproche cruel, quelle ame vertueuse et sensible hésiterait à la proscrire? Ah! si le cœur se brise à l'idée du malheureux que de fausses préventions et un concours fatal de circonstances accusatrices ont fait vouer injustement à l'infamie et au supplice, il est doux de penser au moins qu'il respire encore; que la société peut efficacement réparer envers lui l'erreur involontaire de la justice, et l'entourer d'assez d'hon-

neur, de respect, de vénération et d'amour pour lui
faire oublier peut-être et son opprobre immérité et
ses longues douleurs. Mais si le glaive de la loi a
frappé le prétendu coupable, quel remords, quel désespoir pour le juge ! et pour l'humanité tout entière
quel sujet d'horreur et de consternation ! Que servent
maintenant vos lamentations et vos cris d'angoisse ?
Vous ne pouvez rallumer le flambeau d'une vie
éteinte, et vos larmes stériles n'iront pas ranimer
dans sa couche glacée le cadavre de l'innocence devenu déjà la pâture des vers.

Notre intention n'est point d'analyser les nombreux
ouvrages qui ont traité des erreurs judiciaires ; leur
lecture attrayante et cruelle tout à la fois a déjà produit
de grands résultats. L'histoire de tant de victimes
dont l'infortune a douloureusement retenti dans le
temple des lois, et même dans le monde, a porté une
première et rude atteinte à la peine de mort. De
nouveaux exemples vigoureusement présentés par des
écrivains éloquens, infatigables athlètes d'une cause
sainte, ont continué à ébranler son crédit ; puisse-t-il
bientôt disparaître entièrement devant la sagesse et
la philantropie de notre siècle éclairé qui s'est montré
enfin accessible au langage pratique des faits et à la
voix sympathique et puissante de l'humanité !

L'ouvrage de M. Lucas sur la peine de mort contient un tableau qui, dans le court espace d'une demi-
année (du mois de juillet au mois de décembre 1826)
présente *huit* exemples d'erreurs judiciaires. Les accusés dont il cite les noms, condamnés à mort par un
premier jury, après cassation de l'arrêt pour vices de

procédure, ont été acquittés par la seconde cour d'assises devant laquelle ils avaient été renvoyés, et
quelques-uns ont été acquittés *à l'unanimité*. Y eut-il
jamais une plus frappante preuve de l'incertitude de
la raison des hommes et de la *faillibilité* de leurs ju-
gemens? En lisant de pareils faits, tout citoyen honnête
et paisible ne doit-il pas trembler, car la hache du
bourreau ne se trouve-t-elle pas manifestement suspendue sur toutes les têtes? Cependant des écrivains
se sont rencontrés qui ont eu le triste courage de
critiquer le tableau de M. Lucas et les inductions
toutes naturelles qu'il en tire. Ce sont, entre autres,
messieurs Silvela et Urtis : voici le résumé succinct de
leur étrange argumentation.

« De ce qu'un second jury aura déclaré non-cou-
pables des accusés condamnés à la peine de mort par
un premier jury, s'ensuit-il donc nécessairement que
leurs mains fussent pures de sang humain? Eh! ne
connaît-on pas la tendance des jurés à *décliner la
juridiction dans les causes capitales ?* Ne sait-on
pas qu'il est peu de listes qui ne présentent des hommes
*éprouvant une consciencieuse répugnance à en-
voyer un de leurs semblables à l'échafaud ?* L'acquittement survenu après une précédente condamnation ne prouve pas l'erreur dans celle-ci; il ne démontre qu'une seule chose, savoir : que la conscience
timorée des derniers jurés n'a voulu accepter aucune
responsabilité à l'égard du supplice. Le premier jury
présentait la réunion de douze hommes intègres, d'un
caractère ferme, amis de la justice, aimant la société,
chauds partisans de ses intérêts; le second jury était

composé de ces hommes sans force de caractère, qui par un excès de bonté laissent faire le mal, et qu'un sentiment d'humanité mal entendu, qui n'est au fond qu'une faiblesse, porte à l'oubli de leurs devoirs.»

Certes, il faut plaindre des hommes dont le mérite d'ailleurs est incontestable, mais que la prévention a aveuglés au point de leur faire tenir des raisonnemens si faux, si contradictoires et même si calomnieux. Comment, dans le grave résultat présenté par M. Lucas, n'ont-ils vu qu'une matière favorable à de puériles antithèses ou à d'injurieuses et arbitraires distinctions? Ce n'est point d'un œil si étroit qu'un pareil sujet demandait à être envisagé, et nous avions droit d'attendre autre chose du talent connu de ces deux auteurs, et même de leur bonne foi. Comment n'ont-ils pas senti que les acquittemens qui venaient à succéder à des condamnations capitales étaient le résultat naturel du temps écoulé qui avait permis à l'innocence de se faire jour, et à triompher des charges et des entraves sous le poids desquelles la prévention du public, la rigueur de la justice égarée, la malveillance intéressée des vrais coupables euxmêmes avaient pu primitivement l'accabler? N'est-ce pas en effet ce qu'on a vu dans une foule de causes si déplorablement célèbres? Combien d'innocens injustement condamnés n'ont dû leur salut, combien de criminels d'abord élargis n'ont dû le trépas qu'à un défaut de forme qui a brisé le premier jugement, on à tout autre délai produit par une circonstance extraordinaire et inattendue? Pour ne citer qu'un seul exemple, n'est-ce pas ce qui est arrivé dans l'affaire

11

du parricide Benoît qui a eu dernièrement en France un si grand retentissement? MM. Silvela et Urtis pouvaient d'autant mieux reconnaître tout cela qu'ils ne nient point l'irréparabilité de la peine de mort et la possibilité d'une erreur judiciaire. Seulement, le dernier pense (incroyable hérésie!) qu'entre le sang innocent injustement et illégalement répandu, et le sang également innocent que le maintien de la peine de mort aura préservé, *la compensation sera toujours au profit de l'humanité;* et le premier proclamant cet axiome inouï : « *que la réparabilité est bien de la nature de la peine, mais non de son essence,* » déclare que toutes les peines, sans exception, sont plus ou moins irrémédiables, et que si la peine de mort est la plus irréparable de toutes, elle est aussi la plus exemplaire, la plus répressive et celle qui protége le plus efficacement l'ordre social. D'ailleurs, ajoute-t-il, il existe un moyen de rendre, en matière criminelle, la certitude morale aussi exacte, aussi infaillible que la certitude physique, c'est d'élever le nombre des jurés à 50, à 100, à 1000, en un mot au nombre que l'expérience aura démontré nécessaire pour atteindre ce résultat. On ne saurait craindre d'exiger des citoyens de trop grands, de trop fréquens sacrifices; *ne leur a-t-on pas imposé à tous l'obligation de faire le service de la garde nationale? Ne réunit-on pas* 60, 80 *mille hommes dans une revue, quelquefois sans but politique? pourquoi donc s'en tenir à douze jurés dans les causes capitales?*

Nous l'avouerons, tous ces raisonnemens mesquins, laborieux et alambiqués, nous semblent tout-à-fait

indignes de l'esprit net et élevé de MM. Urtis et Silvela. Dans le but d'échapper à une vérité gênante
pour leur système, ils ont cherché à l'étouffer sous
un fatras d'argumens et de maximes que l'entraînement d'une opinion consciencieuse a pu leur faire
envisager comme inattaquables, mais qui n'ont pas
même le mérite d'être spécieux. Combien nous préférons la noble franchise d'un autre partisan de la
peine de mort, de l'honorable M. de Broglie, qui, frappé
de l'irrésistible autorité de tant d'exemples d'erreurs
judiciaires, n'a pas craint de faire cet aveu décisif :
« Les recherches de M. Lucas nous offrent sur ce
« point des résultats qui font dresser les cheveux sur
« la tête. »

Si nous voulions multiplier les citations, nous pourrions présenter au lecteur une masse de faits si considérable que son attention en serait immanquable-
ment fatiguée; car, depuis le mois de décembre 1826,
il n'est pas de semestre qui ne puisse offrir un tableau
à peu près semblable à celui de M. Lucas. Mais ce
travail serait superflu; la presse aux voix retentissantes
a porté la connaissance de toutes ces catastrophes judiciaires sous le chaume de l'indigence aussi bien que
dans le palais des grands. Nul n'a pu les ignorer; nul
n'a pu leur refuser sa commisération et ses larmes :
toutes les consciences se sont entendues pour les dé-
tester et les flétrir; toutes les bouches se sont réunies
pour crier : Anathème à la justice homicide! Car la
condamnation d'un innocent a quelque chose de révoltant et de hideux qui brise tous les cœurs et soulève toutes les antipathies. Qui ne connaît, par exem-

ple, en France, l'histoire toute récente du parricide Benoît que nous avons déjà nommé? Qui ne sait que ce fils dénaturé, après avoir commis le plus grand des crimes, avait eu l'art d'échapper aux poursuites de la justice en faisant tomber d'adroits soupçons sur le malheureux Labauve que l'opinion publique pouvait signaler comme l'ennemi de sa famille? Et que nous ont appris les débats de cette affaire déplorable? que le ministère public, s'emparant avec trop de légèreté des indices accusateurs, avait saisi Labauve, l'avait chargé de chaînes, mis au secret; et que cet infortuné, traduit aux assises malgré son innocence, n'avait été acquitté par le jury que par suite du partage de six voix contre six voix [1]. Une voix de plus, et sa tête roulait sur l'échafaud! Et cette voix qui lui donna la vie, n'a-t-on pas su depuis qu'elle avait été long-temps flottante, et qu'elle ne s'était détachée enfin pour l'absoudre que parce qu'elle appartenait à un vieillard de soixante-dix ans qui siégeait aux assises pour la dernière fois, et qui n'avait pas voulu, au terme de sa carrière, charger sa conscience d'une si terrible responsabilité? Durant cette lutte à jamais mémorable, que faisait l'assassin? Il voyageait tranquillement, dissipant l'or qui avait été le fruit de son crime. Et la justice? elle *s'égarait!* Oui, elle s'égarait! M. le procureur-général près la cour royale de Paris, dans son réquisitoire contre Benoît, a été forcé d'en convenir. Et le ministère public, toujours obstiné dans son aveuglement, n'en protestait pas moins autant qu'il était

[1] Sept voix suffisaient alors pour condamner.

en lui contre le verdict d'acquittement qui lui avait enlevé sa victime. Le procureur du roi de Mézières disait à madame Labauve : « Votre mari a été acquitté, mais nous sommes convaincus qu'il est coupable. » O instabilité de la raison humaine ! cette conviction tout à coup disparaît ; une conviction nouvelle la remplace : la justice a trouvé les traces du véritable assassin, et cette fois ce ne sont point de vagues présomptions qui la guident ; elle marche sur des traces sanglantes. Le fils parricide a commis un second assassinat ; il a égorgé son jeune ami dépositaire de son fatal secret ; les témoins sont nombreux, les preuves abondent ; il comparaît devant ses juges, il est condamné ; il meurt sur l'échafaud où faillit périr la victime innocente que la justice des hommes avait aveuglément poursuivie et *presque condamnée !*

Ah ! du moins, qu'une leçon si terrible, ajoutée à tant d'autres dont le souvenir plus ou moins récent vibre encore dans toutes les ames, nous soit salutaire ! Ouvrons les yeux à l'évidence, ne soyons pas comme ces idoles insatiables et stupides que le sang et les sacrifices fatiguent en vain ; que l'humanité profite d'une expérience qui a failli lui coûter si cher ! Rendons impossible le retour de pareils scandales ; rendons impossible le meurtre de l'innocence ; rendons à l'existence elle-même sa dignité, sa sainteté, son inviolabilité ; abolissons enfin la peine de mort, cette peine qu'escortent tant d'inconvéniens si graves, et qui présente, par-dessus tous ces inconvéniens le danger incommensurable de son irréparabilité. C'est assez de sang versé comme cela ; que la justice des hommes

soit désormais en harmonie avec leurs mœurs, leur
civilisation, leurs lumières et même avec l'imperfec-
tion de leurs organes ; que le juré et le juge, siégeant
dans leur tribunal, puissent remplir leur ministère
sacré sans s'exposer à porter le trouble et la douleur
dans leur conscience, et à préparer à leur vieillesse
d'incurables regrets et d'inexorables remords !

DEUXIÈME PARTIE.

CHAPITRE UNIQUE.

DES DÉLITS POLITIQUES.

> « Quand on reporte ses regards sur l'histoire,
> « quand on demande raison de tout le sang versé
> « sur l'échafaud politique, il est bien rare que la
> « société passée se lève et réponde : Ce sang fut
> « versé pour moi ».
>
> M. Guizot.

Dans une occasion solennelle [1], je disais, il y a un an environ, qu'en matière politique tout le monde s'accordait généralement aujourd'hui pour rejeter la peine capitale. Je signalais ce fait, qui me paraissait

[1] A la conférence des avocats de Paris, où la question de l'abolition de la peine de mort était agitée. Je dois dire ici que, dans le discours que je prononçai dans cette circonstance, je tranchai fort légèrement la question de la légitimité de la peine de mort, entraîné sans doute par l'exemple et les paroles pleines d'autorité pour moi de Duport et de Lepelletier-Saint-Fargeau. Mais une lecture plus approfondie de l'excellent ouvrage de M. Lucas et les longues et consciencieuses méditations qui en ont été le fruit m'ont fait connaître mon erreur. Il est plus facile à celui qui a toujours suivi le droit chemin de la vérité de s'y maintenir sans broncher qu'à celui qui a d'abord marché dans une fausse voie.

constant comme un signe d'amélioration progressive,
comme un gage d'espérance et d'avenir. Lorsque les
tempêtes civiles grondent encore, lorsque le souvenir de nos sanglantes réactions est si près de nous,
je pensais que toutes les opinions devaient se confondre pour proscrire une peine dont l'abolition eût
épargné à la France tant de sang, de deuil et de carnage, et la perte à jamais regrettable de tant d'illustres citoyens. Mon opinion, rudement combattue par
quelques jeunes orateurs du plus grand mérite, fut
cependant partagée par la majorité de l'assemblée devant laquelle j'avais l'honneur de parler. Si ce résultat
qui est venu fortifier ma conviction avait pu me laisser quelque doute, il disparaîtrait irrévocablement en
présence de ce qui se passe parmi nous depuis les dernières commotions qui ont déchiré le sein de la patrie. La guerre civile de la Vendée, les événemens de
juin à Paris ont donné naissance à une multitude
d'attentats que la loi punit de mort; aucun condamné
cependant n'a rougi de son sang l'échafaud politique[1]. Le jury, la magistrature, le pouvoir lui-même

(1) Nous n'entendons parler ici que des condamnés purement politiques, car nous n'ignorons pas que quelques chouans ont péri sur l'échafaud,
mais on leur reprochait des actes de brigandage et de férocité qui les assi-
milaient à de véritables assassins.

Le *Courrier Français* du 9 octobre 1852 rapporte un article emprunté
à l'*Echo du peuple*, au sujet de l'exécution du chouan Secundi et qui se
termine par les réflexions suivantes : « Secundi est le premier chouan exécuté dans la Vendée, et pourtant combien de crimes odieux ont désolé
ce malheureux pays, combien d'honorables citoyens ont expié sous le fer
des héros légitimistes le crime d'aimer la France et la liberté! Certes, nous
ne sommes point les partisans de la peine de mort, et pas plus que la *Gazette de l'Ouest* nous ne sommes jaloux de voir tomber des têtes pour des

ont uni leurs efforts pour épargner au pays le spectacle de ces immolations irritantes qui, loin d'apaiser
les haines intestines, nourrissent leur violence et leur
fanatique ardeur. Oui, nous pouvons le dire à la gloire
de notre époque si fertile en merveilleux événemens,
la peine de mort pour les délits politiques, bien qu'é-
crite encore dans nos Codes, se trouve abolie en réalité. Noble et touchant résultat d'une révolution qui
fut pure de tout excès, qui ne fit pas couler une goutte
de sang par réaction ou par vengeance, et qui, par
le gigantesque élan qu'elle a imprimé aux peuples et
aux princes, aura plus fait pour la sainte cause de
l'humanité que tous les discours des publicistes et des
philosophes.

Un grand nombre d'écrivains de talent ont combattu avec force et supériorité l'application de la
peine de mort aux délits politiques; mais que sont
leurs discours auprès des faits bien autrement éloquens
qui se passent chaque jour sous nos yeux. Je l'ai déjà
dit, je ne connais rien au monde de plus puissant que
les faits; car seuls ils échappent aux subtilités méta-

---

idées et des principes; mais quand ce journal vient comparer Cuny et Lepage
au corse Secundi, quand il reproche au roi, dans cette circonstance, de
n'avoir usé de son droit de grace qu'en faveur des républicains, nous croyons
devoir lui répondre en peu de lignes : que Lepage et Cuny sont des condamnés politiques dans toute l'acception du mot; des hommes qui n'ont
pas saisi le mousquet pour tuer d'autres hommes, mais seulement pour faire
triompher un principe qu'ils croyaient meilleur qu'un autre. Secundi, au
contraire, fut un assassin, un homme aimant le sang pour le sang. Le
meurtre des époux Boulard est là pour le proclamer. Voilà toute la différence, et elle nous parait immense. Au reste, nous le répétons, le jour où
la peine de mort disparaîtra de nos codes sera un jour de conquête pour
tous les amis de l'humanité. »

physiques de l'argumentation, et leur autorité toujours irrésistible ébranle les consciences et enchaîne à la longue toutes les convictions. Aussi cette seconde partie sera fort courte, et c'est dans le simple exposé des faits les plus récens qu'elle puisera toute sa force. J'avais préparé une assez longue série de chapitres sur cette matière importante; mais en l'état avancé de la question j'ai cru devoir resserrer tout mon travail en un seul, heureux de me voir en quelque sorte dans la nécessité de faire ce sacrifice d'amour-propre; car, je le répète, ce n'est point l'espoir d'une vaine renommée qui m'a fait prendre la plume, mais le désir d'être utile à mes concitoyens, en apportant, dans l'examen de la plus grave de toutes les questions, le faible tribut de mes recherches et de mes lumières.

Depuis la naissance des sociétés, les deux plus épouvantables fléaux qui aient désolé l'espèce humaine sont sans contredit le fanatisme religieux et le fanatisme politique. Semblables à deux divinités malfaisantes, ils ont fait couler des flots du sang le plus pur, et livré à la hache du bourreau les plus nobles têtes. Aussi aveugles que barbares, ils ont frappé l'innocence comme le crime, et c'est par eux que l'échafaud lui-même a acquis une sorte de sainteté et de grandeur par la mort de tant de martyrs. Le fanatisme religieux n'offre plus aujourd'hui en France qu'une image entièrement effacée de ce qu'il était jadis. Fantôme décoloré, il n'a plus conservé de prestige que dans les pages sanglantes de l'histoire où sont fidèlement retracées ses féroces persécutions. Déjà la partie éclairée du peuple ne croyait plus aux

magiciens et aux sorciers lorsqu'une magistrature en-
têtée et stationnaire envoyait l'infortuné Calas au bû-
cher ; et c'est aux cris de réprobation et d'anathème
de la France et de l'Europe révoltées que cette même
magistrature livrait, il y a moins d'un siècle, aux tortures et à la lente agonie de l'échafaud le jeune Labarre
*véhémentement soupçonné d'avoir commis un
sacrilége*. Aujourd'hui, de semblables atrocités ne
sont plus possibles. Le flambeau de la philosophie a
éclairé toutes les intelligences et moralisé tous les
cœurs, et, en l'état de notre civilisation, le retour
d'un acte de fanatisme religieux est aussi peu probable de la part du prolétaire le plus obscur, que peut
l'être, de la part du pouvoir, une sanglante tuerie pareille au massacre de la Saint-Barthélemi.

Mais le fanatisme politique n'a point décru dans une
aussi imposante proportion. Les passions sur lesquelles
il repose bouillonnent encore dans les ames avec la
même énergie qu'au temps de la fronde et de la ligue ;
seulement le progrès des lumières a généralement
amorti son aveugle et impétueuse fureur. On ne
verrait plus maintenant ces proscriptions en masse
des Marius, des Sylla, des Octave, ou celles plus horribles encore qui ensanglantèrent le sol de la France
pendant la terreur ; on ne verrait plus une fille de
haute naissance, une demoiselle de Montpensier pous-
ser sa haine régicide jusqu'à réchauffer par de lubri-
ques faveurs le courage chancelant d'un assassin
fanatique ; mais on a vu une jeune et faible fille,
Charlotte Corday, s'inspirer des sentimens de la
religion et du patriotisme pour enhardir son inno-

cence à jouer le rôle d'un audacieux meurtrier; on a vu en 1815 des réactions, des proscriptions, des vengeances, des commissions extraordinaires prodiguant la mort avec les supplices; on a vu plus récemment encore en Allemagne un Sand, en France un Louvel, traduire en coups de poignard les doctrines d'une opinion forcenée; enfin, au moment même où je trace ces lignes, la justice informe sur un attentat qu'une grande obscurité environne encore, mais qui présentera peut-être à la France indignée un nouvel et détestable exemple de fanatisme politique [1]. C'est

---

(1) L'attentat du Pont-Royal, commis sur la personne du roi, au moment où il se rendait à la chambre des députés pour l'ouverture de la session. Sans chercher à porter nos investigations sur un fait d'une nature si grave et si condamnable, quel qu'en puisse être l'auteur, nous signalerons toutefois à l'attention du lecteur un incident qu'il a fait naître et qui révèle encore cette tendance si prononcée des esprits et des cœurs vers l'abolition de la peine de mort. Parmi les adresses qui ont été envoyées au roi de tous les points de la France et qui respirent des sentimens d'effusion, de dévouement et d'amour tout-à-fait convenables, après un attentat dont les détails étaient encore inconnus, une adresse signée par quarante-deux citoyens faisant partie de la garde nationale de Saumur se distingue par un ton de haine furibonde et de vengeance sanguinaire qui n'est plus du tout dans nos mœurs; on y lit ces paroles inqualifiables : « Puisse l'expression de notre dévouement sans bornes à votre personne et à votre dynastie offrir quelque consolation à cette famille auguste et vénérée qui confond si noblement ses destinées avec celles de la patrie, et apporter quelque adoucissement aux peines que causent à votre cœur paternel des infâmes que le pays répudie, *et que le glaive de la justice, nous l'espérons, retranchera bientôt de la liste des Français.* » Aussitôt soixante-douze gardes nationaux de la ville de Saumur protestent contre un langage si cruel et si peu digne du peuple de juillet; cette protestation remarquable se termine par ces mots : « Nous pensons que dans les circonstances présentes une adresse est pour le moins inutile. Nous aurions gardé le silence si elle fût émanée de la majorité, et surtout si elle n'eût exprimé que des sentimens que nous pussions

donc cette exaltation furieuse, cette rage en quelque sorte épidémique de l'esprit de parti qu'il s'agit de calmer ou plutôt de guérir. Pour atteindre ce but, le moyen le plus prompt, le plus efficace, le plus infaillible, c'est l'abolition de la peine de mort; nous allons le démontrer.

Énonçons d'abord deux maximes, deux axiomes incontestables qui ont pour eux l'assentiment de l'expérience et même de l'opinion; le premier, c'est qu'en matière politique il n'y a pas à proprement parler de juges, il n'y a que des partisans et des ennemis; le vainqueur prononce sur le sort du vaincu; le second, c'est qu'un parti, quelque puissant qu'il soit, ne peut jamais faire périr sur l'échafaud tous ses adversaires.

Tout pouvoir légalement constitué a droit au respect et à l'obéissance de l'universalité des citoyens sur lesquels s'étend son empire. Sa mission est de veiller au salut et au bien-être général; son devoir est de subordonner son intérêt personnel aux intérêts des masses qui lui ont confié le glaive et la puissance, non pour lui, mais pour elles-mêmes; il peut réprimer avec énergie toutes les tentatives violentes qui seraient faites pour le détruire, car son droit est de se conserver [1]. Si la forme du gouvernement établi déplaît

avouer. *Comment le vœu qui la termine a-t-il pu échapper à des cœurs français?* »

(1) Nous n'entendons point parler ici des gouvernemens absolus; le barbare principe sur lequel ils reposent les place entièrement hors de la question. Sans garanties réciproques, la nation et le despote sont dans un état d'hostilité permanente; le plus fort ou le plus audacieux fait la loi; c'est une monstrueuse combinaison. Aussi, le grand-seigneur avec toute sa

à un petit nombre de citoyens, ils doivent se résigner et sacrifier leur préférence au vœu de la majorité ; s'ils ont des talens ou une haute position sociale, ils peuvent par des écrits ou par leur influence personnelle chercher à éclairer les esprits et à faire pénétrer dans les masses des doctrines qu'ils croient utiles et profitables, le tout sans transgresser les lois. Mais s'ils ont recours à la force pour faire triompher leurs principes, ils font acte de despotisme brutal et de stupide ignorance; ils deviennent conspirateurs et rebelles et méritent d'être punis comme tels. Si, au contraire, c'est la majorité qui vient à désapprouver le mode de gouvernement qui existe, elle peut formuler ses plaintes par les voies légales, telles que la constitution a dû les prévoir; ses vœux seront inévitablement entendus, car rien ne peut empêcher qu'elle n'obtienne tôt ou tard les améliorations qu'elle désire. Si le pouvoir voulait imprudemment s'y opposer, ce ne pourrait être qu'en sortant des voies constitutionnelles; il violerait lui-même alors le pacte social, et dans la lutte épouvantable qui viendrait à surgir il succomberait, car la puissante voix du peuple doit infailliblement prévaloir partout où sa souveraineté est incontestée.

Maintenant, si nous examinons la culpabilité du conspirateur, nous n'hésiterons point à déclarer que dans notre opinion elle nous paraît immense, car il

---

colossale puissance est-il moins solide sur son trône que le roi de la Grande-Bretagne sur le sien. On l'a déjà dit ; à Londres les mécontentemens populaires se manifestent par des pétitions, à Constantinople ils éclatent par des incendies.

menace toutes les existences et met en péril l'ordre social tout entier. Mais, même en supposant la peine de mort maintenue dans nos codes pour l'assassin et le meurtrier, cette peine devrait-elle être également appliquée au conspirateur? nous ne le pensons pas. En effet, sous le rapport de l'immoralité des actes et de l'intentionnalité des agens, il est évident qu'un délit politique ne peut être assimilé à un lâche assassinat. Quant aux conséquences du supplice, elles sont bien plus graves encore. L'assassin qui meurt sur l'échafaud s'était déjà isolé dans la société par son crime; repoussé, haï, déshonoré, il ne peut avoir dans le monde, ni amis, ni partisans, ni admirateurs, et si quelques regrets l'entourent à son heure suprême, ils ne sont point accordés à sa personne, mais arrachés à la pitié que révolte le cruel et immoral spectacle de son agonie.

Mais le conspirateur, au contraire, a des partisans avoués, de chauds amis, de fervens sectateurs. Quelque faible, quelque obscur qu'il soit personnellement, aussitôt qu'il est dans les fers, aussitôt qu'il lutte contre le ressentiment du pouvoir et que son existence est menacée, il devient un être important, le symbole animé de l'opinion d'un parti, la représentation vivante d'un principe. Traduit en jugement, que d'intérêt, que de sympathie il va exciter! Plus tard, quels sentimens de douleur, d'exaspération et de rage va faire éclater son arrêt de mort! La terreur ne peut rien contre les idées; l'échafaud exalte les ames et fait des martyrs. C'est par les persécutions et les massacres qu'ont germé, grandi et triomphé toutes les croyances religieuses, toutes les sectes philosophiques qui ont marqué dans le passage des siècles et qui aujourd'hui encore sont restées l'objet du culte et de l'adoration de l'univers. Depuis Jésus-Christ, le plus sublime des condamnés politiques, les immolations pour cause d'opinions n'ont jamais produit que réactions, vengeances et représailles. Au milieu de ces luttes dénaturées dont la violence perpétue le scandale, le vainqueur de la veille peut être le vaincu du lendemain; s'il fut oppresseur, il sera victime à son tour, car le meurtre appelle le meurtre, et tant que l'existence de la peine de mort entretiendra les féroces passions de l'homme, le sang se paiera avec du sang.

Nous ne sommes plus dans ces temps désastreux où les peuples sans institutions et sans frein se livraient aux luttes politiques comme à un duel d'homme à homme. C'était alors entre les partis un véritable état de guerre; le prix de la victoire, c'était le pouvoir. Ce prix, les grands seigneurs de l'époque se le disputaient au péril de leurs jours. Les masses divisées et abruties suivaient la bannière du chef sous l'autorité duquel les avait placées le hasard de la naissance, ou qui soldait leur sang avec de l'or. Parmi tant d'oscillations et de combats, la mort ne pouvait apparaître comme peine; chacun la prodiguait, il est vrai, mais pour se préserver soi-même de la recevoir, et en vertu du droit imprescriptible de légitime défense dont l'impérieux besoin se faisait sentir.

Plus tard, lorsque les partis nettement dessinés ne présentèrent plus que quelques ambitions rivales et turbulentes s'agitant contre l'autorité royale déjà

fortement constituée, on put croire que la mort des
chefs puissans des factions vaincues était nécessaire
pour anéantir ces factions elles-mêmes et faire cesser
tout danger. Un chef alors était l'ame de son parti; il
en faisait la force et l'importance par son courage
personnel, l'élévation de son génie, l'éclat de ses hauts
faits, ses richesses et l'illustration de ses aïeux. L'histoire cite en effet le nom d'un petit nombre de chefs
célèbres dont la mort fit disparaître le parti comme
par enchantement. Ces exemples durent être favorablement accueillis par le despotisme ombrageux de
quelques princes qui n'avaient déjà peut-être que trop
de penchant à la sévérité. Mais en bonne logique, de
pareils faits ne prouvent qu'une chose, c'est que ces
partis si facilement éteints dans le sang de leurs chefs,
n'avaient aucunes racines dans la nation; et nous
pourrions, l'histoire à la main, démontrer que la modération et la clémence, même dans ces temps qui sont
déjà loin de nous, ont étouffé plus de conspirations,
anéanti plus de partis, désarmé plus de haines que
l'appareil terrible des supplices et la hache sanglante
des bourreaux. Mais ce n'est point là le siége véritable
de la question. Aujourd'hui les choses ont entièrement
changé de face, et pour que nos raisonnemens aient une
portée incisive et sûre, il faut les borner à ce qui se
passe autour de nous.

« Où sont maintenant, dit M. Guizot [1], ces chefs
« éminens, avoués, qu'il suffit de détruire pour détruire
« un parti? Sous quels noms propres viennent ainsi se

_____

(1) De la Peine de mort en matière politique, page 11.

« concentrer l'influence et le péril? Peu d'hommes ont
« un nom, et ceux-là même sont peu de chose. La puis-
« sance a quitté les individus, les familles; elle est
« sortie des foyers qu'elle habitait jadis; elle s'est ré-
« pandue dans la société tout entière; elle y circule
« rapidement, à peine visible en chaque lieu, mais
« partout présente. Elle s'attache à des intérêts, à des
« idées, à des sentimens publics dont personne ne
« dispose, que personne même ne représente assez
« pleinement pour que leur sort dépende un moment
« du sien. Que si ces forces sont hostiles au pouvoir,
« qu'il cherche, qu'il regarde; dans quelles mains les
« trouvera-t-il déposées? sur quelle tête ira-t-il les
« frapper? Il y a des réformés, des ligueurs; il n'y a
« plus de Coligny ni de Mayenne. La mort d'un ennemi
« n'est aujourd'hui que celle d'un homme; elle ne
« trouble ni n'affaiblit le parti qu'il servait. Si le pouvoir
« en est rassuré, il se trompe; son danger demeure
« le même, car cet homme ne le créait point. Les
« causes en sont éparses et profondes; l'absence d'un
« chef prétendu n'atténuera point leur énergie, ne
« déréglera même pas leur action. Elles ne manqueront
« ni d'interprètes, ni d'instrumens, ni de conseils.
« Les intérêts, les opinions existent maintenant pour
« leur compte, se dirigent par leur propre prudence,
« se font jour par leur propre vertu. Nul n'en a le
« monopole, nul ne peut les perdre ou les vendre par
« sa chute ou sa trahison. »

Aujourd'hui, le pouvoir qui repose sur des institutions librement consenties, librement jurées par le
peuple et le chef qui se trouve au timon de l'État est

inébranlable. Si ce pouvoir marche en avant de la civilisation et des lumières; si ses actes empreints de
sagesse et de philantropie n'ont pour but que l'affer-
missement de la liberté, l'amélioration des mœurs,
le soulagement des classes pauvres, le progrès des
arts et des sciences, en un mot le bien-être social,
il acquiert des chances d'une incalculable durée; car,
indépendamment du respect et de l'obéissance des
peuples confiés à ses soins, il obtient leur reconnais-
sante affection et leur sympathie : or, quand une nation chérit son gouvernement, ce dernier peut braver
sans crainte les mécontentemens de quelques têtes fanatiques et l'impuissant effort des conspirateurs. De
criminelles tentatives éveilleront peut-être sa sollicitude; mais elles ne sauraient sérieusement l'alarmer, car, isolées, ténébreuses, sans appui dans le pays,
elles ne peuvent offrir de danger réel. Fort de l'assentiment et de l'indignation de tout un peuple qui fait
cause commune avec lui, quel gouvernement national
et vraiment digne de ce nom se croira dans la nécessité d'envoyer au supplice les faibles ennemis qu'il
aura vaincus? Sans doute, il n'ira pas par une excessive indulgence offrir une prime d'encouragement
aux agitateurs, et s'il pardonne aux hommes évidemment égarés, il devra sévir contre les plus coupables
des rebelles; mais la peine qu'il leur infligera (après
le fatal verdict du jury) ne sera ni la mort ni l'infamie; car l'échafaud ne peut rien contre les crimes
politiques, et l'infamie ne les atteint pas. La fermeté
jointe à la modération, c'est-à-dire la déportation,

la détention et des amnisties, voilà les seules armes que
le pouvoir devra employer pour terrasser l'hydre des
factions, et une constante expérience a démontré qu'il
les emploiera toujours avec succès. Car il ne s'agit point
ici, comme on affecte de le soutenir, d'une de ces
modernes théories que publient, dit-on, sous le beau
nom de philantropes, de prétendus réformateurs ; il
s'agit d'un principe politique et social dont tous les
hommes de bien proclament la nécessité tutélaire,
parce que seul il peut préserver l'humanité de l'anarchie des passions, attendu que seul, dans cet ordre
d'idées, il repose sur les bases éternelles de la justice,
de la vérité et de la raison.

Conspirer n'est pas, sous un gouvernement comme
le nôtre, une chose facile. Quelles chances de succès
peut avoir une agression violente contre un pouvoir
constitutionnellement établi? Là où la loi a nivelé
tous les rangs de la société, là où la propriété se
trouve répartie dans une innombrable multitude de
mains, il existe une classe intermédiaire, riche, éclairée et puissante, une classe amie de l'ordre, coura-
geuse et dévouée, qui saisit ses armes au jour du danger, et qui présente à l'envahissement des principes
désorganisateurs, de quelque masque qu'ils se couvrent, une opposition intelligente, et l'obstacle matériel de ses bataillons hérissés de fer. Aujourd'hui,
ce sont les opinions seules qui peuvent conspirer ; or,
les opinions se comptent par masses et non par têtes :
une conspiration qui n'a pas pour elle l'appui des
masses, c'est-à-dire la majorité du pays, meurt étouffée

dans son berceau; avec cette majorité elle triomphe sans doute, mais ce n'est plus alors une conspiration, c'est une révolution.

La machine politique, comme tous les corps organisés, est sujette à des crises qui peuvent l'ébranler, l'altérer et même la détruire; mais l'intensité de ces crises varie suivant les causes qui les ont fait naître, et le danger qu'elles produisent est en raison directe de la nature et de l'influence des agens. Si la crise est occasionnée par l'attaque soudaine et irréfléchie de quelques têtes audacieuses ou d'une minorité insoumise, elle produit l'émeute, l'émeute que l'auteur d'un opuscule récent a si justement appelée le premier degré visible de tension où monte rapidement le système nerveux d'un peuple soumis au galvanisme révolutionnaire. Si la crise est due à un état de souffrance plus intime de l'organisme social, à un malaise profond, à un impérieux besoin d'améliorer une situation devenue intolérable, elle donne naissance à l'insurrection, qui est bien plutôt un symptôme de mécontentement contre des abus et des vexations dont le redressement est demandé, qu'une attaque directe contre les lois du pays et l'autorité du prince qui gouverne. Enfin, si la crise provient du mouvement spontané, mais réfléchi de la nation tout entière manifestant par un élan vigoureux que l'époque d'un grand changement à sa constitution physique et morale est arrivé, elle produit alors une révolution. Dans le premier cas, la fermeté du pouvoir et son indulgence éclairée suffisent pour calmer l'alarme et détruire l'émeute; car le pays est avec lui, et dans la lutte inégale qu'il a à soutenir, sa supériorité est si immense que sa justice même prendrait l'odieux caractère de la vengeance, si la clémence ne venait en tempérer les rigueurs. Dans le second cas, celui d'une insurrection, ce n'est point par des supplices qu'on doit apaiser l'effervescence populaire. Il n'y a point là de partis, de complots, de chefs; c'est, nous l'avons dit, l'explosion instantanée d'un malaise extraordinaire auquel il faut se hâter de porter remède. Une impartiale fermeté peut être nécessaire encore, mais il faut l'employer avec prudence, avec mesure; car si l'acte insurrectionnel est répréhensible aux yeux de la loi, le pouvoir ne doit point oublier que son incurie et son imprudence ont contribué à le faire naître, puisque, plus clairvoyant et mieux avisé, il eût pu, en détruisant les causes, empêcher nécessairement les effets. C'est donc à l'extirpation des abus, au soulagement des classes souffrantes, au perfectionnement de la constitution qu'il faut recourir, et porter la sonde réparatrice au fond de l'ulcère social, afin de garantir d'un nouvel accès le corps malade, mais plein de vie encore, qui ne demande que des institutions meilleures à l'ombre desquelles il puisse reverdir. Mais c'est surtout lorsqu'une révolution vient à éclater comme un épouvantable tonnerre qu'il est dangereux de recourir à la vaine menace des supplices. Une révolution est une catastrophe dont nulle puissance humaine ne peut arrêter le cours. C'est un volcan dont la lave brûlante entraîne, consume et dévore tout ce qui lui fait obstacle : malheur à l'insensé qui ose entrer en lutte avec ce colossal athlète! Il tombe

meurtri, broyé, anéanti au premier effort. Lorsqu'un
pays est arrivé à cette époque de dislocation et de
désordre où une crise révolutionnaire doit fatalement
éclater, si le prince qui tient en ses mains le pouvoir
est au niveau de sa position, s'il est digne d'apprécier et d'accomplir les hautes destinées que les circonstances lui ont faites, loin de se raidir contre la
volonté populaire qui le briserait comme un faible
roseau, il se mettra à la tête du mouvement national
pour le guider et le maintenir dans les saines voies
d'amélioration et de salut d'où les premières ardeurs
de l'enthousiasme pourraient le faire dévier; en un
mot, il tiendra à honneur de s'associer à l'œuvre de
la Providence, et de couvrir son nom d'une gloire
immortelle en assurant à ses concitoyens la possession tranquille des nouvelles institutions qu'ils auront
su conquérir, et que le progrès de la civilisation et
des lumières rendait nécessaires à leur prospérité et
à leur grandeur. Mais si, dans tous les cas que nous
venons d'énumérer, l'excessive rigueur nous paraît
inutile ou périlleuse, à combien plus forte raison de-
vrons-nous protester contre l'application de la peine
de mort. Quand toutes les passions sont déchaînées;
quand les fondemens de l'édifice social se trouvent
ébranlés, que tout est remis en question, que nul ne
peut prévoir l'avenir du lendemain, quelle efficacité
peut conserver la peine de mort? Où est sa force,
son aiguillon, son empire? Que dis-je? Cette peine
irritante n'est-elle pas un véritable contresens? Loin
de guérir le mal, elle l'envenime; loin d'apaiser les
troubles, elle les fomente; elle y mêle les détesta-

bles poisons de la haine et de la vengeance, passions
implacables qui se nourrissent de sang. Ah! si dans
le cours des révolutions les plus glorieuses la mort
prodiguée par la fureur des partis a toujours été considérée comme une tache indélébile, qui ne sent qu'au
milieu des bouleversemens et des désastres qu'en-
traînent les insurrections et les émeutes, elle ne peut
apparaître que comme une calamité de plus?

Citons des faits, et des faits récens, car, ainsi que
je l'ai annoncé, c'est surtout dans l'histoire contemporaine que je puiserai mes argumens. Dans une
question si palpitante d'intérêt, les documens abondent; mais comme les événemens se pressent, il est
important de choisir. Il convient d'écarter ceux dont
la date est déjà reculée, et dont l'application pourrait
être contestée, afin de n'offrir dans la discussion que
des faits qui se sont en quelque sorte passés sous nos
yeux, et qui sont moins des allégations que des preuves
vivantes et saisissables qu'il est impossible de rejeter
sans inconséquence et mauvaise foi. Fidèle à ce principe, je ne remonterai pas au-delà de l'année 1789 qui
vit éclater notre première et grande révolution. Les
souvenirs de cette époque monumentale sont vibrans
encore dans tous les cœurs; nous contemplons encore
dans nos rangs avec vénération et orgueil quelques
vieux débris de cette race d'hommes à haute taille
qui marquèrent alors et que la faux du temps a épar-
gnés. Dans eux se personnifie cette période extraordinaire qui vit le drapeau tricolore ombrager le berceau d'un grand nombre d'entre nous. Leur expérience
est le livre saint où nous lisons l'histoire de nos pères;

c'est l'anneau qui unit le présent à un passé qui commence à fuir, mais dont le retentissement se prolonge encore; car tous les événemens auxquels depuis trente ans nous avons assisté, jeunes hommes, comme témoins ou comme acteurs, sont le résultat nécessaire de cette première révolution qui a changé la face du monde, et qui doit, dans un temps donné, élever les races humaines au plus haut degré possible de liberté, de civilisation et de bonheur.

Lorsque Louis XVI monta sur le trône de France, le besoin d'une grande réforme se faisait universellement sentir. Le désordre des finances, la résistance toujours croissante des parlemens, l'attitude imposante que commençait à prendre le tiers-état rendu à la dignité de l'homme libre par l'abus même du despotisme; l'avilissement et le mépris dans lesquels la royauté était tombée par les déprédations inouïes du dernier règne et ses scandaleuses infamies; tout enfin présageait au jeune monarque qui prenait en main les rênes de l'Etat d'orageuses destinées et une grande mission à accomplir. C'était une ère nouvelle de gloire et de splendeur qu'il fallait ouvrir; c'était une société nouvelle qu'il fallait fonder sur les ruines vermoulues de la société du moyen-âge. Il fallait presque tout détruire pour tout réédifier; il fallait substituer la loi à l'arbitraire, l'égalité au privilége, l'instruction à l'ignorance, la tolérance au fanatisme, l'affranchissement de l'industrie, des arts et du commerce à leur asservissement; en un mot il fallait faire une France nouvelle et remplacer la tyrannie par la liberté. Louis XVI était le plus vertueux et le plus pur des hommes; mais son caractère manquait de fermeté et d'énergie, et la forte tâche que la Providence lui avait départie se trouva au-dessus de ses forces. Doué d'un esprit juste et sain, d'un cœur droit et bon, il n'avait ni cette détermination spontanée, ni cette volonté souveraine et persévérante qui sont indispensables à un réformateur. L'incapacité de son premier ministre Maurepas en qui il avait placé toute sa confiance vint aggraver encore cette position déjà si grave dans de pareilles circonstances. Louis XVI avait senti la nécessité de se mettre à la tête d'une révolution devenue inévitable; mais, malgré ses bonnes et paternelles intentions, toutes ses tentatives de réforme échouèrent. Il voulait le bien, il ne put le faire, parce que son faible esprit reculait effrayé et découragé devant le moindre embarras imprévu comme devant un obstacle insurmontable. Là où il eût fallu vigueur, entraînement, résolution, on ne voyait qu'hésitation, tâtonnemens et demi-mesures; aussi le vaisseau de l'Etat mal conduit, mal dirigé, devint bientôt le jouet de la tourmente révolutionnaire qui, après l'avoir ballotté, lacéré dans tous les sens, finit par l'engloutir avec la royauté qui périt également dans le naufrage.

Les ressentimens et les passions d'une multitude furieuse et long-temps asservie ne connurent alors plus de frein. La résistance impolitique des corps privilégiés, l'imprudente agression de l'Europe achevèrent de porter à son comble l'exaltation populaire. Une révolution commencée sous les plus beaux auspices, une révolution qui s'était faite au nom de la philosophie et de l'humanité, fut souillée, flétrie, déshonorée par les plus dégoûtans excès, par des scènes d'atrocité et de vengeance dont des cannibales auraient eu horreur. Si des concitoyens, des Français, se montrèrent alors si barbares, c'est que la peine de mort long-temps prodiguée par leurs lois sanguinaires, et dont le hideux spectacle leur avait été offert si souvent avec l'escorte obligée des chevalets et des tortures, c'est que, disons-nous, cette peine cruelle avait corrompu leurs ames et endurci leurs cœurs. Ah! si le législateur plus humain et plus éclairé eût buriné dans son code, comme c'était son devoir, le principe de l'inviolabilité de la vie de l'homme; si au lieu de devenir meurtrier, tourmenteur et bourreau, il eût donné lui-même l'exemple du respect pour l'existence en entourant d'une sorte de culte ce don précieux de la divinité, les masses toujours impressionnables auraient insensiblement cédé à cette impulsion généreuse; leurs mœurs se seraient empreintes de douceur, de modération et de sensibilité; le meurtre serait devenu de jour en jour plus rare, car l'assassin aurait été maudit comme sacrilége et impie; et l'humanité n'aurait point vu le peuple le plus policé de la terre massacrer des infortunés sans défense, disperser leurs membres comme de vils lambeaux, porter leurs têtes (abominable trophée!) au bout d'une pique; en un mot, pareil au tigre ou à la hyène, se rassasier de cadavres sans parvenir à satisfaire sa férocité.

Des mains du peuple, farouche justicier, la peine de mort passa dans celles des factions acharnées qui se disputaient le pouvoir. Qui ne connaît l'épouvantable abus qui se fit alors de cette peine, arme à deux tranchans qui frappait le juge ou plutôt l'assassin en même temps que la victime? Que de nobles citoyens ont péri sous la hache révolutionnaire! D'abord un roi, que dis-je? une famille royale tout entière; puis le vertueux Malesherbes, le sage Bailly, le savant Lavoisier, l'intègre Condorcet.... Mais, hélas! quelle énumération est possible en présence de tant de cercueils, lorsque le sang le plus pur de la France a coulé sur l'échafaud, lorsque l'hydre de l'anarchie a dévoré ses victimes par milliers, lorsque des populations entières ont été décimées, mitraillées, noyées par d'affreux proconsuls que le fanatisme politique avait convertis en bourreaux [1]; lorsqu'enfin il n'est pas dans notre patrie une seule famille qui ne compte dans ses rangs des vides douloureux, des pertes irréparables qui remontent à ces temps de saturnales démagogiques que tout bon Français voudrait pouvoir effacer de son souvenir et de son cœur? La mort! toujours la mort! jamais cette divinité implacable n'exerça un plus large empire; jamais la justice ne fut plus scandaleusement outragée au nom des lois. Les tribunaux révolutionnaires ne prononçaient que la peine de mort. Aussi vit-on les partis tour à tour triomphans s'armer alternativement de cette peine pour se combattre et se détruire. Au sein même de la Convention, elle devint un moyen de forcer le scrutin, un argument de tribune. Ainsi succombèrent les Gi-

---

[1] Nantes, Lyon, Marseille, Avignon et Paris furent surtout témoins de ces scènes de deuil et de carnage.

rondins sous les efforts de la Montagne; ainsi la Montagne elle-même, fractionnée, affaiblie, dévora ses propres enfans, et disparut enfin écrasée sous le couteau des vengeances réactionnaires.

Mais puisque nous avons parlé de la Convention, de cette assemblée si célèbre que les uns ont traînée aux gémonies de l'Europe, et que les autres ont exaltée avec un fanatique enthousiasme; sans prétendre porter sur elle aucun jugement, demandons-lui du moins des enseignemens sur la nécessité des immolations politiques; car c'est elle qui organisa l'affreux système de la terreur, et ses actes presque toujours empreints de cruauté et de violence, sont à nos yeux la preuve la plus éclatante de l'inefficacité de la peine de mort.

La Convention a sauvé le pays, dit-on; quatorze armées étrangères menaçaient le sol national; l'ennemi se trouvait à vingt lieues de la capitale; toute la population patriote était aux frontières; il ne restait en France que des femmes, des enfans, des nobles, des prêtres et des conspirateurs; il fallut y joindre le bourreau; le bourreau pour contenir les factieux, le bourreau pour punir les traîtres, le bourreau enfin pour exciter les lâches et les contraindre à chercher dans les rangs de l'armée un refuge contre l'échafaud. Le salut du peuple est la loi suprême; la Convention ne pouvait sauver le pays que par la terreur ; elle fit bien d'y recourir, car la terreur est une puissance; en temps de crise, elle supplée à la vertu même; elle fait l'honnête homme, le brave guerrier, le bon citoyen!... Oui, voilà ce qui a été dit! Et, si nous ne savions pas jusqu'à quel excès de délire peut aller l'esprit de parti, nous demanderions si ces principes cruels, ces détestables doctrines ont bien pu germer dans des cœurs français. Non, la Convention n'avait pas besoin de la terreur pour sauver le pays; non, elle ne s'est point trouvée dans la nécessité de prendre pour auxiliaires de sa force la guillotine et le bourreau, et d'immoler sur l'autel du salut public les plus nobles enfans, les plus belles illustrations de la patrie. Le pays se serait sauvé lui-même sans ces boucheries superflues, et la grande réforme qui lui avait mis les armes à la main se serait accomplie; car ni le pays ni la révolution ne pouvaient périr. La Convention, par le meurtre inutile de l'infortuné Louis XVI, excita contre la France le ressentiment et la vengeance des autres souverains de l'Europe, qui, dans un seul coup de hache, virent toutes leur têtes menacées. Dans l'intérieur, ce meurtre souleva la rage fanatique de cette partie de la nation qui rendait encore à la royauté un culte idolâtre. Par ses tribunaux révolutionnaires, par ses lois d'exception, par ses échafauds permanens, par ses massacres juridiques prodigués avec une si barbare profusion sur tous les points de l'empire, la Convention déchaîna, au sein du pays, ces passions terribles, ces haines implacables qui engendrèrent la guerre civile et donnèrent naissance à ce funeste esprit de réaction qui même alors causa tant de ravages, et dont la fureur sans cesse alimentée par le sang de nouvelles victimes est venue jusqu'à nous.

La Convention, effrayée elle-même des résultats de son système de terreur et de l'abus révoltant que les partis politiques avaient fait de la peine de mort, voulut enfin, mais trop tard, remettre le glaive dans le fourreau. Elle s'était servie de la guillotine dans l'intérieur comme du canon sur les frontières; c'était moins une peine dont elle avait voulu frapper des coupables qu'une arme dont elle avait fait usage pour terrasser ses ennemis. Mais, comme un ingénieur malhabile, elle n'avait su calculer ni la portée de cette arme ni ses fatales conséquences. L'expérience enfin avait dessillé ses yeux. Pour cicatriser les plaies de la patrie, pour calmer l'irritation des partis, pour rendre à l'existence de l'homme une partie de cette inviolabilité et de ce prestige dont elle l'avait si cruellement dépouillée, elle décréta, sur le point de se dissoudre, que la peine de mort serait abolie en France à dater du jour de la publication de la paix générale. Vains efforts! le souffle qui a fait surgir la flamme est impuissant pour arrêter l'incendie. La paix générale est venue, et le vœu philantropique de l'assemblée qui avait fait l'usage le plus immodéré de la peine de mort et dont la voix devait être si imposante dans cette grave question, ce vœu n'a point été réalisé. La République a disparu avec ses échafauds et ses luttes gigantesques; le temps a dévoré l'Empire et toutes ses gloires; et les haines envenimées des partis ne se sont point éteintes; la Restauration est venue, et ces haines, quelque temps amorties, mais que des souvenirs de mort rendaient immortelles, ont éclaté de nouveau par des massacres, des vengeances populaires et de sanglantes proscriptions. Dans le Midi, dans l'Ouest, le fanatisme religieux, subitement ressuscité, est venu unir ses passions rancuneuses aux passions

fumantes encore du fanatisme politique. Le pouvoir
lui-même, irrité par de vieilles injures et un long exil,
s'est laissé entraîner par le torrent contre-révolutionnaire. Loin de se jeter au milieu des factions comme
un gage d'amour, de réconciliation et de paix, il a
épousé les ressentimens étroits et mesquins de la plus
furieuse, de la moins française, de la plus intolérante
de toutes. Sa bannière, au lieu de se faire nationale,
est devenue la bannière d'un parti; et 1815 a vu re-
paraître sur le sol de la patrie l'horrible fléau des
réactions et des guerres civiles. Au mépris de la Charte
qui prohibait les commissions et les tribunaux extraordinaires, et malgré l'éloquente et chaleureuse opposition du vertueux Lanjuinais, on rétablit les cours
prévôtales jadis instituées pour juger les voleurs de
grands chemins, les vagabonds et les repris de justice; on étendit arbitrairement le cercle de leurs at-
tributions afin de soumettre à un tribunal passionné
et expéditif tous les accusés politiques qui faisaient
ombrage au pouvoir. Mais cette justice exceptionnelle
parut bientôt trop lente au gré des impatiens domi-
nateurs; on eut recours aux commissions extraordinaires, c'est-à-dire à ces tribunaux de sang dont
l'histoire a recueilli les arrêts pour les flétrir du nom
d'assassinats. On fit plus encore (car que ne peut l'esprit de parti, et qu'y a-t-il de plus cruel que l'homme
quand il joint le pouvoir à la passion?), un département tout entier fut mis en état de siége *par dépêche
télégraphique!*... Oui, la postérité le redira à la honte
de cette époque de scandale, en vertu d'un ordre
communiqué par une voie si illégale et si incertaine,

le cours des lois ordinaires se trouva suspendu; un lieutenant général, un préfet furent investis d'une autorité dictatoriale. Dans une première séance, un prétendu tribunal, constitué par eux sous le nom de commission militaire, condamna à la peine de mort vingt-un accusés, parmi lesquels se trouvaient des enfans de seize ans. Vainement quelques-uns de ces infortunés furent recommandés à la clémence royale; *une dépêche télégraphique* porta leur recours à Paris; *une autre dépêche télégraphique* rapporta le refus d'accorder la grace, et ils furent tous exécutés [1].

Ce sont ces atrocités inouïes, cet odieux abus de la force qui ont jeté la France dans cet état d'inquiétude et de mécontentement qui se fait encore sentir aujourd'hui. Le pouvoir, loin de chercher à calmer les divisions funestes qui déchiraient le pays, eut la lâcheté de les mettre à profit dans l'intérêt des passions qui le dominaient. Déjà couverts du sang des Ney, des Labédoyère, des Faucher, des Brune, des Vallé, des Lagarde qui avaient succombé sous le glaive de la justice réactionnaire ou sous les coups de vils assassins restés impunis, on vit d'imprudens conseillers (faisant violence aux intentions bien connues d'un prince philosophe qui voulait être pacificateur) employer bassement les secrets ressorts de la police pour exciter, nourrir et réchauffer les ressentimens du parti patriote, et, dans un but si déloyal, infliger au pays cette lèpre nouvelle et dégoûtante connue sous le nom

(1) Voir pour les détails de cet événement l'*Essai sur la justice criminelle en France* de M. Bérenger, page 151 et suivantes.

d'agens provocateurs. C'est ainsi que l'on vit, à quelques années d'intervalle, poindre sourdement, puis éclater avec un fracas d'emprunt et de manège, ces prétendues conspirations qui ont acquis une célébrité si déplorable : folles tentatives! qu'on feignit d'attribuer au vertige révolutionnaire, mais que la nation indignée considéra comme le résultat d'un véritable guet-apens. Hélas! ces immolations ne servirent pas à consolider le pouvoir, comme l'avaient sans doute espéré leurs coupables instigateurs; elles vinrent seulement ajouter un aliment nouveau au brasier des haines politiques, et ce fut aux cris de détestation et de douleur de tout ce qui portait un cœur d'homme que la France vit périr, du supplice des traîtres et du supplice des parricides, de braves et généreux citoyens qui avaient failli peut-être, entraînés par l'ardeur de leurs affections ou l'exaltation de leurs principes, mais qui ne méritaient pas un semblable sort [1].

Tant d'échafauds dressés, tant de sang répandu, tant de sacrifices imposés à la patrie ont-ils produit du moins les résultats importans qu'on semblait en attendre? Les dissensions intestines ont-elles été apaisées? Les factions ont-elles été détruites? Enfin (et déjà nous avons prouvé la négative) l'autorité du gouvernement a-t-elle été raffermie? Non, certes, et c'eût été miracle, car ce n'est point là l'effet ordinaire de la peine de mort. En matière politique surtout, les supplices ne calment ni ne consolident rien; ils irritent au contraire, enflamment les esprits, exaltent les passions, ébranlent le

---

(1) Entre autres Pleignier, Carbonneau, Tolleron, le général Berton et les quatre jeunes sergens de La Rochelle.

pouvoir. Aussi, voyez quelle fut pendant quinze années la situation morale de la France telle que la Restauration l'avait faite; jamais la lutte des partis ne fut plus acharnée. Malgré une incontestable prospérité matérielle, il y avait dans les masses défiance, hostilité, désaffection. L'intérêt national était partout sacrifié sans pudeur à un intérêt de coterie anti-français et liberticide; malgré une apparence de solidité et de force, l'édifice social, ou pour mieux dire le trône qu'avaient élevé les baïonnettes de la sainte-alliance, sourdement miné par le volcan révolutionnaire, vacillait sur sa base; le choc des opinions se reproduisait sans relâche, avec une violence toujours croissante, dans l'arène brûlante de la presse, à la tribune populaire, autour du foyer domestique, au sein des assemblées des électeurs. Dans un état de choses si critique et si inflammable, la moindre étincelle devait occasionner un épouvantable incendie; c'est ce qui est arrivé : l'étincelle a jailli, il y a eu conflagration; le système réactionnaire a porté ses fruits. Une révolution nouvelle a changé le gouvernement de la France en ébranlant pour la seconde fois l'Europe et même le monde; la royauté de droit divin, mal défendue par les champions rétrogrades de la légitimité, a vu le drapeau qu'elle avait planté dans leur camp (l'isolant ainsi du cœur du pays) renversé par le glorieux étendard des libertés nationales; elle a succombé elle-même sous les ruines d'un trône qu'elle n'avait pas su populariser, entraînant dans son vaste naufrage une dynastie tout entière.

Mais voici une ère nouvelle de progrès, de gloire

et de grandeur pour l'humanité et pour la patrie;
c'est la révolution de juillet 1830 qui va nous l'ouvrir. Ici, la scène change; ici, des faits encore qui se
pressent, qui se groupent, qui parlent avec éloquence
et avec empire; mais loin de contrister les ames et de
révolter la nature, ils offrent un consolant spectacle
sur lequel peuvent se reposer avec délices nos cœurs
attendris et nos yeux satisfaits. Ce ne sont plus seulement des philosophes, de prétendus *utopistes* qui
prêchent aux peuples le principe de l'inviolabilité de
la vie de l'homme; ce dogme saint a pénétré dans
toutes les classes de la société, il a trouvé de l'écho
dans les consciences les moins éclairées; c'est une
grande nation régénérée par le baptême d'une révolution toute libérale qui l'a mis en pratique au jour
de son affranchissement, pendant le combat et après
la victoire. Humanité, philantropie, civilisation, vous
n'êtes plus des mots vides de sens ou l'inutile expression d'un vœu chimérique! vous voilà fixées à toujours dans les mœurs des Français comme dans un
impérissable vocabulaire. C'est ici la première révolution sociale pure de sang humain, hors celui qui fut
versé sur le champ de bataille. Partout se révèle une
honorable tendance vers la modération, la douceur, la
générosité, la clémence. Dans tous les rangs, sans
exception, l'inutilité et l'illégitimité de la peine capitale sont discutées, senties, proclamées. Un grand
procès s'agite; il fixe l'attention du pays; les ministres
conseillers des coupables ordonnances sont devant
leurs juges. Quelques citoyens, exaspérés par le souvenir des massacres de juillet, demandent contre eux

la peine de mort ; mais cette peine n'est plus dans nos mœurs, l'immense majorité du peuple la repousse. Ce peuple admirable s'arme pour protéger les violateurs de ses lois, les mitrailleurs de ses familles. Il bivouaque jour et nuit, au milieu des frimas d'un hiver rigoureux, pour mettre à l'abri des agressions d'une tourbe insensée la personne sacrée des accusés et le temple de la justice. Il oppose aux groupes menaçans une résistance passive, mais inébranlable ; les efforts des assaillans furieux et leurs clameurs homicides viennent expirer devant ses bataillons serrés et ses baïonnettes intelligentes. Par lui la loi est respectée ; par lui les condamnés conservent la vie ; car il veut qu'ils expient leur crime par la détention et le remords, mais non par l'échafaud, et encore moins par le *martyre*. Leur sang souillerait sa noble victoire, cette victoire dont il est fier à si juste titre, et qu'il veut transmettre immaculée et pure à ses descendans. Dans la crainte d'un arrêt devenu impossible, de tous côtés surgissent des pétitionnaires réclamant l'abolition de la peine de mort. Les blessés de juillet eux-mêmes, pieux et touchant exemple ! font entendre, dans le sanctuaire de la représentation nationale, des accens pleins de chaleur et d'éloquence en faveur de ces hommes dont l'obstination criminelle fit ruer sur eux les satellites qui les mutilèrent. Enfin, la chambre des députés, cédant à l'entraînement universel, prend (quoique incomplètement peut-être) une imposante initiative, et porte aux pieds du trône constitutionnel cette adresse fameuse qui provoque de la part de Louis-Philippe une réponse que l'histoire a recueillie,

et qui restera gravée dans les cœurs[1]. Dans cette
occasion solennelle, le peuple français a rendu le plus
éclatant hommage qu'il soit possible de rendre à l'inviolabilité de la vie de l'homme; il a montré à quel
degré de modération, de magnanimité et de vertu
pouvait s'élever une nation sensible et généreuse; il
a prononcé en fait, comme déjà nous l'avons dit,
l'abolition de la peine de mort; car, en épargnant la
vie des plus grands coupables politiques qui jamais
puissent être déférés à la justice des hommes, il a
brisé la hache des supplices dans la main du bourreau.

Voyez maintenant quelles ont été les conséquences
de cet immense événement. Un trône de quatorze siècles a croulé; le principe de la souveraineté populaire
s'est élevé triomphant sur les ruines du principe de la
légitimité monarchique; un prince librement élu
par la nation a remplacé un roi d'origine absolue; la
France a changé la nature de son gouvernement; elle
s'est enrichie en trois jours de plus de conquêtes
qu'elle ne pouvait en attendre d'un long et laborieux
avenir. Et tout cela s'est fait sans combats, presque
sans secousse; et l'Europe inquiète et terrifiée s'est vue
forcée de contempler, l'arme au bras, mais inoffensive,
ces événemens merveilleux qui, en excitant l'admiration et la vieille sympathie des peuples, devaient nécessairement provoquer la haine et l'indignation de
leurs chefs. Qui oserait soutenir que tout se fût passé,
au dedans avec cette facile tranquillité, au dehors

(1) Voir l'Appendice qui est à la fin de l'ouvrage.

avec ce passif assentiment des puissances, si le sang
du roi Charles X ou même celui de ses ministres eût
coulé sur un échafaud? Ah! c'eût été l'infaillible signal des plus grands malheurs! La patrie, déchirée
de nouveau par la main de ses enfans, eût vu repa-
raître cette épouvantable légion de fléaux qui déjà
une fois ont dévasté son sein, la guerre civile, la
guerre étrangère, la désolation, la mort, la terreur,
et enfin l'anarchie et le despotisme militaire, tombeau de toutes nos espérances et de toutes nos libertés.

Sans doute il y a eu dans l'intérieur des mécontentemens partiels, des tentatives sans portée. Une
antique monarchie ne s'écroule pas sans froisser dans
sa chute quelques intérêts, sans blesser quelques affections, sans déplacer quelques existences. Mais le
même principe de modération et d'humanité qui
avait distingué les phases rapides d'une révolution
si éminemment humaine et modérée a présidé partout à la répression de l'émeute et de la révolte et au
rétablissement de la tranquillité et de l'ordre au sein
des populations agitées. Quelques vieux chouans,
royalistes fanatiques, de ceux qui, depuis quarante
ans, n'ont rien oublié ni rien appris, ont cru pouvoir ressusciter l'ancienne Vendée. Dans leur folle
préoccupation, et sans avoir égard à la différence des
temps et à la force matérielle des faits accomplis, ils
ont audacieusement arboré le drapeau d'une dynastie qu'un infranchissable abîme sépare désormais du
pays. Leurs efforts impuissans, sans retentissement
nulle part, n'ont abouti qu'à quelques soulèvemens
isolés et chétifs, et à des actes d'atrocité et de bri-

gandage qui ont excité l'horreur de tous les partis.
Gardien de la sécurité publique et de la paix des familles, qu'a fait le pouvoir? Au lieu de combattre les
bandes rebelles avec la guillotine et le bourreau, il
les a réduites au néant par sa seule prudence et sa
fermeté. Au lieu d'un féroce proconsul, comme Car-
rier, investi à la fois d'une autorité dictatoriale et
d'une mission de sang, c'est à un digne successeur de
Hoche, à l'illustre général Lamarque, enlevé trop
tôt à l'amour de la France, qu'il a confié le rôle glorieux de pacificateur des contrées insurgées. Et lorsqu'enfin l'obstination de quelques fous incorrigibles
a lassé la patience des villes et des populations patriotes, et que le jury lui-même, partageant l'indignation universelle, a cru devoir sévir avec toute rigueur contre les artisans-pygmées de ces avortons de
guerre civile, on a vu constamment encore le gouvernement interposer entre les juges et les condamnés
sa médiation protectrice, et arracher à l'échafaud les
nouvelles victimes politiques qu'il s'apprêtait à dévorer [1]. Puissent les conseillers de la couronne, et
surtout le prince qu'élevèrent sur le pavois populaire
les vainqueurs de juillet, persévérer de plus en plus
dans ce système de sagesse et de philantropie qui
s'harmonise si bien avec les hautes exigences de notre
époque! C'est en suivant cette marche à la fois habile et féconde qu'ils se montreront fidèles à leur

---

(1) Voir la *Gazette des Tribunaux* du 9 février 1832, article *Chro-
nique des Départemens*, et quelques autres numéros du même mois. Voir
aussi l'article déjà cité du *Courrier Français* relatif à l'exécution du chouan
Secundi.

origine toute nationale; c'est par elle aussi qu'ils ar-
riveront un jour à la pacification complète du pays,
à l'extinction des haines, aux rapprochemens des
partis, à cette fusion si désirable et si désirée des sentimens, des sympathies et des opinions de toutes les
classes de citoyens.

A côté de fautes graves, de mesures impopulaires
(qui pourrait, dans ces temps difficiles, se flatter
d'être exempt d'erreurs?) il est juste de reconnaître que les ministres qui se sont succédés au
pouvoir depuis la révolution de 1830 ont tous plus
ou moins compris la haute mission que la Providence
a imposée à la France, et qu'ils n'ont point balancé
à presser la plus glorieuse conséquence de notre
régénération politique, en favorisant par la modi-
fication de nos lois pénales et le fréquent usage du
droit de grace l'abolition graduelle de la peine de
mort. Des événemens imprévus ont encore servi à
faire éclater cette tendance, notamment la mémorable insurrection des ouvriers de Lyon. Certes, elle
fut terrible et retentissante : il y eut anarchie,
lutte sanglante, guerre civile; la seconde ville du
royaume se trouva pendant plusieurs jours à la merci
des ouvriers armés et rebelles. Le contre-coup d'un
si vaste événement, à une époque si rapprochée
de juillet, pouvait avoir des résultats immenses;
il pouvait entraîner la chute du gouvernement, et
allumer une nouvelle conflagration sociale. Dans
d'autres temps, cette insurrection eût été réprimée
par l'échafaud et les mitraillades. Maîtresse de la

ville, l'autorité rancuneuse et cruelle eût fait peser sur elle la verge de la terreur, et décimé par les supplices sa population domptée. Elle eût peut-être elle-même succombé à la peine, mais assurément elle eût tenté cette œuvre impie. Qu'avons-nous vu au contraire? Le gouvernement né des barricades a senti que le temps de la terreur et des grandes immolations politiques était passé sans retour; il a compris que le glaive du bourreau était un mauvais remède aux souffrances du peuple, et une arme dangereuse contre le soulèvement de toute une cité. L'humanité et la raison lui ont crié que des ouvriers qui avaient inscrit sur leur bannière « *vivre en travaillant ou mourir en combattant* » n'étaient point un vil ramas de traîtres et d'agitateurs, mais une réunion de citoyens malheureux que la faim et l'indigence avaient poussés à la révolte et au désespoir. Aussi le gouvernement n'a-t-il point agi avec emportement, précipitation et fureur; il a su mettre à profit les dispositions pacifiques et la moralité merveilleuse des ouvriers eux-mêmes; par sa modération et sa fermeté il a tout fait rentrer dans l'ordre, sans combats et sans effusion de sang; il a calmé la tourmente insurrectionnelle sans recourir à aucune mesure oppressive, à aucun tribunal d'exception; la justice paternelle et impartiale du pays a suivi son cours avec humanité et avec indulgence; la douleur publique a couvert d'un même crêpe funèbre et confondu dans les mêmes regrets toutes les victimes de cette lutte fatale; l'horizon enfin s'est éclairci, et il est demeuré sans nuage; il n'y a

point eu et il n'y aura point de vengeances réactionnaires, car pas une goutte de sang n'a coulé sur l'é-
chafaud [1].

Sans m'attacher ici à retracer les déplorables scènes
des différentes émeutes qui pendant près de deux
années ont fatigué la capitale et porté un tort irréparable au commerce et à l'industrie de la France,
et en élevant toutefois un blâme indépendant contre
les fauteurs de ces émeutes, et contre quelques officiers
ou agens de police dont la conduite imprudente et
cruelle a contribué si grandement à les envenimer,
j'arrive tout d'un coup à la plus formidable de toutes,
à celle qui a éclaté dans les journées des 5 et 6 juin
dernier, et qui a vu les signes abhorrés de 93, le
drapeau et le bonnet rouges, surgir subitement comme
des entrailles de la terre, et flotter en tête des bandes
républicaines qui pour la première fois se mettaient
en bataille. Là encore il y a eu lutte acharnée, combat
long et opiniâtre; le courage était égal sous toutes les
bannières; c'était, hélas! partout des Français qui
combattaient. La victoire cependant n'a point été
douteuse, elle ne pouvait l'être; car, d'un côté, il n'y
avait, sauf un petit nombre de vrais conspirateurs, que
quelques centaines de citoyens exaltés jusqu'au délire

---

(1) En racontant ces faits, ainsi que beaucoup d'autres, j'ai dû faire
abstraction d'une infinité de circonstances de détail, dont quelques unes
pourraient induire à penser que le gouvernement ou quelques-uns de ses
agens ont eu, par intervalles, des velléités de rigueur et de vengeance; je
ne m'occupe ici que des principes élevés qui dominent la matière que je
traite. Il suffit, pour ma thèse, que depuis la révolution de juillet il y ait
eu tendance incontestable tant de la part du pouvoir que du pays lui-
même vers l'abolition de la peine de mort.

par le fanatisme politique, ou exaspérés par la croyance d'une attaque brutale de la force armée contre le peuple inoffensif ; de l'autre se trouvait la population presque entière, la garde nationale, l'armée, tous les corps de l'Etat dont l'imposant concours prêtait au gouvernement une force irrésistible. Aussi ce sinistre événement ne fut à proprement parler qu'une sanglante émeute de deux jours. Après la victoire, en présence des cadavres fumans de tant de victimes, le pouvoir, un moment investi d'une dictature presque incontestée, eût pu dresser impunément des échafauds ; on le vit même, infidèle à ses antécédens, décréter la mise en état de siége de la capitale, et substituer la juridiction des conseils de guerre permanens à la juridiction du pays. Mais le souvenir des faits accomplis, la voix avancée du progrès étaient là pour protéger la tête des vaincus ; jamais il ne put entrer dans la pensée de personne que la face hideuse du bourreau viendrait apparaître au milieu de nos discordes intestines et troubler les tristes funérailles que tous les cœurs indistinctement déploraient. Les premières condamnations à mort prononcées par les conseils de guerre, nécessairement placés par l'inflexible discipline un peu au-dessous du niveau de la civilisation, furent un sujet d'affliction pour les bons citoyens et les vrais amis du prince [1] ; mais elles ne purent ébranler ni leur foi ni leur espérance, tant l'érection d'un échafaud

---

(1) Voir dans la *Gazette des Tribunaux* des 18 et 19 juin 1832 les débats relatifs au procès du sieur Geoffroy, et l'impression de vive douleur produite sur les nombreux assistans par la condamnation à mort prononcée contre cet accusé par le deuxième conseil de guerre de Paris.

politique paraissait à tous (même en présence du deuil
de tant de familles) une impossibilité et une anomalie.
Lorsque le célèbre arrêt de la cour de cassation eut
brisé le glaive militaire et rendu les accusés et les
condamnés à leurs juges naturels, on pensa généralement que le jury ne prononcerait aucune condamnation capitale. Cet espoir, en réalité, ne fut point
déçu, car on peut dire que si quelques rares condamnations eurent lieu, elles furent bien moins le résultat
de la volonté réfléchie des jurés que de leur erreur ; en
effet, au milieu de cet inextricable chaos de questions
politiques et insolites qui leur étaient posées, malgré
leur attention consciencieuse, la balance de la justice
trébucha plus d'une fois dans leurs mains[1]. Mais le

(1) Voir les divers journaux qui ont rapporté les débats relatifs aux affaires des accusés Cuny, Lepage, Lecouvreur, Troupiant, Bains et quelques autres. A l'occasion du procès du jeune Lepage, la *Gazette des Tribunaux* du 25 août 1832 contient le passage suivant : « A minuit les jurés
entrent dans la chambre de leurs délibérations. Ils en sortent à une heure
et demie, et répondent négativement sur toutes les questions, à l'exception de celle-ci ; oui, l'accusé est coupable d'un attentat dont le but était
d'exciter les citoyens à s'armer les uns contre les autres. M. l'avocat général
requiert que la cour fasse application à l'accusé des peines portées par la
loi. La cour, après délibéré, condamne Lepage à la peine de mort. La
mère et la sœur de l'accusé poussent des cris déchirans. L'accusé est calme.
Une longue et vive agitation se manifeste sur le banc des jurés ; ils s'en-
tretiennent avec chaleur et paraissent émus et surtout profondément éton-
nés ; enfin ils se réunissent à la cour dans la chambre du conseil ; là, leur
étonnement et leur douleur éclatent hautement. « Nous ne voulions pas,
dit l'un d'eux, condamner ce jeune homme à mort ; six mois, un an de
prison, c'était assez pour avoir soulevé quelques pavés. » L'un des jurés est
agité à tel point qu'il est soudainement atteint d'une hémorragie, et mon-
trant alors à la cour le sang qui coule en abondance : « Voyez, dit-il, l'affreuse révolution que cette condamnation a produite sur moi ! » Enfin, nous
apprenons que les jurés ont signé un recours en grace en faveur de Le-

pouvoir, à l'aide de son droit de commutation et de grace, vint encore ici rassurer la société alarmée. L'impatience généreuse des esprits était si vive, l'horreur de l'échafaud si poignante, que lorsque le pourvoi du nommé Cuny fut rejeté par la cour de cassation, et qu'on put craindre un instant pour les jours de ce malheureux qui avait obstinément refusé de se pourvoir en grace, un nuage de tristesse et de deuil sembla suspendu sur la cité; on vit les imaginations s'inquiéter, les fronts se rembrunir, les ames s'émouvoir et se passionner; une foule considérable passa une partie de la nuit sur le lieu où l'on s'attendait à voir dresser l'instrument du supplice; la presse se hâta de protester avec unanimité et indépendance; une députation nombreuse de gardes nationaux se rendit aux Tuileries pour invoquer la clémence royale que réclamait déjà dans un placet plein de sensibilité et d'énergie le défenseur du condamné[1]. Mais cette inquié-

---

page, et qu'ils l'ont motivé principalement sur ce que leur intention n'était que de placer l'accusé sous le poids d'une condamnation correctionnelle.

(1) Voir les journaux du 30 septembre 1832, et spécialement le *Courrier Français*, le *Constitutionnel* et le *National;* voir aussi la *Gazette des Tribunaux*, le *Nouvelliste*, le *Temps* des 1er et 2 octobre et le *Moniteur* du 6. On lit dans le *National* du 2 octobre l'article suivant : « Le roi, sur le rapport du garde-des-sceaux, a commué en une détention perpétuelle la peine de mort prononcée contre le nommé Cuny, dont le pourvoi en cassation vient d'être rejeté. La cour de cassation statuera incessamment sur le pourvoi du nommé Lepage. Nous apprenons avec d'autant plus de plaisir cette commutation que nous étions déjà forcés d'annoncer l'existence de rassemblemens nombreux et très animés dans le quartier voisin de la barrière Saint-Jacques, où se font actuellement les exécutions. Plusieurs milliers d'ouvriers stationnaient sur la place dès cinq heures du matin, et bon nombre y avaient passé la nuit. Nous sommes loin de vouloir insinuer que le gouvernement n'eût pas pu ordonner ces deux exécutions

tude honorable et touchante était sans fondement. Le Roi n'avait point oublié ses promesses, ni étouffé les nobles sentimens de son cœur. Non-seulement Cuny fut sauvé, non-seulement toutes les autres condamnations capitales furent commuées; mais on vit même le pouvoir céder au vœu général et à la tendance toujours croissante des esprits et des mœurs vers une réforme progressive, jusqu'au point d'échanger en simple détention, sans exposition ni flétrissure, toutes les peines infamantes que les cours d'assises avaient prononcées [1]. Enfin, plus récemment encore, dans une circonstance décisive, l'opinion publique n'a-t-elle pas fait éclater avec une nouvelle vigueur son aversion

s'il l'eût voulu; mais il est hors de doute qu'elles auraient donné lieu à des scènes très déplorables, et nous ne croirons pas abaisser notre fierté en remerciant ici celui des pouvoirs de l'Etat qui nous paraît, dans cette circonstance du moins, avoir bien entendu ses intérêts et les nôtres. »

(1) Voir le *Temps* du 2 novembre 1852 et le *Courrier Français* du 8 du même mois; le *Constitutionnel* du 9 contient l'article suivant : « Après une révolte à main armée qui a laissé de nombreuses victimes sur le pavé de Paris, disions-nous dans le *Constitutionnel* du 5 novembre, pas une seule goutte de sang n'a été répandue la lutte une fois terminée, pas une seule condamnation à mort n'a été prononcée même par le jury sans être aussitôt modifiée par la clémence royale aux applaudissemens de la presse et de l'opinion; et tout annonce que cette clémence ne tardera pas à s'étendre jusqu'aux peines afflictives et infamantes. Ce dernier vœu vient d'être exaucé. On sait que la peine des travaux forcés prononcée contre plusieurs accusés dans les affaires des 5 et 6 juin a été commuée en une détention d'égale durée, ce qui indique assez que la même mesure sera prise à l'égard de tous les autres. Quoi qu'en dise ce matin encore un journal républicain qui ne veut pas reconnaître la différence que nous avons établie entre juillet 1830 et juin 1832, ce ne sont pas là *des vainqueurs implacables*. Escortée de pareils actes, la victoire de juin peut hautement défier les ressentimens des factions contemporaines et se reposer avec confiance sur le jugement de la postérité. »

et son dégoût pour les échafauds politiques? Une prin-
cesse, grande par son amour de mère, grande par ses
malheurs, mais que rien ne saurait excuser d'avoir
allumé en France les torches de la guerre civile, devient
tout à coup captive et attend des juges. Malgré la
dévastation de plusieurs départemens, malgré le trépas
de tant de citoyens, quelle voix s'est élevée pour demander contre elle une sentence de mort? Aucune.
Au sein d'une nation héroïque et forte, il ne s'est
point trouvé de cœur assez bas pour conseiller un acte
de facile et cruelle vengeance. Aujourd'hui les haines
des partis s'éteignent dans la victoire, et la torture
du remords est le plus grand supplice que le vainqueur
veuille faire subir au vaincu [1].

Après une pareille série de faits, la question nous
semble entièrement résolue. Oui, nous le redisons
avec attendrissement et orgueil, parce que nous sen-
tons profondément tout ce qui intéresse la gloire et
l'honneur de notre patrie; oui, la France a déchiré
de ses propres mains tous les articles de son code qui
prononçaient la peine de mort en matière politique;
de là à une abolition absolue il n'y a qu'un pas; comment hésiterait-elle à le franchir quand, pour l'y déterminer, la religion, la morale, la raison et la philosophie viennent joindre leurs voix puissantes et
révérées à la voix de l'égoïsme même et de l'intérêt

---

(1) Voir les divers journaux qui ont agité la question de savoir quel
sort devait être réservé à la duchesse de Berry; et spécialement le *Temps*
du 4 janvier 1852 et le *National* du 8. Voir aussi dans le *Moniteur* et
autres journaux du 6 janvier les débats de la chambre des députés (séance
du 5), relativement au procès de la duchesse de Berry.

matériel ? Quoi qu'il en soit, en ce qui touche les délits politiques, nous le répétons, la conquête est faite, et à cet égard du moins nous ne pensons pas qu'il y ait jamais possibilité de rétrograder. Non, non ; quand une nation intelligente et généreuse s'est élevée aux plus hauts degrés de l'échelle sociale, elle ne peut plus déchoir ; elle ne peut plus, dans un lâche oubli d'elle-même, abdiquer sa gloire, et renier par d'indignes faiblesses ce qui fit son illustration et sa grandeur. Quel fanatique oserait prétendre aujourd'hui qu'une révolution, pour produire toutes ses conséquences et tous ses bienfaits, a besoin de l'épreuve de la guerre civile, *du baptême de sang ?....* Où sont ces hommes insensés et cruels qui proclament encore que la peine capitale peut seule écraser l'hydre révolutionnaire, étouffer les émeutes et les complots, et qu'en politique les partis qui triomphent sont ceux qui ont le bourreau pour soldat et la guillotine pour épée ?... Hélas ! ne sait-on pas que tous les hommes célèbres qui ont péri victimes de nos discordes civiles sont descendus dans la tombe honorés par leur partisans comme des héros et des martyrs, et qu'à moins de cinquante ans d'intervalle tous ont été regrettés et pleurés par leur patrie repentante qui, à défaut de la vie qu'elle eût voulu leur restituer au prix des plus grands sacrifices, cherchait du moins à réhabiliter leurs cendres glacées par un monument expiatoire et de vains honneurs ! Dans une courte période de siècles, que de noms ainsi consacrés l'histoire ne nous offre-t-elle pas dans ses pages sanglantes, depuis Coligny, Biron, de Thou, jusqu'à Louis XVI, Ma-

14

lesherbes et Ney! Quel Espagnol n'a senti ses entrailles se briser au récit de l'épouvantable massacre
juridique qui a fait mourir le brave Torrijos et ses
cinquante-trois compagnons? Quel a été le sentiment
universel de l'Europe pour ces infortunés? Quel pour
leur royal assassin? Mais si les contemporains ont
eux-mêmes vengé souvent les victimes immolées, par
le mépris et l'exécration dont ils ont flétri leurs op-
presseurs, la postérité n'a pas été moins sévère envers
ces derniers, et le sang versé sur l'échafaud politique
est demeuré à ses yeux un stygmate de honte indélébile. C'est ainsi, pour ne citer qu'un seul exemple,
qu'indulgente pour les faiblesses du plus grand homme
des temps modernes, et consentant à masquer sous
l'auréole de la gloire tant de dévastations et de car-
nages commis en son nom, elle s'est montrée inexorable pour une seule mort, mais pour une mort qui
était un crime, un meurtre politique, l'assassinat du
dernier rejeton de la tige des Condé, du duc d'En-
ghien! Qui ignore d'ailleurs qu'au sein des tempêtes
civiles ce qui est attentat punissable aujourd'hui
demain sera vertu sublime, et que souvent, si le vaincu
proscrit pouvait soustraire quelques jours seulement
sa tête à la hache homicide, il verrait changer en
palmes triomphales les funèbres apprêts de son supplice [1]?

(1) Le jour même où les jeunes patriotes de La Rochelle furent exécutés,
le général espagnol Elio, ex-capitaine général de la province de Valence
qu'il avait gouvernée avec barbarie, périssait sur l'échafaud, victime du
mouvement réactionnaire qui avait suivi en Espagne la révolution de
1820. Les premiers reçurent le coup fatal en criant : *Vive la France!
vive la liberté!* Le second, près de rendre le dernier soupir, fit entendre ces

Mais pourquoi en dire davantage? La noble cause qne je défends n'est-elle pas gagnée? Répétons-le pour la dernière fois, et puissent nos accens retentir au loin dans les ames : Français, nos concitoyens et nos frères, si nous avons frappé d'anathème le fanatisme politique comme le fanatisme religieux, que ce soit à tout jamais! Que nos cœurs cessent de battre plutôt que de souffrir encore le contact impur de ces passions abrutissantes! Honte à nous! honte à nos descendans! si la France de juillet, infidèle à elle-même et à sa glorieuse destinée, cessait un jour d'aller en avant dans la carrière de régénération et de progrès qu'elle s'est tracée et où l'Europe déjà commence à la suivre! Tout mouvement rétrograde de sa part serait une tache ineffaçable pour sa renommée, et pour l'humanité tout entière un irréparable malheur; car, en fait d'améliorations sociales, c'est sur la France désormais que reposent l'espoir et l'avenir des deux mondes.

mots : *Vive l'Espagne! vive le roi absolu !* Que de réflexions naissent de ce contraste! Changez le lieu de la scène, déplacez les condamnés; et ils auront, au lieu de l'échafaud, des honneurs, au lieu de l'infamie, la gloire!...

CONCLUSION.

―――――

> « Ah! ne doutons pas que si le principe de
> « l'inviolabilité de la vie de l'homme est une
> « fois consacré par la législation, il ne passe
> « promptement dans les mœurs des peuples et
> « successivement dans les doctrines des gou-
> « vernemens. »
>
> M. Bérenger.

La conclusion de cet ouvrage est prévue; et si des raisonnemens présentés avec conviction et fortifiés du témoignage des faits les plus imposans sont de quelque poids dans la balance des opinions, elle ne sera pas contestée. Je conclus à l'abolition absolue et immédiate de la peine de mort; absolue, parce que j'ai démontré qu'elle ne pouvait pas plus être maintenue pour les délits privés que pour les délits politiques; immédiate, parce que j'ai fait voir que la France était digne aujourd'hui de proclamer cette réforme. Toutefois, ainsi que je l'ai déclaré dans le quatrième chapitre de ma première partie, mon intention n'est pas de détruire pour le seul plaisir de

détruire, et je ne demande la suppression du mal
même qu'à la charge de le remplacer par le bien.
C'est pourquoi, fidèle à l'engagement que j'ai con-
tracté, je vais prouver que l'abolition de la peine de
mort n'est pas incompatible avec un système pénitentiaire répressif, exemplaire et moral, qui joigne à
sa mission régénératrice les plus solides garanties
d'efficacité, d'ordre et de sûreté; et ici encore l'autorité pratique des faits et de l'expérience ne me
manquera pas.

Prévenir et réprimer les crimes, tel est le double
devoir du législateur, tel est le double but qu'il doit
s'efforcer d'atteindre par de sages institutions et de
bonnes lois. Les moyens à l'aide desquels il parvient
au premier de ces deux résultats forment la justice de
prévoyance; ceux qu'il emploie pour obtenir le second
forment la justice de répression. Les seuls et immuables élémens de la justice de prévoyance sont la législation, les mœurs, l'instruction et l'aisance; la
justice de répression a pour base la liberté de l'homme,
la liberté, don sublime et précieux qui, suivant la
belle expression de M. Lucas, s'assied sur les débris
de l'échafaud renversé par nos mains, s'offrant gé-
néreusement de faire régner la justice, sans avoir
besoin d'un sceptre ensanglanté [1].

(1) Vainement objecterait-on que la liberté se trouve au nombre des droits
personnels, inviolables et sacrés que l'homme a reçus directement de son
créateur, et qu'il n'est pas plus permis d'attenter à la liberté de l'homme
qu'à son existence. M. Lucas, répondant à la fois à Filangieri et à Benjamin
Constant, a parfaitement démontré que si chacun de nous a le droit de réclamer de tous, comme tous de chacun, respect pour l'existence, l'activité,
l'intelligence, la liberté, biens imprescriptibles et suprêmes de notre créa-

Pour le développement rapide et complet des moyens relatifs soit à la justice de prévoyance, soit à la justice de répression, l'abolition de la peine de mort et l'adoption du système pénitentiaire sont indispensables. En l'état de la civilisation de la France, ces deux réformes peuvent marcher de concert, et les inappréciables bienfaits qu'elles sont appelées à répandre trouveront chez nous un sol favorablement disposé pour les recueillir.

Prévenir les crimes, telle doit être la pensée première, capitale, incessante, et en quelque sorte *absorbante* du législateur; car il est plus glorieux pour lui d'empêcher les mauvaises actions que de les punir. Prévenir les crimes, c'est en inspirer l'horreur aux citoyens; c'est faire naître dans leur ame l'ardent amour du devoir et de la vertu; c'est les placer hors des atteintes de la tentation, en éloignant d'eux toutes les causes irritantes qui les provoquent à mal faire; c'est enfin éclairer leur esprit, orner et purifier leur intelligence, non-seulement pour leur apprendre à connaître le vice et à l'éviter, mais aussi pour les instruire à pratiquer le bien en faisant de leur liberté

---

tion, il est évident néanmoins que parmi ces biens, qui sont pour nous des droits inviolables dans leur essence, il en est qui sont susceptibles d'être modifiés sans se détruire, d'être suspendus sans s'aliéner. L'existence n'est point de ce nombre, il est vrai; en suspendre l'exercice, c'est l'anéantir; et c'est là précisément un signe manifeste qui la place dans une sphère élevée et sainte, hors des atteintes de l'humanité. Mais la société peut suspendre dans l'homme coupable sa liberté; elle n'atteint que l'usage, l'exercice momentané du droit; elle n'en réprime que l'abus; le droit reste intact dans son essence et toujours restituable dans sa nature. Nous renvoyons, au surplus, le lecteur, si cette courte analyse ne peut lui suffire, au *Système pénal* de M. Lucas, page 259, 5e partie.

un usage digne de leur noble nature. Ces résultats immenses mais nécessaires ne peuvent être obtenus, nous le répétons, que par les lois, les mœurs, l'aisance et l'instruction, bases fondamentales de la justice de prévoyance.

Que nos lois soient donc telles que la civilisation progressive du pays le réclame; qu'elles soient dépouillées de ce reste de barbarie du moyen-âge, de ces vestiges de despotisme impérial, de ce vernis sanglant de toutes les époques qui les entachent encore; que notre grande révolution de juillet ait toutes ses conséquences; en un mot, que la Charte de 1830 devienne une vérité; et bientôt notre législation se mettra en harmonie avec nos mœurs déjà si avancées, et nos mœurs elles-mêmes, s'épurant chaque jour sous le patronage tutélaire des lois régénérées, parviendront rapidement au plus haut degré d'excellence et de perfection. Se prêtant ainsi un mutuel secours, les lois et les mœurs exerceront sur le peuple une influence toute-puissante; elles assureront son bien-être; elles le moraliseront, en lui imprimant un invincible éloignement pour tous les actes qui blessent la conscience, et en lui rendant doux et facile l'accomplissement de tous ses devoirs. « Ce que j'aperçois d'abord dans les « effets admirables des mœurs, dit Servan (tome I, « page 123), c'est qu'elles fortifient les bonnes lois, « suppléent aux lois insuffisantes et corrigent les « mauvaises. Eh! comment en effet les bonnes mœurs « ne feraient-elles pas observer les bonnes lois, puis- « que les bonnes lois ne sont qu'une image en grand « des bonnes mœurs? » Et plus loin il ajoute : « Que

« la législation serait simple si toutes les institutions
« étaient puisées dans les mœurs[1] ! »

La même tendance, traduction fidèle de nos mœurs,
qui pousse depuis quelques années les esprits vers
l'abolition de la peine de mort et l'adoption du système pénitentiaire, et en général vers toutes les innovations ou réformes qui portent le caractère du
progrès; cette même tendance, disons-nous, avant
l'éclatant essor que tant d'événemens merveilleux lui
ont permis de prendre, avait déjà produit un effet
sensible sur notre législation.

Avant notre première révolution, nos lois pénales
étaient si atroces qu'elles semblaient moins appartenir au peuple réputé le plus doux, le plus spirituel,
le plus civilisé de la terre, qu'à une horde de Vandales
sans humanité et sans instruction. Indépendamment
des peines épouvantables qui atteignaient les délits les
plus minces et quelquefois même les plus absurdes, on
sait que la question ordinaire et extraordinaire était infligée à tous les accusés, coupables ou innocens[2]. Plus
de cent quinze délits étaient punis de mort; et la mort,
c'était, dans ce temps-là, pour les gentilshommes, la

___

(1) Les opinions d'un peuple, dit Rousseau (*Contrat social*, livre
IV, chapitre VII), naissent de sa constitution. Quoique la loi ne règle pas
les mœurs, c'est la législation qui les fait naître : quand la législation s'affaiblit, les mœurs dégénèrent.

(2) L'article 1er de l'ordonnance de 1670 est ainsi conçu : « S'il y a
preuve considérable contre l'accusé d'un crime capital, tous juges, *même
les juges de seigneur*, pourront ordonner qu'il sera appliqué à la question,
au cas que la preuve ne soit pas suffisante. » L'article 3 porte : « Par le
jugement de mort il pourra être ordonné que le condamné sera préalable-
ment appliqué à la question pour avoir révélation des complices. »

décapitation; et pour les roturiers le gibet, la roue,
l'écartèlement et le feu [1]. Les Codes criminels de 1791
et de l'an IV ouvrirent une ère nouvelle à la législation; ils marchèrent à grands pas vers toutes les améliorations que les circonstances rendaient nécessaires.
Ils abolirent la sellette et la question, admirent la
publicité des débats criminels, la liberté de la défense,
établirent une échelle graduative des peines, et enfin
empruntèrent à la civilisation moderne une de ses
plus importantes et utiles conquêtes, le jury. Mais les
Codes impériaux de 1808 et 1810 furent loin de continuer cette marche progressive. L'esprit d'hostilité
dont cette époque porta l'empreinte contre toutes les
idées grandes et généreuses de la révolution se montra partout à découvert dans ces lois inquisitoriales
qui furent pour la France un moment de halte ou
plutôt de rétrogradation. Presque tout ce que l'ancienne jurisprudence avait de barbare et de défectueux
fut rétabli; toutes les conséquences d'une régénération
sociale qui pouvait être si glorieuse furent indigne-
ment étouffées; on créa des cours spéciales ordinaires
et extraordinaires; l'institution populaire du jury fut
dénaturée. Toutefois, l'opinion publique, qui commençait à devenir une puissance, se faisait jour à tra-

---

(1) Par arrêt du 15 mars 1724, Charles l'Herbé, nourricier de bes-
tiaux, déclaré atteint et convaincu d'avoir dit et proféré des blasphèmes et
impiétés exécrables, fut condamné par le parlement de Paris à faire amende
honorable au-devant de la principale porte de Paris, et audit lieu la langue
coupée; ce fait, conduit en la place de Grève pour y être brûlé vif, ses
cendres jetées au vent, son procès brûlé et ses biens confisqués. L'arrêt fut
exécuté le 14 mars 1724. » Il y a à peine 100 ans!... (Voir le *Dictionnaire
des arrêts*, v° *blasphème*.)

vers les entraves d'airain dont elle était bâillonnée;
obstacle purement intellectuel, elle surveillait les actes
du pouvoir, contrariait sa marche envahissante, et le
replaçait souvent malgré lui dans la route libérale
qu'il avait désertée. C'est ainsi que la Restauration
elle-même, forte de l'appui matériel d'un million de
soldats étrangers, crut devoir chercher l'appui moral
de l'opinion, en s'offrant aux Français, qu'un long
despotisme avait rendus plus ardens pour la liberté,
sous les auspices d'une Charte constitutionnelle. Malgré
sa rancuneuse émigration, ses réactions sanglantes,
son levain contre-révolutionnaire, on la vit flatter par
quelques bonnes lois l'esprit national qu'elle redoutait.
C'est à elle que la France dut l'abolition de la confis-
cation, peine immorale et inique, source d'impuretés
fiscales, aliment éternel de proscriptions. C'est elle encore qui promulgua, le 2 mai 1827, la première loi
vraiment progressive sur la formation de la liste du
jury. On la vit enfin, après la loi du sacrilége, concession
lâche et monstrueuse faite à l'esprit ultramontain qui
se réveillait, on la vit reculer devant l'énergique ma-
nifestation de l'opinion publique, et commuer la seule
condamnation capitale qui ait été prononcée en vertu
de cette odieuse loi.

Mais la France avait droit d'exiger davantage, et
ce qu'un pouvoir ombrageux et jaloux lui refusait, au
jour de son affranchissement elle se l'est donné. La
révolution de juillet 1830 a apporté dans nos lois de
grandes et importantes modifications. Déjà nous
l'avons dit, dans cette semaine gigantesque, qui sera
unique dans l'histoire, la nation s'est enrichie de plus

de conquêtes qu'elle ne pouvait en attendre d'un long
et laborieux avenir. Indépendamment de la loi fonda-
mentale qui est devenue une Charte imposée par le
peuple au lieu d'une Charte octroyée par le prince,
nos lois secondaires ont été sinon perfectionnées, du
moins sensiblement améliorées. Notre législation pénale surtout a été, plus que toutes les autres, mise en
harmonie avec nos mœurs et les rapides progrès de
notre civilisation. La loi du 1ᵉʳ mai 1832, bien qu'insuffisante encore, comme loi de transition est un pas
en avant dans la carrière de la réforme et un véritable bienfait pour l'humanité. Si elle n'a pas fait disparaître tous les vices de l'ancien édifice, elle en a
du moins atténué les effets. Des garanties nouvelles
ont été données à l'accusé; la mutilation du poing,
la marque et le carcan ont été supprimés[1]; la peine

(1) Le *Journal des Débats* du 10 mai 1832 fait à ce sujet les réflexions suivantes : « La marque et le carcan sont abolis. Le condamné ne
sera plus par une flétrissure indélébile voué à l'infortune pour toute sa vie ;
si le vice s'efface de son ame, la honte pourra aussi s'effacer de sa vie
sans que, comme autrefois, l'ineffaçable déshonneur imprimé sur son
épaule le ressaisisse au moment où il s'échappe du crime pour l'y rame-
ner par le désespoir. La marque était, comme la peine de mort, une peine
irrévocable, éternelle; et c'est un grand mal. Car contre des crimes humains pourquoi des peines surhumaines, puisqu'elles sont éternelles? Tout
passe dans l'homme, tout s'efface; ses vertus et ses vices. Pourquoi les peines
ne passent-elles pas? Pourquoi ne rentrent-elles pas dans la condition
humaine, puisqu'elles sont faites pour les hommes? Tel est l'argument
contre la peine de mort; tel est aussi l'argument contre la marque,
plus cruelle peut-être que la peine de mort; car la mort, si elle est irrévocable, a au moins l'avantage de tout finir; et l'honneur et la vie,
tout expire à la même heure sur la guillotine. La marque aussi est irrévocable; mais elle ne finit que l'honneur et laisse la vie. L'homme a
besoin pour vivre de son honneur et de son sang. La marque prenait l'un et

de mort elle-même a été abolie dans huit cas différens;
la non-révélation, prétendu délit contre lequel pro-
testaient avec force la loyauté, l'honneur, la générosité du pays, la non-révélation a cessé de souiller
notre Code [1]; enfin le jury, par la faculté d'admettre
des circonstances atténuantes, a été investi d'une haute
participation dans la distribution des peines qu'il peut
arbitrer et graduer aujourd'hui non plus uniquement
d'après la criminalité intrinsèque et matérielle de
l'acte, mais aussi d'après l'intentionnalité et la moralité de l'agent. Cette conquête est, sans contredit, la
plus précieuse et la plus capitale que notre législation
criminelle ait faite depuis quarante ans; elle sera aussi,
n'en doutons pas, la plus féconde; et l'expérience des
faits nombreux déjà accomplis sous son influence n'est
pas le moindre argument que l'humanité puisse offrir
au législateur en faveur de la suppression immédiate et
absolue de la peine de mort. Qu'il se hâte donc de
profiter de ces enseignemens de chaque jour que la
société lui donne par l'organe du jury qui la représente; qu'il fasse un dernier effort; qu'il abolisse cette
peine inutile et sanglante; qu'il dote le pays de toutes
les lois que la Charte de 1830 a promises et que notre
glorieuse régénération a rendues nécessaires. Alors
les mœurs du peuple achèveront de s'épurer et de se

laissait l'autre. L'abolition de la marque est une conquête pour l'humanité. Voilà de nos deux peines irrévocables une qui est déjà abolie : la peine
de mort se trouve blessée dans son alliée. »

(1) La loi de la non-révélation, a dit tout récemment Me Hennequin dans
le procès des demoiselles Duguigny, est une loi morte; elle a disparu de
nos codes. Puis, faisant allusion à la peine de mort, il a ajouté : Et bientôt
sans doute une autre loi tombera également.

perfectionner; elles s'élèveront bientôt sans secousse
à la hauteur de sa législation; et la France pourra,
noble et fière, redresser son front humilié et imposer
silence à ses détracteurs; car elle possédera deux des
plus puissans moyens de la justice de prévoyance, de
bonnes lois et de bonnes mœurs.

   Mais c'est aussi par l'aisance et par l'instruction
que le législateur parviendra à diminuer le nombre
des crimes, car c'est surtout la misère et l'ignorance
qui font succomber l'homme à la tentation et quelquefois à la nécessité de mal faire. M. Lucas, rappro-
chant des deux comptes rendus de l'administration
de la justice criminelle en France pendant les années
1825 et 1826, la fameuse carte de M. Charles Dupin
qui divise la France en France du Nord ou France
éclairée et riche, et en France du Midi ou France
pauvre et obscure '; M. Lucas, disons-nous, établit
à l'aide d'une démonstration rigoureuse, appuyée de
chiffres officiels et précis, un résultat important et
qui n'a pas été contesté, savoir : qu'il existe une admirable alliance entre les richesses intellectuelles et
les richesses matérielles, et qu'en France, comme
partout, l'immoralité augmente avec l'ignorance et
la misère. C'est ainsi que nous voyons que la France
riche et éclairée a commis par million d'habitans

---

(1) D'après l'intéressant travail de M. Charles Dupin, la France du
nord ou France éclairée et riche, composée de 32 départemens et de 13
millions d'habitans, envoie aux écoles 740,846 jeunes gens, et paie au
trésor public en patentes 15,274,456 francs ; tandis que la France du midi
ou France pauvre et obscure, composée de 54 départemens et de 18 millions
d'habitans, n'envoie aux écoles que 375,931 jeunes gens, et ne paie au
trésor public en patentes que 9,623,733 francs.

18 crimes, soit parricide, assassinat, meurtre, infanticide ou empoisonnement en 1825, et 14 environ en 1826; tandis que dans la France pauvre et obscure le nombre de ces affreux forfaits s'élève à 32 pour 1825 et à 31 environ pour 1826 [1]. Ce frappant contraste s'expliquera tout naturellement si l'on songe qu'à l'époque même où il était constaté il y avait en France quatorze mille communes sans écoles [2], et seize à vingt millions d'arpens à défricher [3]; et que le budget de l'État, qui n'accordait que 50,000 francs pour l'éducation des citoyens, allouait 1,800,000 francs pour l'entretien des haras [4].

Quel est donc le devoir du législateur? De remédier à cette choquante inégalité, et de diminuer même la masse des crimes dans toutes les parties de la France. Il y parviendra en assurant par des lois larges et populaires l'instruction et le bien-être des classes pauvres et souffrantes, c'est-à-dire en éloignant d'elles par le moyen d'un travail fructueux les

(1) Ce chiffre, dont l'exactitude toute mathématique est incontestable, suffit pour le besoin de notre argumentation; aussi n'avons-nous pas eu la prétention d'offrir au lecteur une analyse complète du beau travail de M. Lucas. Quiconque voudra en bien connaître l'ensemble devra lire avec attention toute l'introduction du *Système pénal* de cet auteur.

(2) Situation progressive des forces de la France par M. Dupin.

(3) Rapport de la Société de fructification générale.

(4) Le rapport qui vient d'être présenté au roi par M. le garde-des-sceaux sur l'administration de la justice criminelle pendant l'année 1831 a fait connaître que sur 7,606 accusés, *quatre mille six cents ne savaient ni lire ni écrire!* 2,047 possédaient ces connaissances imparfaitement; 767 savaient bien lire et écrire; 190 avaient reçu une instruction supérieure; 2 accusés seulement n'avaient pu, à défaut de renseignemens suffisans, être distribués dans ces différentes classes.

causes les plus ordinaires des délits, et en purifiant
leur intelligence et leurs mœurs par une éducation
politique, religieuse et libérale en harmonie avec les
lumières du siècle et les besoins du pays. Sous ce
double rapport, il est juste de reconnaître que depuis
1825 et 1826 quelques modifications assez heureuses
ont été essayées, mais pâles et insuffisantes et toujours annihilées par l'esprit rétrograde et contre-révolutionnaire qui bridait le pouvoir. C'est encore
notre glorieuse révolution de juillet qui est venue
rompre les entraves qui s'opposaient au développement de toutes les innovations utiles, et qui compri-
maient l'élan et même l'essor de toutes les pensées
généreuses. La France libre enfin et régénérée, en
pleine possession de sa souveraineté et de son indépendance ; subitement grandie et moralisée par l'héroïsme et la modération qu'elle avait fait éclater dans
son triomphe ; la France s'est empressée de déclarer,
le 7 août 1830, par l'organe de ses représentans,
*qu'il était nécessaire de pourvoir dans le plus
court délai possible à l'instruction publique et à
la liberté de l'enseignement.* Cette déclaration a été
reproduite par l'article 69 de la nouvelle Charte constitutionnelle. Par d'autres dispositions législatives,
l'agriculture a été encouragée, le commerce a été
secouru. Toutefois, des événemens graves, et aussi
sans doute l'incurie et la préoccupation de quelques
fonctionnaires haut placés, n'ont point permis à toutes
les améliorations urgentes et immédiatement praticables de s'étendre et de se propager. Malgré l'exemple d'une nation rivale (l'Angleterre) qui a acquis,

par l'instruction du peuple, une si grande supériorité dans plusieurs branches d'industrie et surtout dans les arts mécaniques; la France n'a vu se réaliser encore qu'une faible partie des magnifiques promesses de juillet. Pour ne citer qu'un seul exemple, cette loi sur l'instruction publique si solennellement annoncée est demeurée pendant plus de deux années sans exécution; et ce n'est que tout récemment que M. Guizot a présenté à la chambre des députés un projet de loi sur l'instruction primaire, lequel demande à être perfectionné sans doute, mais qui déjà se distingue par un grand caractère de sagesse pratique et de science administrative. Une réforme complète sur ce point important sera d'autant plus facile que partout l'élan national secondera efficacement le pouvoir. Il résulte d'un rapport présenté au roi le 21 janvier dernier par M. le ministre de l'instruction publique, que pendant le cours de l'année 1832 la France a vu s'élever quatre mille cinquante-cinq écoles de plus qu'en 1829, et que dans ces écoles deux cent trente-un mille trois cent soixante-quinze nouveaux élèves ont été admis. Il résulte encore que le nombre des écoles d'enseignement mutuel s'est accru de cinq cent trente-six, et celui des écoles normales primaires de trente-quatre. « Ce sont là, ajoute le ministre en « terminant son rapport, de grands et rapides résul-« tats, et ce premier bulletin des succès obtenus, de-« puis l'avénement de Votre Majesté au trône, en fa-« veur de l'instruction primaire, lui présage, dans « l'avenir, de belles destinées. Le gouvernement de « Votre Majesté ne négligera rien pour en presser le

« développement, et il croit pouvoir espérer que les
« chambres le seconderont dans ses efforts. »

Ces résultats, en effet, sont satisfaisans; mais qu'ils
sont loin encore de répondre à toutes les nécessités
du pays! Et surtout qu'ils paraissent mesquins en
présence de ce qui se passe aux Etats-Unis! Dans la
seule ville de Boston cent mille dollars sont consacrés tous les ans à l'instruction publique des enfans
de toute classe.

« Cet essai aussi honorable que libéral, dit M. Li-
« vingston dans son rapport au corps législatif de
« la Louisiane, a obtenu un tel succès que, quoique
« les écoles aient été en activité pendant plus de dix
« ans, et qu'on ait calculé que plus de trois mille in-
« dividus y avaient été élevés chaque année, aucun
« d'eux n'a jamais été poursuivi pour crime. On a
« observé les mêmes résultats à New-Yorck sur des
« milliers d'individus élevés dans les écoles publiques
« de cette cité : on assure qu'un seul a été condamné,
« encore pour un délit de peu d'importance. »

Le gouvernement a montré aussi une louable sollicitude pour le bien-être des classes pauvres et souffrantes, dont la situation avait dû cruellement se
ressentir des suites de notre ébranlement social. S'il
n'a pas fait tout ce qu'il aurait pu faire, il a du moins
beaucoup fait; et au milieu des embarras pénibles
que des factions haineuses lui ont suscités, il est
juste de lui en tenir compte. Il est vrai qu'il a été
vigoureusement secondé par l'activité admirable et
par la généreuse émulation de tous les citoyens, et
principalement par cet esprit d'association qui par-

tout se révèle, et dont les forces bien dirigées peuvent avoir pour l'aisance et la prospérité matérielle et intellectuelle des masses les résultats les plus féconds. C'est avec une vive satisfaction que nous avons vu, en novembre 1832, M. le comte d'Argout, dans un rapport au roi, proposer l'établissement en France des colonies agricoles et intérieures libres et forcées, dont l'expérience, faite chez quelques nations étrangères, et spécialement en Hollande et en Belgique, a eu un immense succès. Nous l'avons déjà dit, il existe dans le royaume seize à vingt millions d'arpens à défricher. En consacrant cette vaste étendue de terrain aux établissemens dont nous venons de parler; combien d'orphelins, d'indigens, d'enfans trouvés, de mendians, de vagabonds, d'ouvriers sans ouvrage y trouveraient l'aisance, l'amour de l'ordre, les joies de la famille, la paix du ménage, en un mot le bonheur. Ce serait le plus infaillible moyen d'assurer (aux termes du rapport lui-même) « le bien - être « des classes les plus souffrantes; de corriger par le « travail les mauvaises dispositions des hommes que « la société a été forcée de punir, de rendre profitables « à la prospérité de l'État et à l'avenir des familles les « sacrifices de la charité privée et de la bienfaisance « publique; d'extirper le vagabondage et la mendicité « par des moyens durables et de plus en plus efficaces; « enfin, de préparer à la fois, par des dispositions « bien conçues, les progrès de l'agriculture et un « soulagement pour le trésor. »

Que le gouvernement persévère dans cette voie, qu'il soit l'exécuteur fidèle des promesses de juillet;

qu'usant de son initiative il procure à la France les
lois et les institutions qui lui manquent encore; que
l'enseignement soit libre; que partout des écoles primaires répandent au sein des classes les plus pauvres
les bienfaits de l'instruction, la connaissance des droits
et celle des devoirs; que l'agriculture, le commerce,
l'industrie et les arts soient encouragés par l'amélioration des routes vicinales, la création de banques
provinciales, l'établissement de colonies agricoles, un
vaste système de travaux publics, la multiplication
des canaux, la construction de chemins de fer, une
meilleure et plus égale répartition de l'impôt; que les
conseils municipaux et départementaux soient organisés dans une forme toute populaire et conforme à
l'esprit de la Charte '; enfin que le principe de l'élec-
tion pénètre insensiblement dans tous les rouages de
la machine gouvernementale, et s'impatronise, en
quelque sorte, dans les fractions les plus humbles de
la société, plaçant ainsi dans une surveillance réci-
proque, dans un contrôle mutuel, l'administration et
le pays; alors peu de jours suffiront pour que les
hautes destinées de la nation s'accomplissent; et cette
noble France, qui dans les momens de crise les plus
terribles a su résister aux dissolvans rongeurs de l'é-

(1) La chambre des députés vient de voter la loi départementale dont le
projet lui avait été présenté au nom du gouvernement. Ce n'est point assurément une loi parfaite, une loi *monumentale* et de durée; mais quoique
essentiellement transitoire, elle n'en est pas moins une notable amélioration,
bien préférable dans une matière aussi grave à l'absence de toute législation et à l'arbitraire ministériel. En adoptant, dans sa séance du 9 février,
le projet de loi relatif à l'expropriation pour cause d'utilité publique, la
chambre a rendu encore un service signalé au pays.

meute, de la misère et de l'anarchie, par la seule force
de sa constitution et la merveilleuse sagesse de ses
habitans [1]; cette noble France, disons-nous, verra
disparaître de son sein toutes les mauvaises actions,
tous les honteux forfaits qui la souillent encore; car
un peuple qui a rendu hommage au principe de l'inviolabilité de la vie de l'homme est bien fort contre le
crime, surtout lorsqu'il a pour appui et pour sauvegarde tous les élémens d'une bonne justice de prévoyance, savoir : les lois, les mœurs, l'aisance et l'instruction.

Arrivant maintenant à la justice de répression, qui
doit être aussi une justice d'amendement et de pré-

(1) Malgré le tort considérable que toute secousse révolutionnaire doit
porter au commerce et à l'industrie, voici des chiffres qui attestent ce
qu'il y a de puissance et d'énergie dans la confiance d'un grand peuple qui
a fait lui-même cette révolution. Les produits des impôts indirects des neuf
premiers mois de l'année 1852 se sont élevés à 406,413,000 fr. Les mois
correspondans de l'année 1830 ont produit 28,218,000 fr. de plus, et
ceux de 1831 ont produit 22,122,000 fr. de moins. — Les recettes des
douanes se sont élevées en 1831 à 23,940,000 fr. à Marseille; — 22,410,000
fr. au Havre; — 15,100,000 fr. à Nantes; — 13,762,000 fr. à Bordeaux;
— 8,148,000 fr. à Rouen; — 2,892,000 fr. à Aigues-Mortes; —
2,679,000 fr. à Narbonne; — 2,007,000 fr. à Caen. — Les recettes de
la douane du Havre pendant le seul mois d'août se sont élevées à 2,425,795
fr. 38 c. — Pendant l'année 1830 le commerce d'importation s'est élevé à
489,242,685 fr., tandis qu'en 1816 il ne s'était élevé qu'à 261,569,166
fr. — Il est arrivé en 1852 dans le port de Marseille 7,440 navires, dont
516 au long cours; 1,489 au grand cabotage; 5,554 au petit cabotage;
74 navires de guerre français; 7 idem étrangers; total 7,440. — Il s'est
expédié pendant la même année 6,975 navires et 3,922 passagers. — Voici
le relevé exact des deux années précédentes :

	Arrivées.	Départs.	Passagers au départ.
1850.	8,025 navires.	6,544.	3,688.
1851.	7,217.	5,749.	4,655,

voyance, nous pensons que c'est dans le système pénitentiaire seul qu'il faut la chercher. Nous ne disons
pas qu'il faille adopter servilement et aveuglément le
système établi dans telle ou telle contrée; nous savons
fort bien que, même lorsqu'il est question des plus
utiles théories, la différence des mœurs, des climats,
des traditions et des usages doit nécessairement apporter dans la pratique de grandes modifications.
Mais nous sommes convaincus qu'en mettant à profit
l'exemple et l'expérience de tant de peuples éclairés,
et la tendance nationale si hautement manifestée, il
est possible, facile même d'organiser en France un
bon système pénitentiaire qui réunisse toutes les garanties de certitude, de proximité, d'ordre et de moralité qui forment l'indispensable et solide base de la
justice de répression.

Si le législateur avait uniquement pour but en in-
fligeant une peine de mettre le coupable dans l'impossibilité de nuire de nouveau, la mort serait, sans
contredit, un excellent moyen pour y parvenir. Mais
la justice humaine a une mission plus élevée à accomplir. En matière criminelle, elle ne doit pas s'occuper exclusivement des *actes*, mais aussi et surtout
des *agens*. Elle ne doit point punir seulement pour
punir, mais encore pour réprimer; en d'autres termes,
elle ne doit point imposer une peine au délinquant,
uniquement pour le faire disparaître, et n'avoir plus
à renouveler sur sa personne l'épreuve du châtiment;
mais afin de diminuer par l'impression de l'exemple
le nombre des cas où elle se trouve dans la douloureuse nécessité de sévir. Ce n'est point dans un ho-

rizon étroit et borné que la justice humaine doit restreindre sa sollicitude ; image de la divinité sur la
terre, il faut qu'elle soit grande et majestueuse comme
son modèle ; il faut qu'elle embrasse, d'un regard
d'aigle, le vaste avenir. « Je ne reconnais aux échafauds,
« dit M. Lucas (*du Système pénal*, pag. 181), qu'un
« genre d'efficacité, c'est qu'ils tuent, et *que les morts*
« *ne reviennent plus*. On n'a qu'à rétablir les potences
« en permanence, comme elles l'ont été, et pendre
« pour tous les crimes et délits quelconques, on dé-
« barrassera à coup sûr la société de tous les criminels,
« pourvu qu'on les prenne ; mais on ne préviendra pas
« un crime. Voilà toute l'utilité qu'on retire du métier
« des bourreaux et de la science des Dracons : avec
« une hache qui coupe et un code de sang, on tue tous
« ceux qui ont tué, mais on n'empêche personne de
« l'être. »

Il faut donc autre chose que la peine de mort pour
prévenir les crimes ; et si l'échafaud, comme nous
l'avons déjà dit, est une mauvaise succursale de la
conscience, il est aussi un mauvais auxiliaire de la
justice de répression. D'ailleurs, quelque sanguinaire
que soit un code, il ne peut pas punir de mort indistinctement tous les délits. De même qu'il existe une
échelle dans la criminalité des actes, il faut qu'il y ait
une graduation dans les peines. Or, nous le répétons,
un bon système répressif doit tout embrasser. Il doit
saisir l'être vicieux au berceau même du vice aussi
bien qu'à son apogée. Il doit exercer l'influence salutaire de la réforme non-seulement sur le meurtrier
et l'assassin, mais sur tous les délinquans sans ex

ception ; car, puisque c'est dans la conscience humaine?
c'est-à-dire dans le repentir et le remords, qu'il a
placé sa principale force, il faut qu'il trouve dans cette
conscience l'expiation exemplaire même des plus lé-
gères fautes, et dans cette expiation la consolante
garantie de l'avenir. En effet, personne n'ignore qu'un
premier pas dans la carrière du crime entraîne le
coupable par une pente rapide aux plus grands forfaits, et qu'il importe à la société de détruire les semences du mal partout où elles se trouvent, afin de
n'avoir pas à payer plus tard en larmes de sang les
fatales conséquences de son incurie.

Mais ce ne sont point nos maisons de détention et
de réclusion, et encore moins nos bagnes qui pourront offrir au pays cet avantage éminent. Loin d'être
des établissemens de réforme, ce sont plutôt des
écoles de vices et de corruption. Que peuvent l'amendement, le remords et le repentir là où l'immoralité,
le crime et l'infamie règnent sans pudeur ? Dans cet
océan immonde, tout sentiment honnête s'anéantit ;
la dernière étincelle de vertu s'éteint, et l'innocence
même est exposée à faire naufrage. C'est en vain qu'il
existe de nombreux degrés dans la honte et dans le
châtiment ; le détenu le plus timide, soit entraînement, soit perversité, met une sorte d'amour-propre
à les parcourir tous. Dans ce hideux séjour, le vice
a ses chevrons, le crime a ses palmes triomphales ; et
le plus grand parmi ces condamnés est celui qui a
le plus tôt épuisé la coupe de l'ignominie. Ne sait-on
pas qu'en général, aujourd'hui, tous les délinquans qui
commencent par la police correctionnelle et la prison

vont terminer leur carrière à la cour d'assises, c'est-
à-dire par le bagne ou par l'échafaud? Aussi peut-on
encore justement appliquer à nos maisons de détention
ces remarquables paroles de Bentham : « Les prisons
« renferment tout ce qu'on pourrait imaginer de plus
« efficace pour infecter le corps et l'ame. A ne les
« considérer que du côté de la fainéantise absolue,
« les prisons sont dispendieuses à l'excès. A force de
« désuétude, les facultés des prisonniers s'allanguissent
« et s'énervent; leurs organes perdent leur ressort
« et leur souplesse; dépouillés à la fois de leur hon-
« neur et de leurs habitudes de travail, ils n'en sortent
« que pour être repoussés dans le crime par l'aiguillon
« de la misère. Sous le rapport moral, une prison
« est une école où la scélératesse s'apprend par des
« moyens plus sûrs qu'on ne pourrait jamais en em-
« ployer pour enseigner la vertu. L'ennui, la ven-
« geance et le besoin président à cette éducation de
« perversité. L'émulation n'est plus que le ressort du
« crime. Tout s'élève au niveau du plus méchant; le
« plus féroce inspire aux autres sa férocité, le plus
« rusé sa ruse, le plus débauché son libertinage. Tout
« ce qui peut souiller le cœur et l'imagination devient
« la ressource de leur désespoir. Unis par un intérêt
« commun, ils s'aident réciproquement à secouer le
« joug de la honte. Sur les ruines de l'honneur social,
« il s'élève un honneur nouveau composé de fausseté,
« d'intrépidité dans l'opprobre, d'oubli de tout avenir,
« d'inimitié contre le genre humain; et c'est ainsi que
« des malheureux qu'on aurait pu rendre à la vertu

« et au bonheur parviennent à l'héroïsme du crime,
« au sublime de la scélératesse. »

Sans doute il y a eu de temps à autre quelques
améliorations partielles. En présence de l'adoucissement des mœurs, du progrès de la civilisation et des
lumières, de pareilles institutions ne pouvaient intégralement se maintenir. Depuis la révolution de
juillet, le gouvernement a paru s'occuper sérieusement
du régime intérieur de nos prisons et de nos bagnes;
et, à dire la vérité, il était grandement temps, car
ce régime est à la fois pour le pays un danger et une
flétrissure[1]. On a entièrement aboli ces cachots infects

_____

(1) Le *Courrier Français* du 15 mai 1832 contient l'article suivant :
« On nous écrit de Rochefort, 6 mai : Dans la dernière discussion du
budget, plusieurs honorables députés ont proclamé avec autant de force
que de raison la nécessité de ne pas isoler la réforme des bagnes de celle
des prisons. Nous aimons à signaler un premier fait, qui est de la part du
gouvernement un acheminement vers ce but. M. Charles Lucas, inspecteur général des prisons, qui a déjà inspecté plusieurs départemens et qui
poursuit sa tournée dans le sud-ouest et une partie du midi, a passé plusieurs jours ici, qu'il a consacrés à une visite très détaillée du bagne,
dans laquelle il a été accompagné par M. le préfet maritime. Il paraît avoir
une mission spéciale du ministère de la marine. C'est là un de ces cumuls
désirables qui profitent à la chose publique sans rien coûter à l'État. Notre
bagne, du reste, voit de jour en jour sa population décroître, ainsi que
le nombre de ses célébrités. On n'y cite plus qu'un nom, celui du fameux
Collet; tout le reste, à très peu d'exceptions près, appartient aux dernières
classes de la société , c'est-à-dire à celles qui sont vouées à l'ignorance et à
la misère. Ce fait réfute à lui seul ces phrases si communes dans le monde
sur *l'incorrigibilité* des condamnés. Ouvrez les registres des prisons et des
bagnes, et vous verrez que les hommes qui s'y trouvent n'y sont point allés
parce qu'ils étaient nés plus pervers que vous, mais seulement moins éclairés
et plus pauvres. » Voir dans la *Gazette des Tribunaux* du 27 octobre
1832 une lettre écrite de Brest sur le même sujet.

où le détenu, quoique condamné seulement à de lé-
gères peines, trouvait souvent la mort, et une mort
d'autant plus horrible qu'elle venait l'atteindre au
milieu des angoisses du délaissement et du désespoir.
On a supprimé ces entassemens monstrueux, source
de tant d'impuretés et de tant de crimes. Enfin, on a
fait pénétrer dans quelques établissemens, par d'heureux essais, les bienfaits du travail et de l'instruction[1].
Mais combien toutes ces innovations sont demeurées
incomplètes et chétives! Embarrassées qu'elles étaient
des langes de l'hésitation et de la faiblesse, comment
auraient-elles pu s'élever à la hauteur de la nation, et
se placer au niveau de l'esprit de création et de grandeur
qui a triomphé dans nos immortelles journées? Toutefois, le mal n'est point sans remède; seulement il

(1) On lit dans le *Moniteur* du 31 décembre 1832 l'article suivant :
« MM. Dupin aîné, président et Alexandre de Laborde, questeur de la
chambre des députés, accompagnés de MM. Lucas, inspecteur général des
prisons du royaume, et Moreau-Christophe, inspecteur général des prisons
de Paris, ont visité hier la maison des *jeunes détenus*, qui, quelques jours
auparavant, l'avait déjà été par MM. Bérenger, vice-président de la chambre
des députés, Augustin Périer, pair de France, et de Gérando, conseiller-
d'état, et qui, depuis quelque temps, devient l'objet de l'attention des
philantropes étrangers. Cet établissement offre, dans le local même des
Madelonnettes, naguère occupé par des filles publiques, un premier essai
du système pénitentiaire appliqué à 300 enfans arrachés au vice, à l'oisi-
veté, à la corruption de Bicêtre, la Force, etc., et réunis là en trois quar-
tiers *d'épreuve*, *de récompense* et de *punition*, avec le bienfait de l'instruction par l'enseignement mutuel, avec le régime du travail, avec la
règle du silence, avec l'emploi de l'emprisonnement solitaire pour punition,
etc., etc. Cet essai, tenté sur une population *déjà corrompue par la coha-
bitation des autres prisons*, et dans un local où l'architecture n'a rien
combiné ni dépensé pour un pareil système, offre déjà des résultats très
satisfaisans. »

importe de se hâter. Que le gouvernement montre une intelligence plus éclairée des besoins de notre époque; qu'il marche d'un pas plus ferme dans la carrière de la réforme : son œuvre doit être immense, car le vieil édifice est vermoulu, pourri; il ne peut plus être replâtré, il faut entièrement le refondre et le reconstruire. Que dis-je ? ce gothique édifice, enté sur la barbarie du moyen-âge, n'est jamais parvenu même à sa rétrograde perfection. Qui croirait, en effet, qu'il n'a jamais été pourvu par aucun réglement, par aucune loi, à l'établissement des maisons de correction dont l'existence est supposée par l'article 66 du Code pénal ainsi conçu : « L'accusé âgé de moins de 16 ans qui est déclaré avoir agi sans discernement sera acquitté et remis à ses parens, ou, selon les circonstances, conduit dans une maison de correction pour y être *élevé* et détenu pendant tel nombre d'années que le jugement déterminera ». Qu'est-il résulté de cette extraordinaire omission? que de jeunes et faibles enfans, encore dans l'âge de l'innocence, auxquels les tribunaux croyaient devoir, *dans leur propre intérêt,* faire l'application de l'article 66 , se sont vus, dans les prisons, confondus pêle-mêle avec les plus vils malfaiteurs, et souillés par cette lie abjecte que la société rejette de son sein [1].

(1) M. le ministre du commerce, dans une circulaire en date du 3 décembre 1832, a bien cherché, il est vrai, à parer à ce grave inconvénient. Il propose d'assimiler les enfans jugés en vertu de l'article 66 du Code pénal, aux enfans abandonnés, et de les placer chez des cultivateurs ou artisans honnêtes, pour être élevés, instruits et utilement occupés, sauf à payer une indemnité aux personnes qui se chargeraient d'eux. Cette sollicitude du ministre est louable, sans doute, mais le moyen qu'il propose

Nous pensons donc qu'il est urgent d'adopter en France le système pénitentiaire, et nous déclarons de nouveau que, dans notre opinion, l'établissement de ce système peut être effectué avec autant de promptitude que de facilité.

Nous ne prétendons pas présenter ici au lecteur un historique complet du système pénitentiaire; un tel travail exigerait un cadre spécial et excéderait évidemment les limites que nous avons dû nous tracer dans cette conclusion[1]. Nous nous bornerons à dire que le système pénitentiaire, après avoir trouvé en Europe son berceau bientôt oublié dans la prison de Gand érigée par les états de Flandre, sous le règne de Marie-Thérèse en 1772, fut importé par le célèbre réformateur Penn dans sa patrie où il jeta bientôt de profondes racines; et que l'exemple de la Pensylvanie, justifié par les plus rapides succès, fut progressivement suivi par les autres états de l'union américaine; qu'après quelques hésitations et tâtonnemens, l'emprisonnement solitaire pendant la nuit, le travail en commun pendant le jour, avec classification, furent généralement adoptés comme base de ce système qui reçut en 1816 une organisation presque merveilleuse dans la prison d'Auburn, laquelle mérita, dès sa fondation,

---

est d'une exécution difficile, et ne saurait combler l'importante lacune de la loi. (Voir la lettre de M. Taillandier qui se trouve à l'Appendice.)

(1) On peut consulter avec fruit sur cette matière intéressante l'ouvrage de M. Charles Lucas intitulé : *du Système pénitentiaire en Europe et aux États-Unis;* celui de M. le chevalier de Grégory sur le système pénitentiaire, et surtout l'ouvrage que viennent de publier MM. de Beaumont et de Tocqueville, chargés par le gouvernement d'aller aux États-Unis étudier sur les lieux le système pénitentiaire.

le beau nom de prison-modèle; que l'Angleterre ac-
cueillit en 1779 le système pénitentiaire introduit chez
elle par le vertueux Howard; mais que la loi qui l'avait
adopté, long-temps paralysée par l'esprit de routine
des partisans de la *transportation,* ne reçut son exécution large et complète que par l'érection successive
des pénitenciers de *Gloucester,* de *Millbank,* de
Maidstone et de *Richmond,* ce dernier en Irlande;
qu'en France, le système pénitentiaire, long-temps
et aveuglément décrié, parut avoir été apprécié et
compris par le génie élevé de Napoléon qui affecta un
fonds de onze millions pour la réforme des prisons,
et qui, sans doute, aurait donné suite à cette pensée
sans les travaux guerriers qui ne cessèrent d'absor-
ber ses soins jusqu'au jour de sa catastrophe; que
Louis XVIII, roi philosophe et législateur, n'hésita
point à adopter le système pénitentiaire, et que voulant
le populariser en France, il le soumit à diverses
épreuves préparatoires par ses ordonnances des 18 et
30 août, et 9 septembre 1814; mais que le 20 mars
1815 étant arrivé, et avec lui le torrent dévastateur
de la guerre civile et de la guerre étrangère, les travaux
commencés restèrent inachevés, et toute idée d'amélioration disparut; qu'enfin une partie de la Suisse, en
1820 et années suivantes, imita l'exemple des États-
Unis; que Genève et Lausanne surtout se signalèrent
non-seulement en adoptant le système pénitentiaire
américain, mais en surpassant leurs modèles, et en
élevant ce système régénérateur au plus haut degré
de perfectionnement qu'il ait pu atteindre jusqu'à
ce jour.

Mais ce que nous dirons également, ce qu'il importe essentiellement de constater, ce sont les admirables résultats obtenus par ces diverses expériences. Sans doute elles ne sont pas toutes parvenues au même degré de perfection, cela était humainement impossible; aussi, quoiqu'elles méritent toutes d'être suivies et étudiées avec un haut intérêt, à cause de l'importance vitale de la question, nous nous attacherons uniquement aux plus décisives, c'est-à-dire à celles qui ont été faites par la Suisse et les États-Unis, deux des nations les plus civilisées de l'ancien et du nouveau monde.

Les moyens dont on attend la réforme du coupable dans les établissemens pénitentiaires sont énumérés dans l'article 3 du Code de la Louisiane; ce sont : la réflexion, l'instruction, les habitudes de travail et la religion. Aux avantages qui résultent de tous ces moyens si éminemment moraux, il faut joindre encore l'efficacité, l'économie et la sûreté.

Le premier bienfait de la réforme pénitentiaire est sans contredit l'amélioration et l'adoucissement des mœurs qui se révèlent par la diminution progressive des crimes contre les personnes; car ces crimes, consistant en parricides, infanticides, assassinats, meurtres et empoisonnemens, sont évidemment ceux qui annoncent dans le coupable le plus d'abrutissement et de férocité. Si nous consultons à cet égard les seules contrées de l'univers où le système pénitentiaire ait été réellement et complètement mis en pratique jusqu'à ce jour, c'est-à-dire les États-Unis d'Amérique et les cantons de Vaud et de Genève en Suisse, nous al-

lons assister à la plus magnifique, à la plus consolante expérience que puisse faire l'humanité. Il résulte
des précieux tableaux que M. Lucas nous a fait connaître (*du Système pénitentiaire*, tom. 1) qu'en
Pensylvanie, l'un des principaux états de l'union américaine, depuis 1787 jusqu'à 1825, c'est-à-dire dans
un espace de trente-sept années, le total des condamnés pour crimes a été de 7,397, dont 628 seulement
pour offenses contre les personnes, ce qui fait à peu
près le douzième; et sur ces 628 condamnations, 448,
c'est-à-dire plus des deux tiers, ont été prononcées
pour attaques et batteries, émeutes, conspirations,
enlèvemens, etc.; et dans ce long intervalle de 37
années pas un parricide, pas un infanticide n'a été
commis! On ne voit figurer sur cette liste étonnante
qu'un seul empoisonnement, 3 tentatives d'empoisonnement et 122 meurtres avec ou sans préméditation. Les tables statistiques de criminalité du canton
de Vaud s'étendent de 1803 à 1826, c'est-à-dire
qu'elles embrassent un espace de 23 années. Pendant
ce laps de temps, le total des crimes et délits commis dans ce canton s'élève à 1,914, dont 407 contre
les personnes; et encore sur ces 407, qui compren-
nent jusqu'aux simples délits de menaces et d'injures,
ne se trouvent que 52 offenses graves contre les personnes, savoir : 1 parricide, 27 homicides volontaires, 7 tentatives d'homicides, 4 empoisonnemens,
9 infanticides et 4 viols. Les tables du canton de Genève embrassent un espace de 12 années de 1815
à 1826; le nombre total des affaires criminelles est
de 212, dont 27 seulement pour crimes contre les

personnes, savoir : 4 pour assassinats, 2 pour meurtres, 3 pour infanticides, 3 pour viol et attentat à la
pudeur, 8 pour voies de fait, 1 pour mauvais traitement, etc., c'est-à-dire qu'en réalité il n'existe,
dans cette énumération, que 12 offenses graves contre
les personnes [1].

Un second bienfait non moins important du système pénitentiaire, c'est l'amendement du coupable
qui, purifié de ses souillures par la réflexion et la religion, et ramené au goût des habitudes honnêtes par
l'instruction et le travail, arrive insensiblement à la
sincère détestation de son crime, au besoin de l'estime publique, à l'amour du devoir et de la vertu.
Cette régénération morale des prisonniers est surtout constatée aux États-Unis et en Suisse par le petit
nombre des récidives. Les récidives sont un véritable fléau pour la société; déjà nous les avons signa-
lées comme une de ses plaies les plus dégoûtantes,
les plus corrosives. Nous avons dit que c'était dans
le régime vicieux des prisons que se trouvait leur funeste source. Nous avons démontré qu'en l'état actuel
de nos maisons de détention le malheureux qui a fait
un pas hors du sentier de l'honneur est entraîné par

(1) Il sera curieux de rapprocher de ces divers tableaux l'analyse, déjà
citée dans le 1er chapitre de cet ouvrage, du compte-rendu de l'administration de la justice criminelle en Espagne pendant *la seule année de* 1826.
On y voit figurer, au total des crimes contre les personnes, le chiffre énorme
de 5,436, parmi lesquels 1,233 homicides, 13 infanticides, 8 empoisonnemens, et ce crime sauvage *d'anthropophagie* inconnu aux peuples
civilisés. Le nombre des crimes et délits contre les propriétés s'élève à
2,579; total de tous les crimes commis pendant une seule année en Espagne, 5,815.

16

une pente presque irrésistible dans l'abîme du crime
et de l'ignominie, et que trop souvent le condamné
franchissait, de récidive en récidive, l'intervalle qui
sépare l'emprisonnement correctionnel de la réclusion, du bagne et de l'échafaud. Eh bien! que voyons-
nous en Suisse et aux États-Unis? Les prisons y sont-
elles des écoles de corruption et de scandale? La répression y devient-elle le véhicule du crime? Non, les
établissemens pénitentiaires y sont des asiles d'expiation et de repentir; la peine y est morale et religieuse; et la répression y puise toute son efficacité
dans sa vertu régénératrice. Aussi les récidives y sont-
elles infiniment plus rares que dans aucune prison
connue. D'après les divers tableaux publiés par
MM. Aubanel, Lucas et Livingston, le chiffre des
récidives n'est à Genève que de 10 pour cent, à Lausanne de 1 sur 14, et à Auburn de 1 sur 32; tandis
qu'en France ce chiffre est de 2 sur 11 et même de
1 sur 4; et dans les autres pays de l'Europe il s'é-
lève jusqu'au quart, au tiers, et même aux deux cin-
quièmes des détenus. N'est-ce point là une preuve
irréfragable de la supériorité du système pénitentiaire? En présence de ces seuls résultats, toutes les
nations civilisées qui ne l'ont point adopté encore,
pourraient-elles plus long-temps hésiter? Non certes,
à moins que pour la première fois elles ne fussent
devenues sourdes à la voix ordinairement si puissante
de l'intérêt matériel.

Sous le rapport de la certitude et de la proximité,
le système pénitentiaire nous offre encore sur tous
les autres systèmes de répression un incontestable

avantage; car, sous son empire, la peine qui sera substituée à la peine de mort sera du moins invariablement appliquée. En harmonie avec nos mœurs, tout à la fois exemplaire, réformatrice et réprimante, on ne la verra pas soulever la triple répugnance du jury, de la magistrature et du pouvoir; et la société n'aura point à gémir de ce nombre infini de commutations et de graces qui énervent l'action de la justice, et encouragent les malfaiteurs au crime par l'espoir de l'impunité.

Sous le rapport de la sûreté, les pénitenciers d'Auburn et de Genève n'ont rien à envier à la peine de mort; ils n'ont offert jusqu'à ce jour aucun exemple d'évasion [1]. L'expérience déjà faite dans ces établissemens est une rassurante garantie pour l'avenir. D'ailleurs, s'il le fallait, rien n'empêcherait d'augmenter la surveillance qui s'y exerce, et de rendre plus insurmontables encore les obstacles qui s'opposent aux tentatives des prisonniers. La solution de ce grand problème est de la plus haute importance; car c'est la ruine du dernier argument derrière lequel les partisans de l'échafaud, battus en brèche de toutes parts, s'étaient retranchés. Il est avéré maintenant que la société, pour mettre un coupable dans l'impossibilité de se soustraire à la peine expiatoire de son crime, n'a pas besoin de l'égorger.

Enfin (et pour ne laisser sans réponse aucune objection), sous le rapport des frais de construction et d'administration, il est évident que l'expérience a

---

(1) Rapport à la législation de New-Yorck en 1825.

encore prononcé en faveur du système pénitentiaire.
M. Lucas, toujours à l'aide de chiffres et de tableaux
officiels, prouve que rien n'est moins dispendieux
que les plans de construction d'après lesquels ont été
bâtis les divers pénitenciers des Etats-Unis et de la
Suisse[1]. Quant aux frais d'administration, il a constaté
qu'en général la dépense effective à la charge de
l'Etat s'élevait annuellement pour l'entretien de
chaque détenu à 6 dollars 30 centimes seulement,
c'est-à-dire à environ 32 francs de notre monnaie.
Encore fait-il observer que quelques pénitenciers sont
parvenus à se défrayer totalement, et que d'autres
sont même devenus productifs pour l'Etat; et si, sous
ce dernier rapport, il signale l'existence de quelques
abus, il est facile de voir que les plus simples précautions suffiraient pour les faire disparaître[2].

(1) *Du Système pénitentiaire*, tome 1, page cj et suivantes, tome 11, page
152 et suivantes, page 238 et suivantes. Conclusion, page 9.

(2) Nous ne pensons pas qu'on puisse songer sérieusement à opposer à
ces résultats si concluans par leur exactitude et leur authenticité le malheureux essai tenté en France en 1827, lors de la construction de la prétendue prison-modèle commencée dans l'enclos de la Roquette en confor-
mité de l'ordonnance du 9 septembre 1814. Dans cette déplorable affaire
qui porta un coup si funeste à la réforme, l'administration supérieure ne
montra ni sagacité, ni prévision. Le programme de la commission nommée
par le gouvernement avait fixé la dépense totale à *un million*. Un plan fut
adopté dont le devis s'élevait à *deux millions cinq cent mille francs*, et il
fut reconnu que la dépense définitive excéderait encore cette somme
énorme. Il y avait là de quoi dégoûter du système pénitentiaire, c'est ce
qui arriva. Mais M. Lucas, sans se laisser décourager par cette tentative
désastreuse, a tenu bon, et il a prouvé, par les tableaux de M. Aubanel
et l'expérience déjà faite à Genève et à Berne, qu'il serait facile de con-
struire en France des pénitenciers qui, pour 60 détenus environ, ne coû-
teraient guère plus de deux cent mille francs. Du reste, nous avons lu

Mais à tous ces faits déjà si imposans nous sommes heureux de pouvoir ajouter un témoignage plus décisif encore, celui des deux jeunes et savans magistrats qui viennent d'accomplir la belle mission que le gouvernement leur avait confiée d'aller aux Etats-Unis faire sur les lieux même une étude pratique et morale du système pénitentiaire. Il était impossible de mieux comprendre et d'exécuter avec plus de conscience et de talent un pareil mandat. C'est pour le pays un grand et utile service. Jamais on n'avait rendu plus sensibles, mieux fait toucher au doigt en quelque sorte les bienfaits d'un système dont la nécessité se fait chaque jour plus vivement sentir, et que toutes les ames généreuses appellent de leurs vœux. MM. de Beaumont et de Tocqueville, pleins de confiance et d'ardeur, animés d'une foi presque religieuse, ont suivi, jusque dans ses plus petits détails, un travail difficile et ingrat peut-être, mais qu'ennoblissait à leurs yeux l'amour de l'humanité et de la patrie. C'est après avoir vu, observé, réfléchi; c'est après s'être entourés des documens les plus authentiques, des actes les mieux constatés, des résultats les plus positifs, des chiffres les mieux débattus, qu'ils ont fait connaître à la France l'histoire approfondie du système pénitentiaire en Amérique, ses divers essais, ses progrès rapides, le mécanisme ingénieux de ses établissemens, leurs différens succès, les nuances qui les distinguent, et enfin les causes

avec plaisir dans le *Constitutionnel* du 16 octobre 1832 que le gouvernement faisait continuer avec activité les travaux de la prison-modèle de la rue de la Roquette, et qu'il y employait 150 ouvriers chaque jour. Les énormes dépenses déjà faites pourront du moins être utilisées.

de leur prospérité respective, et de leur plus ou moins grande perfection[1]. Voilà (si tant est que le doute subsiste encore), voilà donc la vérité bien connue! Et il ne s'agit point ici de la vaine et sophistique solution d'un faiseur d'utopies, mais d'une solution rigoureuse et mathématique; d'une solution inattaquable et en quelque sorte officielle. Il demeure constant aujourd'hui, en fait comme en théorie, que la société a non-seulement intérêt à instruire et amender les coupables, mais qu'elle en a la possibilité et le devoir; que c'est surtout en purifiant le double sanctuaire de toutes les inspirations humaines, la pensée et la conscience, qu'elle parviendra de plus en plus à réduire le nombre des délits. Instruite par une si éclatante expérience, la France pourrait-elle hésiter à briser ses échafauds, à réformer ses prisons et ses bagnes, à substituer à l'efficacité matérielle et incomplète des peines et supplices corporels l'efficacité morale et toute-puissante de la régénération des condamnés? Elle sait maintenant qu'il existe un moyen facile, économique et profitable, non-seulement de punir les crimes, mais encore d'en prévenir le retour. Elle voit le peuple admirable des États-Unis, et sur ses traces la Suisse et l'Angleterre secouer glorieusement le joug des préjugés vieillis, relever la dignité de l'homme, *moraliser* la justice même, attaquer le vice dans ses deux plus redoutables auxiliaires, la contagion et la récidive, et trouver enfin la véritable répression pénale, non dans des

(1) Du Système pénitentiaire aux États-Unis et de son application en France.

souffrances physiques et fugitives, mais dans l'expiation du remords et du repentir. La France désormais sera plus à l'aise avec ses 40 mille détenus, plaie honteuse, population sinistre et menaçante qu'elle peut espérer aujourd'hui d'amender, convertir et régénérer. Après tant de leçons décisives, il n'y a plus d'objection possible; le miracle, si c'en est un, est accompli : il faut que l'orgueilleuse raison s'incline devant l'évidence. Il ne reste plus qu'à faire un choix; il ne saurait être embarrassant. Profitons des épreuves déjà faites par un si grand nombre de nations policées. Heureux peut-être d'arriver un peu tard, choisissons parmi les diverses méthodes ce qu'il y a de mieux, de plus complet, de plus approprié à nos mœurs, à nos lumières, à notre population, à nos richesses, à notre climat, et mettons hardiment la main à l'œuvre; car MM. de Beaumont et de Tocqueville, achevant de porter la conviction dans les ames les plus incrédules, nous ont démontré que s'il existe au monde un système de répression et d'amendement peu dispendieux, productif même, sûr, exemplaire, humain, efficace et moral, c'est à coup sûr et uniquement le système pénitentiaire.

Nous voici arrivés au terme de la carrière que nous avons pris l'engagement de parcourir. La tâche que nous nous sommes imposée était peut-être au-dessus de nos forces; mais si des intentions honorables et pures, si un zèle ardent et désintéressé ont droit à quelque indulgence, nous n'étions pas indignes de la remplir. Chaque fois que le secret sentiment de notre insuffisance venait ébranler notre courage, la voix de notre conscience s'élevait pour soutenir nos efforts. Il ne nous reste plus maintenant qu'à prouver au lecteur que l'abolition de la peine de mort, que nous demandons comme résultat nécessaire et immédiat de l'adoption du système pénitentiaire, n'est point une rêverie de folle imagination qui n'ait pour elle ni l'autorité pratique des faits, ni le témoignage de l'expérience, mais qu'au contraire cette abolition a déjà subi plusieurs essais remarquables, presque tous, il est vrai, insuffisans et prématurés, mais qui n'en déposent pas moins que depuis long-temps il existe chez les nations civilisées une incontestable tendance à la proclamer, et conséquemment à ériger le principe de l'inviolabilité de la vie de l'homme sur les ruines de l'échafaud.

· La peine de mort a été abolie pendant vingt-un ans en Russie sous le règne d'Elisabeth. Elle l'a été en Toscane, pendant vingt-cinq ans, par le grand-duc Léopold ; et la douceur de la législation pénale, dit M. Bérenger, y avait tellement amélioré les mœurs qu'il fut un moment où les prisons du grand-duché se trouvèrent entièrement vides [1]. La peine de mort

(1) Je sais bien que nos adversaires nous objectent que la peine de mort a été rétablie dans ces mêmes états où son abolition avait été essayée, d'où ils concluent que ces tentatives ont mal réussi. Nous venons de voir par l'exemple de la Toscane qu'il n'en a point été ainsi ; et l'expérience a également prouvé que sous le règne d'Elisabeth, pendant toute la durée de l'abolition de la peine de mort, le nombre des crimes était loin d'avoir augmenté. Il faut donc dire simplement que ces épreuves ont été faites prématurément, sous l'empire d'une législation plus ou moins barbare qui aurait dû être renversée de fond en comble pour être mise en harmonie avec les suites nécessaires d'un aussi grand changement. L'abolition de la peine

a été également abolie par le margrave de Bade et de Dourlach qui, en suivant l'exemple du grand-duc de Toscane, avait cédé, comme lui, aux nobles inspirations du génie de Beccaria. Elle a été abolie en Portugal par les cortès qui y firent une si courte apparition en 1821. Le sénat de la Louisiane a adopté en 1822 le travail où le savant M. Livingston propose l'abolition complète de la peine de mort. A Genève, on a fait en 1825 au conseil-d'état la proposition formelle d'abolir cette peine[1]. En 1826, l'empereur Nicolas a proclamé cette abolition pour ses états de Finlande; et le gouvernement anglais, sans oser toutefois suivre sur-le-champ un si bel exemple, a manifesté sa haute approbation et sa vive sympathie pour une réforme qu'il travaille intérieurement à conquérir[2]. En 1828, au sein des états-généraux des Pays-Bas, MM. de Broukère, Lehon et autres représentans non moins estimables, ont réclamé énergiquement contre le maintien de la peine de mort. En 1832, le conseil souverain de Bâle a autorisé les tribunaux à commuer la peine capitale en 24 ans de fers[3]. Dans la même

de mort, pour produire des bienfaits durables, doit marcher escortée du système pénitentiaire et de la réforme radicale des institutions et des mœurs. Il faut pour cela un point de maturité et d'aptitude auquel la France me semble arrivée.

(1) A Genève, dit M. Lucas (*Introduction au Système pénal*), depuis douze années, un seul assassinat, et commis encore par un étranger, a affligé cette heureuse et paisible contrée. Il y aurait, après ces douze années, la même inconséquence à maintenir à Genève la peine de mort qu'aujourd'hui en France à rétablir les tortures.

(2) Dans le *Courrier Anglais*, l'un des journaux ministériels les plus accrédités.

(3) Dans le canton d'Uri, en Suisse, on a récemment condamné à la

année, la chambre des communes d'Angleterre à adopté un bill qui abolit la peine de mort pour certains crimes, notamment pour les vols commis dans les lieux habités. Un nouveau code criminel, plus en harmonie avec la civilisation contemporaine, vient d'être tout récemment promulgué dans les états romains. La Bavière, la Suède, la Sardaigne, l'Espagne et la Russie s'occupent aussi de la révision de leur code pénal [1]. En France la peine de mort, maintenue par l'assemblée constituante contre les conclusions d'une commission qui se composait de l'élite de ses membres, a été abolie, après les sanglantes années de la terreur, par la Convention nationale qui rendit son décret illusoire en en renvoyant l'exécution à la paix générale. En 1825, une société illustre, qui comptait dans son sein les plus hautes notabilités du pays, a mis au concours la question toujours palpitante de l'abolition de la peine de mort [2]. A partir de cette époque, de nombreuses pétitions ont été présentées aux deux chambres pour demander cette abolition; et parmi ces réclamations généreuses se distinguent éminemment les deux pétitions de M. Lucas. Mais c'est surtout notre glorieuse révolution de juillet qui a imprimé à l'élan public, sur cette grave question, une allure plus franche et plus décidée. En 1830, M. Victor de Tracy, par une proposition

peine capitale un homme convaincu d'avoir assassiné sa maîtresse. C'est *depuis trois siècles* le premier criminel qui ait encouru la peine de mort dans ce canton. (Extrait du *Journal des Débats* du 5 février 1832.)

(1) Le roi d'Espagne, par un décret du 6 mai 1832 a aboli la peine de mort *par pendaison !*

(2) Dans la même année, un pareil concours a été ouvert à Genève par un vertueux citoyen, M. de Sellon.

qui a eu du retentissement, a demandé à la tribune
nationale l'abolition de la peine de mort. Cette proposition a été chaleureusement appuyée par le vénérable général Lafayette, par MM. Dupont de l'Eure,
Briqueville, Girod de l'Ain[1], Villemain et beaucoup
d'autres philantropes distingués. Malheureusement
le procès alors pendant des ministres signataires des
ordonnances liberticides donnait à cette question une
couleur presque exclusivement politique. La chambre
des députés n'osa prendre complètement sur elle une
initiative qui traînait à sa suite, avec une si belle
gloire, une si grande responsabilité. Si, dans cette circonstance solennelle, elle ne fut point à la hauteur de
son mandat; si elle se montra moins avancée que
l'héroïque population de Paris qui défendait, au péril
de ses jours, l'existence de ces mêmes ministres, alors
sérieusement menacée; du moins elle formula une

(1) M. Girod de l'Ain qui, à ses vingt-cinq années de magistrature,
joint la longue expérience qu'il a acquise comme président de cour d'assises. Si nous ajoutons à MM. Girod de l'Ain, Lafayette, de Tracy,
Dupont de l'Eure, Briqueville, Villemain déjà nommés, M. Bérenger,
ancien magistrat, et rapporteur de la commission chargée d'examiner la
proposition de M. de Tracy; MM. Carnot et Pastoret, anciens magistrats,
M. Puthod, président de cour d'assises, conseiller à la cour royale de
Colmar; M. Dupin aîné, procureur général à la cour de cassation;
M. Guizot, ministre actuel de l'instruction publique, et les noms bien
connus de Beccaria, Bentham, Howard, Duport, Mill, Livingston, Du-
mont, de Sellon, etc., etc., on aura peine à croire que quelques-uns de
nos adversaires aient été jusqu'à dire que parmi les écrivains publicistes et
orateurs qui réclament ou ont réclamé l'abolition de la peine de mort, on
ne voyait figurer aucun magistrat, aucun homme d'âge et d'expérience,
et que les partisans de la réforme ne comptaient, en général, dans leurs
rangs, que des jeunes hommes à la tête ardente et exaltée, philosophes
romantiques et hardis novateurs.

partie des vœux du pays dans une adresse qui pro-
voqua du roi Louis-Philippe cette réponse mémorable
dont déjà nous avons parlé, et sur laquelle repose
essentiellement (dans la pensée de la France) l'espoir d'un prochain avenir. MM. Lafayette et de Tracy,
avec une constance qui les honore, sont revenus sur
leur demande en abolition, toutes les fois qu'à la
chambre l'occasion s'en est présentée, notamment
dans la séance du 13 février 1832, lors de la discussion du budget de la justice criminelle et dans celle
du 15 décembre de la même année, au sujet d'une
pétition dans laquelle un sieur Le Payen demandait
la suppression absolue de la peine de mort.

Le gouvernement, pour satisfaire l'impatience
toujours croissante des esprits, et pour commencer à
remplir des promesses si souvent répétées, le gouvernement, disons-nous, a promulgué la loi modificative du Code pénal. Cette loi, dont déjà nous avons
parlé, n'a servi qu'à mettre de plus en plus en lumière
la répugnance des jurés à appliquer la peine de mort.
D'un autre côté, la conduite toujours magnanime
du peuple[1], et celle non moins modérée du pou-

_____

(1) Il faut en excepter un fait qui est une tache véritable, non point pour
la population si digne et si calme de Paris, mais pour une faible partie
de cette populace sauvage qu'une grande ville renferme toujours dans son
sein ; je veux parler des assassinats commis lors de la première apparition
du choléra sur la personne de prétendus empoisonneurs. Encore pourrait-
on trouver une sorte d'excuse à ce vandalisme extraordinaire dans les épouvantables ravages que le fléau exerça pendant plusieurs jours, et surtout
dans l'imprudente proclamation de l'autorité qui signalait comme réelle
l'existence des empoisonneurs. Eh bien ! ici encore nous dirons : Si la
peine de mort avait été législativement abolie, ces massacres d'un autre

voir, dans une foule de cas, ont donné la consolante certitude que cette répugnance existait indistinctement dans tous les cœurs. Ce respect pour
la vie de l'homme, qui commence à devenir en France
un principe de foi religieuse, a déjà produit hors de
la patrie et sur des nations voisines, une influence
bien marquée. C'est ainsi qu'à l'occasion du siége de
la citadelle d'Anvers, le plus beau fait d'armes et le
plus grand désastre historique de notre époque, on
a vu les deux célèbres commandans des armées en-
nemies s'entendre avec autant de noblesse que d'humanité, soit pour préserver la ville d'Anvers et ses
habitans d'une ruine flagrante, soit pour économiser
le sang précieux de leurs soldats, et restreindre dans
les plus étroites limites les calamités de la guerre [1].

âge n'auraient pas eu lieu. Le peuple, imitateur dans le bien comme dans
le mal, aurait respecté dans la personne même des prétendus empoisonneurs une existence proclamée inviolable par la loi. Mais il croyait aux
empoisonnemens, il savait que notre code punit de mort les empoisonneurs,
il a cru pouvoir, dans sa grossière ignorance, dans son emportement furieux, substituer son action prompte et brutale à l'action lente et calme
de la justice; et pour satisfaire sur-le-champ sa cruelle vengeance, il n'a
pas craint d'usurper les hideuses fonctions du bourreau. Le même raisonnement peut s'appliquer au suicide, et surtout au duel dont la fièvre
dévorante semble avoir pris, depuis quelque temps, un redoublement de
fureur. Si le législateur proclamait dans son code l'inviolabilité de la vie
de l'homme, les suicides et les duels diminueraient sensiblement; le respect
pour l'existence passerait bientôt dans la conscience de tous les citoyens.

(1) On lit à ce sujet, dans le *Journal d'Anvers* du 30 novembre 1832,
les réflexions suivantes : « Nous avons des raisons de croire que le maréchal
Gérard a ouvert des négociations avec le général Chassé, et que la neutra-
lité de la ville sera respectée. Nous avons foi dans les considérations d'humanité et d'ordre social dont aucune puissance ne s'écarterait aujourd'hui
sans être traînée aux gémonies de l'Europe et rayée de la civilisation du

Oui, chaque jour le dogme immortel de l'inviolabilité de la vie de l'homme fait dans tous les rangs de
la société de nouvelles conquêtes ; quelques-uns de
ses plus ardens adversaires ont déjà commencé à reconnaître leur erreur. C'est ainsi que M. Eusèbe
Salverte, dont la voix grave et austère avait combattu
avec autant de force et de profondeur qu'une mauvaise cause peut le permettre la proposition de M. de
Tracy, appuyant, dans la discussion relative à l'affaire
du pont d'Arcole, le renvoi de la pétition du sieur
Perrote au garde-des-sceaux, a laissé échapper cet
aveu remarquable que nous nous sommes empressés
de recueillir : « Messieurs, j'ai quelquefois entendu
« dans cette enceinte réclamer l'abolition de la peine
« de mort, *et je crois que les opinions sont una-*
« *nimes à quelques exceptions près,* etc¹. La presse,
organe du pays, n'a point cessé d'élever sa voix généreuse pour le triomphe d'une cause sainte qu'elle
est parvenue, malgré le double obstacle du préjugé
et de la routine, à populariser². Enfin, l'horreur et

vieux monde. La guerre a aujourd'hui son code d'honneur et de raison ; la
générosité et l'élévation de l'ame sont aujourd'hui des vertus nécessaires à
ceux qui conduisent les hommes. Il n'y a plus de Suwarow et le destructeur
d'Ismailow et de Praga n'est plus un héros.

(1) Voir le *Moniteur*, le *Constitutionnel* et le *Journal du Commerce*
du 13 janvier 1833.

(2) Aux nombreux extraits de divers journaux que nous avons semés dans
cet ouvrage, et qui attestent la constante sollicitude de la presse pour l'abolition de la peine de mort, nous ajouterons quelques lignes empruntées à la
Tribune du 31 janvier dernier. Dans un article où ce journal formule ses
doctrines politiques et morales, il pose les principes suivans : « *La vie de*
« *l'homme est inviolable.* Le titre d'homme doit valoir, pour quiconque
« le porte, respect pour ses droits, satisfaction de ses premiers besoins. La

le dégoût que l'échafaud et le bourreau inspirent sont devenus si grands que, lorsque pour la première fois, après notre révolution de juillet, la guillotine s'est élevée hideuse sur cette place de Grève que le plus pur sang des patriotes avait consacrée, on a vu le peuple indigné renverser l'instrument du supplice et en disperser les débris. Mais il y a plus encore : depuis que l'autorité, avertie par cet exemple, a changé le lieu des exécutions, l'humanité n'a point eu à rougir de cette faveur honteuse et lucrative qui s'attachait jadis aux habitations qui avoisinaient l'échafaud. Paris n'a plus vu se renouveler le scandale de ces locations qui, dans certaines solennités sinistres, plaçaient telle ou telle fenêtre au niveau d'une *loge de l'Opéra*. La guillotine portant avec elle la désolation et l'effroi, est venue changer en vaste solitude un quartier populeux. Les habitans des maisons que la vue du sang et du meurtre devaient contrister se sont hâtés de prendre la fuite pour s'y soustraire, et les propriétaires de ces maisons se trouvent réduits maintenant à poursuivre en justice M. le préfet de la Seine, et à réclamer contre lui des dommages-intérêts[1] !

Après de tels faits que reste-t-il à demander à l'expérience? comment résister à ces mille voix qui nous crient : Adoptez le système pénitentiaire! abolissez la peine de mort! Déjà nous avons prouvé que le pays se trouvait dans les dispositions les plus favorables pour l'un et l'autre changement. C'est en vain qu'on

« société, dans les peines et les châtimens qu'elle est obligée de prescrire, « doit se proposer de moraliser avant de sévir. »

(1) Voir la *Gazette des Tribunaux* du 21 janvier 1835.

objecterait qu'il est impossible de remuer sans cesse
la législation criminelle d'un peuple, et que les plus
salutaires épreuves prématurément essayées finissent
toujours par produire des résultats violens et désastreux. Nous admettons le principe, mais nous soutenons
que la France est digne de se montrer aujourd'hui
l'arbitre indépendant de ses destinées, et qu'il y a
pour elle moins de dangers à craindre et plus de
bienfaits à espérer d'une réforme entière et radicale,
que d'un incomplet et vain replâtrage qui masque
les abus sans les extirper. D'ailleurs, l'expérience de
la loi modificative est faite; elle est devenue pour
nous un nouveau, un irrésistible argument. Qu'atten-
dons-nous encore? cédons au torrent qui entraîne le
siècle; il n'y aurait ni gloire, ni sagesse à lui résister.
Pourquoi étouffer le cri de la vérité qui nous presse ?
Disons hautement ce qui est au fond de toutes les
consciences et de tous les cœurs. Proclamons, en
présence de Dieu, l'inviolabilité de la vie de l'homme,
et hâtons-nous de mettre en pratique cette doctrine
sacrée. Attaquons le crime dans sa source ; éveillons
le remords dans son sanctuaire. Suivons, pour tous
les cas, les sages conseils que nous donne M. Silvela
lui-même pour les seuls délits politiques : « Rendons
l'abolition de la peine de mort populaire en l'intro-
duisant de plus en plus dans les mœurs; faisons-en
une maxime d'éducation, une impression de l'enfance,
une croyance, un dogme religieux dont la dénégation
devienne une espèce d'hérésie.»

Je finis, et il est temps, car je sens que ma main peu
exercée se lasse. Quel que soit le jugement que le public

porte sur cet écrit, j'ose espérer qu'il y verra du moins l'œuvre d'un bon citoyen et d'un honnête homme. L'opinion que j'ai soutenue pourra rencontrer des adversaires, mais les sentimens qui ont guidé ma plume ne sauraient trouver de contradicteurs. Puissé-je avoir porté dans l'esprit de mes lecteurs la profonde persuasion qui est dans mon ame! Puisse ma voix contribuer, même pour une faible part, à accroître le nombre de ces conversions nécessaires que l'humanité et la philosophie attendent encore! Converti moi-même, peut-être aura-t-on daigné m'écouter avec plus d'indulgence; car je puis dire à ceux qui demandent le maintien de la peine de mort : Et moi aussi j'étais partisan de cette peine; j'avais une conviction robuste, une foi que je croyais inébranlable; et cependant cette conviction, cette foi ont changé! Pourquoi vous-mêmes ne changeriez-vous pas? Comme vous j'étais dans l'erreur; la vérité puissante a dissipé les ténèbres qui causaient mon aveuglement. Je n'ai pu demeurer insensible aux magiques accens du progrès, au langage des faits et de l'expérience. J'ai dû céder surtout à l'éloquence élevée et forte, aux argumens victorieux de tant d'illustres écrivains qui ont proclamé et défendu le principe de l'inviolabilité de la vie de l'homme. Heureux, en courbant ma raison sous l'ascendant de leur génie, de me voir libre enfin de suivre les inspirations de ma conscience! Hélas! si j'avais mieux écouté ce juge infaillible et sûr, je n'aurais pas d'inutiles regrets à nourrir, car si je me suis cruellement abusé, ce n'est qu'en étouffant ses murmures.

APPENDICE.

APPENDICE.

PÉTITION DES BLESSÉS DE JUILLET.

(Chambre des députés, séance du 8 octobre 1830.)

M. Clément, rapporteur de la commission des pétitions : Messieurs, vous avez décidé, dans la séance d'hier, que votre commission des pétitions vous ferait, demain samedi, un rapport sur trois pétitions présentées à votre président par des députations de citoyens de Saint-Cloud et de Paris, blessés dans les immortelles journées des 27, 28 et 29 juillet, pétitions par lesquelles ils sollicitent l'abolition de la peine de mort pour les crimes politiques.

La discussion qui va s'ouvrir sur la proposition de notre honorable collègue, M. Victor de Tracy, dont l'objet se rattache à ces pétitions, ne permettant plus à votre commission de préparer un travail complet, qui vous eût été présenté demain, je viens d'être chargé, messieurs, de vous rendre seulement un compte rapide du caractère et du but de ces pétitions.

Elles sont au nombre de trois. La première, revêtue d'une seule signature, est celle du sieur Moutardier, rue de l'Odéon, n° 33, père de six enfans. La seconde présente quarante signatures, et la troisième soixante-seize.

A côté de chaque signature se trouve la mention du domicile du blessé, du lieu de sa naissance, du nombre et du genre de ses blessures et des points où il les a reçues. Un grand nombre des pétitionnaires sont encore dans les hôpitaux, et peut-être sur leur lit de douleur.

Permettez-moi, messieurs, de vous citer quelques-uns des principaux passages de leurs pétitions :

« Le caractère distinctif de notre révolution, c'est l'humanité du peuple, son religieux respect pour tous les droits, sa généreuse pitié pour les vaincus qui n'est égalée que par son indomptable courage. Nous exprimons le vœu qu'aucune émotion de vengeance et de terreur ne se mêle à des sentimens si élevés et si tranquilles.

« L'éclatante pureté de notre cause a pu seule réunir tous les courages dans une commune et sublime révolution. Aujourd'hui que nous n'avons plus d'ennemis redoutables, cette grandeur morale qui a fait notre force est un devoir d'autant plus impérieux qu'il est plus facile. Tout ce que nécessite la fureur d'un combat, la victoire ne l'autorise pas.

« Offrons donc au monde entier un magnanime exemple d'humanité envers ceux même qui ont le plus manqué d'humanité, et qui n'ordonnaient des massacres que pour préluder à tant de supplices.

« Les mânes de nos frères n'ont pas besoin d'un vil sacrifice. Les fleurs que la liberté en deuil apporte sur leurs tombeaux, le sentiment du bonheur public, et cependant nos éternels regrets, voilà ce que réclame la mémoire des martyrs de la grande semaine. Leur gloire doit s'accroître de toute celle que nos efforts généreux et sans tache nous rendront à nous-mêmes.

« De sanglans exemples ne sont pas nécessaires pour effrayer à l'avenir les traîtres à l'État. L'échafaud n'a jamais garanti de l'oppression les nations mal gouvernées.

« Nous donc, qui avons versé notre sang pour la liberté, nous vous supplions d'épargner désormais tout le sang inutile. Le sort de nos bourreaux n'est pas ce qui nous touche; c'est la dignité de la France, la majesté de notre victoire, le respect de l'humanité tout entière représentée plus ou moins dans chacun de ses membres, quelque abject et dégradé qu'il soit par ses crimes.

« Qu'une rigoureuse justice soit faite; mais qu'en même temps la liberté obtienne une gloire de plus: ce sera, messieurs, la récompense de nos sacrifices. » (Très vif mouvement d'adhésion. *Nombre de voix :* Très bien ! très bien !

Ce simple exposé, messieurs, nous dispense de tout développement. Vous sentirez aussi vivement que nous tout ce qu'il y a de noble, de généreux, je dirais presque de divin dans de tels sentimens. Quoi de plus magnanime, en effet, que de voir des hommes mutilés pas le canon de leurs ennemis ne porter que des paroles de paix, et venir, en quelque sorte, demander grace pour eux !

Honneur éternel à une si grande vertu ! la postérité la recueillera, et bientôt les nations européennes partageront notre admiration.

(La chambre ordonne le renvoi de la pétition à M. le garde-des-sceaux.)

RÉPONSE DU ROI A M. CHARLES LUCAS.

M. Ch. Lucas avait été appelé à porter la parole devant Sa Majesté au nom de la députation de Saint-Brieux, chef-lieu des Côtes-du-Nord. « Permettez-moi, sire, dit-il en terminant, d'exprimer un vœu personnel, c'est que nous puissions devoir l'abolition de la peine de mort à un règne auquel nous devons déjà l'abolition de la guerre civile. » Voici la réponse du roi, telle qu'elle a été publiée par les journaux :

« Quant à l'abolition de la peine de mort, j'y suis porté par une conviction qui est celle de ma vie entière. Votre vœu est le mien, et je ferai tous mes efforts pour qu'il puisse s'accomplir. »

ADRESSE AU ROI SUR LA LÉGISLATION PÉNALE.

SIRE,

La révolution, qui a consacré tant de droits jusqu'ici méconnus, a besoin, pour que ses bienfaits soient à jamais assurés, d'institutions sages et d'un système de lois qui soit en harmonie avec l'état avancé de notre civilisation.

Déjà, par un contrat solennel, les libertés publiques sont garanties; mais il est un grand principe qui peut, en imprimant à cette belle époque de notre vie sociale le caractère d'une généreuse modération, la signaler à l'admiration du monde.

Ce principe est celui qui consacre et fortifie le respect pour la vie de l'homme. Graduellement introduit dans notre législation pénale, il la rendra digne du siècle témoin de si mémorables événemens.

Sire, la chambre des députés eût recherché l'honneur d'accomplir cette noble tâche ; elle eût voulu entrer la première dans la voie des améliorations, et proposer d'appliquer immédiatement l'abolition de la peine de mort aux cas indiqués par le travail de sa commission, et sur lesquels il y a accord de sentimens; elle eût désiré retrancher de nos Codes les autres peines excessives.

Mais la chambre ne pouvait embrasser un sujet si grave dans toute son étendue. Privée de temps et de documens, elle a craint, en manquant ou en dépassant le but, de nuire à une cause qui est celle de l'humanité.

Sire, la chambre appelle sur cette salutaire réforme la prompte initiative de Votre Majesté : trop de gloire y est attachée, trop d'avantages doivent en résulter, pour que la nation veuille la devoir à d'autres qu'à son roi.

« Cette adresse a été présentée au roi le samedi 10 octobre 1830, par la députation de la chambre des députés nommée à cet effet.

Le roi, assis sur son trône et entouré de tous les ministres, y a répondu en ces termes :

« Je reçois avec une grande satisfaction l'adresse que vous me présentez. Le vœu que vous y exprimez était depuis bien long-temps dans mon cœur. Témoin, dans mes jeunes années, de l'épouvantable abus qui a été fait de la peine de mort en matière politique, et de tous les maux qui en sont résultés pour la France et pour l'humanité, j'en ai constamment et bien vivement désiré l'abolition. Le souvenir de ce temps de désastres et les sentimens douloureux qui m'oppriment quand j'y reporte ma pensée, vous sont un sûr garant de l'empressement que je vais mettre à vous faire présenter un projet de loi qui soit conforme à votre vœu. Quant au mien, il ne sera complètement rempli que quand nous aurons entièrement effacé de notre législation toutes les peines et toutes les rigueurs que repoussent l'humanité et l'état actuel de la société. »

ORDONNANCE

De M. le préfet de la Seine sur le lieu où seront exécutées
à l'avenir les condamnations emportant peine capitale.

Considérant que la place de Grève ne peut plus servir de lieu d'exécution depuis que de généreux citoyens y ont si glorieusement versé leur sang pour la cause nationale ;

Considérant qu'il importe de désigner de préférence des lieux éloignés du centre de Paris, et qui aient des abords faciles ;

Considérant, en outre, que par des raisons d'humanité ces lieux doivent être choisis le plus près possible de la prison où sont détenus les condamnés ;

Considérant que, sous ces différens rapports, la place située à l'extrémité de la rue du Faubourg-Saint-Jacques paraît réunir les conditions nécessaires ;

Avons arrêté :

Les condamnations emportant peine capitale seront, à l'avenir, exécutées sur l'emplacement qui se trouve à l'extrémité du faubourg Saint-Jacques.

Fait à Paris, le 20 janvier 1832.

Signé : Comte DE BONDY.

L'ordonnance qui précède a inspiré au *Globe* des réflexions d'une énergie remarquable. En voici quelques-unes que nous empruntons au numéro du 30 janvier 1832 :

« Ainsi l'autorité qui se voue encore au triste métier de soutenir la loi du sang est contrainte de l'avouer elle-même : le sang des martyrs a purifié la place de Grève ; respect est dû aux pavés rougis en juillet ; ce serait les profaner que d'y planter l'échafaud. Il est reconnu que le supplice de mort souille, déshonore par sa présence : l'autorité pense-t-elle lui enlever son opprobre en lui enlevant la publicité ? Et quand même l'exécution serait cachée à tous les yeux, quand même le bruit de la tête tombant serait étouffé pour toutes les oreilles, et que le bourreau opérerait dans quelque enceinte mystérieuse et souterraine, l'autorité croirait-elle avoir purifié la peine de mort, et l'avoir lavée de cette tache qui la rend incompatible avec de glorieux trépas ? Non, non, ce n'est point de la publicité ou du mystère que dépend l'impression que fait éprouver aujourd'hui le dernier supplice. Si ce spectacle pénètre tellement d'horreur, même les cœurs les plus insensibles, qu'ils veulent l'éloigner du sein des villes ; si ce tableau, loin d'être salutaire, est déclaré nuisible aux mœurs du peuple, c'est que, non pas seulement dans la forme et l'appareil, mais dans son essence même, ce spectacle est contraire à la moralité générale, universelle. Oui, un jour d'exécution, l'humanité se sent blessée et dans cet homme dont un jugement brutal abat la tête, et dans ces populations qui, saisies d'horreur,

ferment leurs portes et leurs croisées sur les pas lugubres de
la victime, et dans cette foule curieuse avide d'émotions
fortes, qui repaît ses yeux de sang. Le supplicié proteste
contre l'atroce sévérité d'une loi qui, inexorable et déses-
pérante, pour s'éviter la peine de refaire une éducation,
tranche une tête sur laquelle elle assume tous les torts,
même les siens. Les populations par leur douleur protestent
contre un sang si inutilement versé, contre une injustice qui
n'est plus dans ses mœurs, et la foule qui vient regarder
proteste à son tour contre une société insoucieuse qui, la
sevrant de toute éducation, de toute douceur, de toute ca-
resse, pour sa part du banquet, ne lui laisse que misère et
écume, et la lient comme en réserve pour alimenter l'échafaud. »

RAPPORT DU GARDE-DES-SCEAUX.

Ordonnance royale concernant les exécuteurs et les aides-
exécuteurs.

SIRE,

Les comptes généraux de l'administration de la justice
criminelle en France constatent un progrès notable dans la
diminution des peines afflictives et infamantes.

Le nombre des condamnations capitales a été, en 1828,
de 114, dont 75 ont été suivies d'exécution; en 1829, sur
89 condamnés, 68 ont été exécutés; en 1830, 38 sur 92;
en 1831, 28 sur 108. La même progression décroissante
s'est fait remarquer dans l'exécution de la peine de l'exposition publique : ainsi, à Paris, 338 individus ont été ex-
posés en 1829; le chiffre n'a plus été que de 262 en 1830,
et a encore diminué en 1831.

La loi du 28 avril 1832, qui a modifié le Code pénal et le
Code d'instruction criminelle, a aboli la flétrissure et la
peine du carcan. Elle a, dans un grand nombre de cas, supprimé la peine capitale, elle a affranchi de l'exposition pu-

blique les mineurs de dix-huit ans et les septuagénaires, et rendu cette peine toujours facultative.

Dans ces circonstances, il devient possible d'opérer une forte réduction dans le personnel des exécuteurs d'arrêts criminels et de leurs aides.

En diminuant le nombre de ces hommes, auxquels la société se trouve dans la nécessité de demander un terrible et douloureux service, Votre Majesté consacrera un résultat honorable pour nos mœurs et pour notre législation.

Il existe, dans l'état actuel, 86 exécuteurs et 146 aides.

Il m'a paru possible de supprimer dès à présent 130 aides sur 146. A l'égard des exécuteurs, j'ai reconnu qu'ils pouvaient, au fur et à mesure des extinctions, être réduits de moitié.

Les intérêts du Trésor sont d'un ordre bien secondaire, lorsqu'on les compare aux avantages que l'humanité et la morale publique doivent retirer de la mesure proposée ; il importe, néanmoins, de remarquer que cette mesure amènera une économie qui, proportionnellement à cet ordre de dépenses, compris aujourd'hui au chapitre des frais de justice pour une somme de 41,600 fr., sera considérable.

Les gages des aides, qui s'élèvent à une somme totale de 107,600 fr., seront réduits à 13,600 fr. Une partie de cette économie sera temporairement consacrée à fournir aux aides supprimés des secours qu'il est impossible de refuser à ceux d'entre eux qui demeureront sans ressources. Je propose de fixer à 400 fr., moitié des gages actuels, le maximum des secours à accorder.

Sur les salaires des exécuteurs, dont la somme totale est de 224,000 fr., l'économie sera plus lente ; lorsqu'elle sera effectuée intégralement, elle s'élèvera, par la combinaison de la diminution des salaires avec les suppressions d'emplois, à beaucoup plus de moitié de la dépense actuelle.

La suppression des aides, et, dans un grand nombre de départemens, celle des exécuteurs, augmenteront les frais de transports ; mais il résulte de tous les calculs que j'ai fait faire à cet égard, que la totalité de ces frais, dont la vérification sera d'ailleurs soumise à une surveillance scrupuleuse, ne pourra, dans aucune hypothèse, aller annuellement au-delà de 25 à 30,000 fr., somme de beaucoup inférieure aux économies qui seront obtenues dès le premier moment.

L'ordonnance dont j'ai l'honneur de soumettre le projet à l'approbation de Votre Majesté aura donc l'avantage de procurer au trésor public une diminution de dépense, en même temps qu'elle portera témoignage de l'adoucissement de nos mœurs nationales. *Signé,* BARTHE.

LOUIS-PHILIPPE, roi des Français,
A tous présens et à venir, salut.

Vu les décrets des 13 juin et 23 novembre 1793, et l'article 115 du décret du 18 juin 1811 ;

Vu la loi du 28 avril 1832, contenant des modifications au Code pénal et au Code d'instruction criminelle ;

Considérant que les comptes généraux de l'administration de la justice criminelle en France constatent une progression notable dans la diminution des condamnations à des peines afflictives et infamantes ;

Que la loi rendue le 28 avril 1832 a supprimé les peines de la flétrissure et du carcan, et rendu facultative celle de l'exposition publique ;

Que, dans cet état de choses, il devient possible de réduire le nombre des exécuteurs des arrêts de justice criminelle et de leurs aides ;

Sur le rapport de notre garde-des-sceaux, ministre secrétaire d'état au département de la justice,

Nous avons ordonné et ordonnons ce qui suit :

Art. 1er. Jusqu'à ce que le nombre actuel des exécuteurs des arrêts de justice criminelle se trouve réduit de moitié, notre garde-des-sceaux, ministre de la justice, est autorisé à ne pas pourvoir à leur remplacement au fur et à mesure des extinctions.

2. A l'avenir, il n'y aura qu'un aide-exécuteur dans les départemens du Calvados, de la Corse, de l'Eure, d'Ille-et-Villaine, de la Manche, du Nord, de l'Orne, du Pas-de-Calais, du Rhône, de Seine-et-Oise.

Il y aura deux aides dans le département de la Seine-Inférieure, et quatre dans le département de la Seine.

Les aides-exécuteurs dans les autres départemens sont supprimés, et il ne pourra en être rétabli que dans ceux de ces départemens où, conformément à l'article 1er, il ne sera pas pourvu au remplacement des exécuteurs.

3. Les gages des exécuteurs qui seront nommés postérieurement à la publication de la présente ordonnance sont fixés annuellement ainsi qu'il suit :

Pour l'exécuteur résidant à Paris. . . . . . 8,000 fr.

à Lyon. 5,000

à Bordeaux et Rouen. 4,000

Dans les autres villes, dont la population excède cinquante mille ames. 3,500

Dans les villes dont la population est de vingt mille ames à cinquante mille ames. 2,400

Dans les villes de vingt mille ames et au-dessous.. 2,000

4. Les aides-exécuteurs seront à la nomination du ministre secrétaire-d'état de la justice; leurs gages sont fixés annuellement à mille francs pour ceux de Paris, et à huit cents francs pour ceux des autres villes.

5. Il pourra être accordé, sur le montant des économies résultant de la présente ordonnance, un secours alimentaire, dont le maximum sera de quatre cents francs, à chacun des aides dont les fonctions sont supprimées.

6. Pour toute exécution autre que celles par contumace, les exécuteurs auxquels il n'est point attribué d'aide par la présente ordonnance seront, sur la réquisition du ministère public, assistés par les exécuteurs ou aides des chefs-lieux

voisins, conformément au tableau qui sera dressé à cet effet par notre ministre de la justice.

Pour les exécutions dans les départemens où les exécuteurs auront été supprimés en vertu de l'art. 1er, les exécuteurs et aides des départemens voisins seront mis à la disposition du ministère public, conformément à un tableau dressé dans la même forme.

7. Le ministère public pourra requérir un ou plusieurs exécuteurs ou aides autres que ceux qui sont désignés par le précédent article, en cas d'empêchement ou de maladie d'un exécuteur ou de son aide, et en outre toutes les fois qu'il jugera nécessaire d'augmenter le nombre des agens d'une exécution.

8. Les exécuteurs ou leurs aides qui se seront déplacés en vertu de réquisition du ministère public recevront une indemnité de 12 fr. par jour.

9. Les décrets, ordonnances et réglemens antérieurs sont abrogés en ce qu'ils ont de contraire à la présente ordonnance, laquelle sera exécutoire à compter du 1er janvier prochain.

10 Notre garde-des-sceaux, ministre secrétaire-d'état au département de la justice, est chargé de l'exécution de la présente ordonnance.

Paris, le 7 octobre 1832.

LOUIS-PHILIPPE.
Par le Roi :
BARTHE.

PLACET DE Mᶜ CREMIEUX AU ROI.

On lit dans la *Gazette des Tribunaux* du 1er octobre 1832 l'article suivant :

« Cuny, condamné à la peine capitale par suite des événemens des 5 et 6 juin, a résisté à toutes les instances qui lui étaient faites pour présenter au roi un recours en grace ; mais Mᵉ Crémieux, avocat aux conseils, a adressé à Sa Majesté un placet ainsi conçu :

« SIRE,

« Je vous demande une audience, je la demande sans
retard ; le temps presse ; si la hache du bourreau frappait
l'infortuné Cuny, ma vie entière serait empoisonnée.

« Sire, j'étais chargé de présenter à la cour de cassation
le pourvoi de ce malheureux. Une blessure grave au pied,
qui m'a retenu quinze jours sur un lit de douleur, qui ne
me permet pas encore de reprendre mes travaux, m'a em-
pêché de le défendre. L'habileté de mon confrère Lacoste
a échoué devant les textes de la loi ; mes devoirs d'avocat
recommencent en présence de l'échafaud qui peut se dresser à toute heure pour ce jeune homme. Je demande une
audience.

« Sire, cet infortuné ne veut pas demander grace ; moi
je demande que vous ne fassiez pas tomber sa tête.

« Sire, il y a de l'exaltation dans ce jeune cœur tout
bouillant de républicanisme ; mais le crime n'a pas pénétré
dans ce sanctuaire. L'échafaud pour un délit politique ! jamais Louis-Philippe ne permettra qu'il se relève !

« Sire, ils avaient conspiré contre le trône et la dynastie
régnante, nos malheureux amis dont le sang si noble et si
pur arrosa les échafauds de la restauration, ils avaient, pour
la plupart, pris les armes et levé l'étendard de la guerre
civile. Oh ! que le souvenir du bourreau fait mal à côté du
souvenir de leurs imprudentes tentatives ! Ce sang, nous
ne le pardonnons pas à ceux qui pouvaient empêcher qu'il
ne fût répandu ! Et pourtant ils furent des conspirateurs,
ceux qui succombèrent !

« Sire, au nom de Dieu, que sous votre règne une tête
de patriote ne roule pas sous la hache !

« Roi des barricades de juillet, pardonnez aux barricades
de juin.

« Roi du peuple, ne souffrez pas qu'un enfant du peuple
meure de la main du bourreau pour un crime politique.

« Ils sont jeunes et braves, ces Français républicains ;

leur cœur bat au nom de *patrie et liberté*. La patrie et la liberté ne les appelleraient pas en vain au jour du danger.

« Sire, laissons au temps à calmer leur imagination vive, impatiente; l'âge des illusions ne passe que trop vite, et la vie a tant de mécomptes!

« Enfin, sire, votre cœur aussi a battu dans votre glorieuse jeunesse aux accens de la liberté républicaine. Votre sommeil de roi vous retrace plus d'une fois encore des souvenirs toujours présens à votre pensée comme à notre mémoire. Louis-Philippe, vous fûtes duc de Chartres. Duc de Chartres, vous avez vaillamment combattu sous le drapeau républicain.

« Duc d'Orléans, vous étiez l'appui des patriotes persécutés par la restauration; roi des Français, vous ne souffrirez pas qu'une des taches du drapeau blanc vienne souiller notre drapeau tricolore.

« Sire, vous me l'avez dit à moi-même, il y a moins de quarante jours : « Je ne serai heureux que le jour où la « peine de mort sera abolie de nos codes. » Ce sont là vos propres paroles, mon cœur les a recueillies.

« Vous avez le droit de grace.

« Sire, je suis, avec le plus profond respect, de Votre Majesté, le très humble, très obéissant et très fidèle serviteur,

« Signé CRÉMIEUX.»

— Le journal ajoute : « Nous apprenons à l'instant que M. Chaudé, capitaine de la garde nationale, qui avait arrêté Cuny, a également formé en faveur de ce malheureux une demande en grace. M. Chaudé a reçu de M. le garde-dessceaux l'assurance que la peine de mort serait commuée en une peine temporaire sans exposition. »

NOUVEL EXEMPLE DE MONOMANIE HOMICIDE.

Cour d'assises de Lot-et-Garonne.

Un jeune homme d'une extrême bonté, bon camarade, généreux à l'excès, empruntant pour rendre service ce qu'il n'avait pas à l'instant même, a été conduit à un horrible attentat par la monomanie. Un soupçon ridicule, que tout tendait à détruire, avait germé dans sa tête, et les racines en avaient été si profondes que rien ne pouvait l'en arracher. Cette cause présente un puissant intérêt, l'accusé se trouvant lié à l'une des familles les plus honorables de notre département. Aussi, dès l'ouverture des portes de la cour d'assises, une foule nombreuse s'est-elle précipitée dans l'auditoire pour voir et entendre ce malheureux jeune homme.

Antoine Ninon est âgé de 27 ans; sa taille est moyenne, son teint brun; il est fort calme. Cependant tout dans sa contenance annonce un être profondément malheureux. Il s'assied sur le banc, croise les bras, baisse la tête, et reste ainsi pensif et rêveur. Lorsqu'on lui adresse une question, il lève la tête, répond, et retombe ensuite dans sa rêverie. Il déclare se nommer Antoine Ninon, propriétaire, habitant à Moncrabeau, né à Altkirch (Haut-Rhin).

Le président ordonne la lecture de l'acte d'accusation; il est ainsi conçu :

Antoine Ninon est appelé devant le jury par un de ces crimes tellement atroces qu'on les croirait impossibles : il a lâchement assassiné un prêtre respectable; il a tenté d'assassiner un oncle qui l'affectionnait, et ensuite il n'a trouvé dans son cœur, au lieu de remords, qu'un affreux sentiment, le vif regret de n'avoir pu tuer son oncle, le curé et lui-même.

Le 28 octobre dernier, après midi, la société de Moncrabeau était réunie dans la salle du cercle; les uns jouaient, les autres lisaient les journaux. Antoine Ninon y arrive, l'air calme et tranquille, demande ce qu'il y a de nouveau dans les gazettes, puis propose une partie de piquet; il joue, il perd, et cède sa place à M. le curé Dumas, qui se met à jouer contre M. Ninon l'aîné, l'oncle. Bientôt Antoine Ninon sort, et va dans sa chambre chercher quatre pistolets de poche à piston; quelques instans après il était rentré au

cercle, l'air presque aussi calme qu'auparavant. Le curé et
M. Ninon l'aîné jouaient encore ensemble ; à leur côté
étaient des personnes qui leur donnaient des conseils. Antoine Ninon se promenait dans la salle sans que rien en lui
indiquât de funestes desseins. Tout à coup il s'approche de
la table, appuie un pistolet sur la tête du curé ; le coup
part, le pauvre curé s'affaisse sur sa chaise, frappé d'une
balle mortelle. L'assassin s'allonge sur la table, saisit un second pistolet, le porte à la figure de son oncle, en lui
criant : *à vous!* A ce moment, l'arme à bout portant, la dé-
tente part ; mais, oh ! bonheur inouï ! le coup a raté, et
M. Ninon s'enfuit par une fenêtre en poussant des cris
d'effroi.

Aussitôt on se jeta sur le forcené ; il voulait se tuer ; on
l'arrêta ; il fut désarmé. Il avait encore sur lui trois pistolets à piston, tous chargés.

M. Ninon, oncle, avait dû sa vie à un bonheur presque
inouï : quant au pauvre curé Dumas, sa blessure était mortelle. Ce vénérable ecclésiastique mourut le lendemain,
plaignant son meurtrier et lui pardonnant.

Maintenant que le récit de ce double crime a été fait par
l'accusation, elle va remplir un autre devoir, recueillir
toutes les paroles prononcées en ce moment terrible par
Antoine Ninon ; elles devront servir à étudier l'état de ses
facultés mentales.

Au moment où on le désarmait, il s'écriait en se débattant : « Messieurs, laissez-moi, je suis perdu, je veux me
« détruire. Je veux me détruire pour ne pas déshonorer ma
« famille. » Cependant la foule accourue se pressait auprès
du curé. « Il est mort, disait-on. — Tant mieux, répondit
« l'accusé ; c'est un scélérat, ainsi que mon oncle ; ils m'ont
« empoisonné, je m'en suis assez plaint dans le public. »

Il est déposé en prison presque aussitôt ; et, après une
heure un quart de réflexion, il est interrogé : il avoue son
double crime ; il dit qu'il a agi ainsi parce que son oncle et
le curé lui avaient donné de concert un poison lent ; qu'il

avait porté ses pistolets pour les tuer tous deux; qu'il en avait porté quatre en cas que l'un ne fît pas feu. Enfin, quand on lui demande s'il n'a rien à ajouter : « Rien, dit-il, « si ce n'est que je regrette vivement de ne pas avoir tué « M. le curé et mon oncle, et de ne m'être pas ensuite sui-« cidé. » Et cette dernière réponse si atroce, il ne la rétracte pas; il l'approuve de sa signature, lorsque, après une heure de réflexion, le magistrat qui dressait procès-verbal lui demande s'il n'a rien à changer à son interrogatoire.

Des renseignemens ont été recueillis pour établir quel était l'état des facultés morales d'Antoine Ninon : il en résulte, non pas qu'il eût jamais donné des signes d'aliénation, mais que son caractère était bizarre, étourdi, extravagant, quelquefois d'une turbulence singulière, d'autres fois d'une mélancolie profonde; depuis cinq à six mois on avait remarqué un grand changement dans sa conduite. Il était presque brouillé avec le curé Dumas, son ancien ami, même auparavant son commensal ; il était en froideur avec M. Ninon, son oncle, qui l'affectionnait beaucoup. Il avait sans doute dès lors formé son horrible projet; car l'acquisition des quatre pistolets de poche est bien antérieure au 28 octobre, et un mois avant ce jour fatal il avait dit et répété « qu'il arriverait quelque chose d'extraordinaire à Moncrabeau. »

Au reste les informations n'ont pas éclairci la cause secrète ou la passion funeste qui arma le bras de l'assassin : peut-être en trouverait-on l'indication dans cette réponse de l'accusé au juge d'instruction : *qu'il était préoccupé de l'idée que son oncle voyait avec peine les visites qu'il faisait dans sa maison.* Pour lui il a toujours dit qu'il fut poussé au crime par cette idée fixe, que son oncle et le curé lui avaient administré un poison lent pour détruire la fougue de ses passions, l'ardeur de ses sens. Soupçon ridicule, repoussé comme absurde par tous ceux à qui il le communiquait, et qui, loin de le justifier, ne peut suffire pour faire comprendre son double attentat.

Tels sont les faits, tels sont les discours proférés par le prévenu; l'accusation les a recueillis et les présente au jury, qui prononcera.

Après l'exposé de l'affaire, fait par M. le procureur général, on procède à l'interrogatoire de l'accusé; on lui représente les pistolets, il déclare les reconnaître pour lui appartenir; il reconnaît s'être servi de l'un d'eux pour tirer sur le curé Dumas; il déclare les avoir achetés à Francescas, chez un armurier, mais ne pas se rappeler au juste l'époque.

D. Portiez-vous souvent ces pistolets sur vous?—R. Oui, quelquefois.

D. Pourquoi? — R. Pour me garantir. On avait essayé de m'empoisonner; on aurait pu m'assassiner.

D. A-t-on tenté de vous assassiner? — R. Souvent pendant la nuit j'ai entendu des gens venir dans ma chambre, et qui s'en allaient quand ils voyaient que je ne dormais pas.

D. Avez-vous demandé au sieur Dupuy, chez qui vous logiez, si quelqu'un s'introduisait la nuit dans votre chambre?

R. Non.

D. Vous souvenez-vous du 28 octobre? Ce jour-là aviez-vous vos pistolets sur vous?

R. Depuis quelque temps je les avais toujours.

D. Quand vous êtes entré dans la salle, les aviez-vous sur vous?

R. Je les avais sur moi. J'avais remarqué que l'on m'examinait, et j'étais certain que l'on voulait en finir avec moi.

D. Quand vous êtes sorti de la salle du cercle, n'êtes-vous pas monté dans votre chambre?

R. Non. Je suis sorti, parce que je souffrais horriblement de ma tête. Je suis rentré presque aussitôt.

Dans l'audience de ce jour, 14 décembre, M. le procureur général a été entendu. M. Baze, défenseur de l'accusé, a plaidé la question de monomanie; Antoine Ninon *a été acquitté*. Il est probable toutefois que l'autorité prendra à son égard les mesures nécessaires pour le mettre désormais hors d'état de renouveler son crime.

(Extrait de la *Gazette des Tribunaux* des 19 et 23 décembre 1832.)

FRAGMENS DE M. CHARLES NODIER SUR LA PEINE DE MORT.

« ..... Il serait bien temps que le genre humain réprouvât d'une voix unanime cette justice impie qui a usurpé insolemment l'œuvre de mort sur la puissance de Dieu, l'œuvre que Dieu s'était réservée *quand il frappa toute notre race d'un jugement de mort* qui n'appartenait qu'à lui. Oh! vous êtes de grands faiseurs de révolutions! vous avez fait des révolutions contre toutes les institutions morales et politiques de la société! vous avez fait des révolutions contre toutes les lois! vous en avez fait contre les pensées les plus intimes de l'ame, contre ses affections, contre ses croyances, contre sa foi! vous en avez fait contre les trônes, contre les autels, contre les monumens, contre les pierres, contre l'inanimé, contre la mort, contre le tombeau et la poussière des aïeux! vous n'avez point fait de révolution contre l'échafaud, car jamais un sentiment d'homme n'a prévalu, jamais une émotion d'homme n'a palpité dans vos révolutions de sauvages! Et vous parlez de vos lumières! et vous ne craignez pas de vous proposer pour modèles d'une civilisation perfectionnée! Oserai-je vous demander où elle est votre civilisation? Serait-ce par hasard cette stryge hideuse qui aiguise un triangle de fer pour couper des têtes? Allez, vous êtes des barbares!.....

« ... Nous vivons dans un temps de pensées sévères et de tristes prévisions, où les gens de bien peuvent avoir besoin de se coaliser d'avance contre le bourreau...

« ..... Il ne faut tuer personne. Il ne faut pas tuer ceux qui tuent. Il ne faut pas tuer le bourreau ! Les lois d'homicide il faut les tuer ! »

(Extrait de la *Revue de Paris* du 7 février 1832.)

FRAGMENS DE M. VICTOR HUGO SUR LA PEINE DE MORT.

« ..... Il appartenait au mouvement populaire le plus clément des temps modernes de raturer la pénalité barbare de Louis XI, de Richelieu et de Robespierre, et d'inscrire au front de la loi l'inviolabilité de la vie humaine ; 1830 méritait de briser le couperet de 93.

« ..... Nous l'avons espéré un moment ; en août 1830 il y avait tant de générosité dans l'air, un tel esprit de douceur et de civilisation flottait dans les masses, on se sentait le cœur si bien épanoui par l'approche d'un bel avenir, qu'il nous sembla que la peine de mort était abolie de droit, d'emblée, d'un consentement tacite et unanime, comme le reste des choses mauvaises qui nous avaient gênés. Le peuple venait de faire un feu de joie des guenilles de l'ancien régime, celle-là était la guenille sanglante ; nous la crûmes dans le tas, nous la crûmes brûlée comme les autres ; et pendant quelques semaines, confians et crédules, nous eûmes foi pour l'avenir à l'inviolabilité de la vie comme à l'inviolabilité de la liberté.

« ..... Dans les crises sociales, de tous les échafauds l'échafaud politique est le plus hideux, le plus funeste, le plus vénéneux, le plus nécessaire à extirper. Cette espèce de guillotine-là prend racine dans le pavé, et en peu de temps repousse de bouture sur tous les points du sol.

« ..... Jamais les exécutions n'ont été accompagnées de circonstances plus atroces que depuis la révocation du sursis de juillet. Jamais l'anecdote de la Grève n'a été plus révoltante et n'a mieux prouvé l'exécration de la peine de mort.

« ..... Il faut citer ici deux ou trois exemples de ce que

certaines exécutions ont eu d'épouvantable et d'impie.
Il faut donner mal aux nerfs aux femmes des procureurs
du roi.

« ..... A Dijon, il y a trois mois, on a mené au supplice
une femme (une femme). Cette fois le couteau du docteur
Guillotin a mal fait son service. La tête n'a pas été tout-à-
fait coupée ; alors les valets de l'exécuteur se sont attelés
aux pieds de la femme, et à travers les hurlemens de la
malheureuse, et à force de tiraillemens et de soubresauts,
ils lui ont séparé la tête du corps par arrachement. Cela s'est
fait, cela s'est vu. Oui.

« ..... A Paris nous revenons au temps des exécutions
secrètes. Comme on n'ose plus décapiter en Grève depuis
juillet, comme on a peur, comme on est lâche, voici ce
qu'on fait. On a pris dernièrement à Bicêtre un homme,
un condamné à mort, un nommé Désandrieux, je crois ;
on l'a mis dans une espèce de panier traîné sur deux roues,
clos de toutes parts, cadenassé et verrouillé, puis un gendarme en tête, un gendarme en queue, à petit bruit et sans
foule ; on a été déposer le paquet à la barrière déserte de
Saint-Jacques. Arrivés là, il était huit heures du matin, à
peine jour ; il y avait une guillotine toute fraîche dressée,
pour public quelques douzaines de petits garçons groupés
sur les tas de pierre voisins autour de la machine inattendue ;
vite on a tiré l'homme du panier, et sans lui donner le temps
de respirer, furtivement, sournoisement, honteusement,
on lui a escamoté la tête. Cela s'appelle un acte public et
solennel de haute justice. Infâme dérision !

« ... Autrefois du moins quelque foi circulait dans le
peuple ; au moment suprême, le souffle religieux qui était
dans l'air pouvait amollir le plus endurci ; un patient était
en même temps un pénitent ; la religion lui ouvrait un
monde au moment où la société lui en fermait un autre ;
toute ame avait conscience de Dieu ; l'échafaud n'était qu'une
frontière du ciel. Mais quelle espérance mettez-vous sur l'é-
chafaud, maintenant que la grosse foule ne croit plus ?

maintenant que tóutes les religions sont attaquées du dry-rot, comme ces vieux vaisseaux qui pourrissent dans nos ports, et qui jadis peut-être ont découvert des mondes? maintenant que les petits enfans se moquent de Dieu? De quel droit lancez-vous dans quelque chose dont vous doutez vous-mêmes les ames obscures de vos condamnés, ces ames telles que Voltaire et M. Pigault-Lebrun les ont faites! Vous les livrez à votre aumônier de prison, excellent vieillard sans doute; croit-il et fait-il croire? Ne grossoie-t-il pas comme une corvée son œuvre sublime? Est-ce que vous le prenez pour un prêtre, ce bonhomme qui coudoie le bourreau dans la charrette? Un écrivain plein d'ame et de talent l'a dit avant nous : *C'est une horrible chose de conserver le bourreau après avoir ôté le confesseur!*

« ..... L'édifice social du passé reposait sur trois colonnes, le prêtre, le roi, le bourreau. Il y a déjà long-temps qu'une voix a dit : *Les dieux s'en vont!* Dernièrement une autre voix s'est élevée et a crié : *Les rois s'en vont!* Il est temps maintenant qu'une troisième voix s'élève et dise : *Le bourreau s'en va!*

« ...... Ainsi l'ancienne société sera tombée pierre à pierre; ainsi la Providence aura complété l'écroulement du passé.

« ..... Et l'ordre ne disparaîtra point avec le bourreau : ne le croyez point. La voûte de la société future ne croulera pas pour n'avoir point cette clé hideuse. *La civilisation n'est autre chose qu'une série de transformations successives.*

« ..... *On regardera le crime comme une maladie, et cette maladie aura ses médecins qui remplaceront vos juges, ses hôpitaux qui remplaceront vos bagnes;* la liberté et la santé se ressembleront. On versera le baume et l'huile où l'on appliquait le fer et le feu. On traitera par la charité ce mal qu'on traitait par la colère, etc. »

(Extrait de la *Revue de Paris* du 18 mars 1832.)

PREVENUS SOLLICITANT UNE CONDAMNATION.

Tribunal correctionnel de Brest.

Dans la même semaine on a vu deux prévenus, traduits devant ce tribunal, solliciter en quelque sorte eux-mêmes toute la sévérité de la justice, afin que la durée de la détention les fît sortir de Brest. En effet, la *Gazette des Tribunaux* a déjà eu occasion de faire observer que les individus condamnés à plus d'une année d'emprisonnement par les tribunaux du Finistère allaient subir leur peine au mont Saint-Michel, où on les emploie à divers travaux dont les produits servent à l'adoucissement de leur sort. Cette mesure philantropique que l'administration avait négligée pendant long-temps reçoit enfin son exécution. La société et les condamnés eux-mêmes s'en trouveront bien.

Nous revenons à nos deux prévenus : l'un, tambour de la garde nationale, âgé de 17 ans, avait dérobé pour environ 300 fr. d'effets qui étaient déposés dans une malle; il trouva malheureusement des marchands et des revendeuses assez faciles pour les acheter à vil prix, bien que la position du prévenu eût dû naturellement éveiller leurs soupçons. Plût à Dieu que la louable conduite de la femme Courtin, revendeuse qui figure dans un article de la *Gazette des Tribunaux* du 13 de ce mois, trouvât plus d'imitateurs ! Les vols seraient plus rares si les achats se faisaient avec plus de conscience et de circonspection ; les revendeurs devraient être d'autant plus attentifs à cet égard que la personne volée est en droit, pendant trois ans, de rentrer dans la propriété de ses effets sans être tenue à aucune indemnité. Le délit du jeune tambour était constant; il a lui-même demandé deux ans de prison, afin de ne pas être réduit à recommencer ses vols en sortant des prisons de Brest, où d'ailleurs il resterait inoccupé si la peine ne se prolongeait pas au-delà d'un an. Le tribunal a exaucé ses vœux.

L'autre prévenu était un homme de 45 ans, appartenant à une honnête famille d'artisans. L'état de serrurier que lui avaient appris ses parens aurait pu lui procurer une existence honorable ; mais ses basses inclinations lui ont fait préférer le vagabondage et la mendicité. A l'insolence de ses réponses, lors de son interrogatoire, on pouvait juger

qu'il eût regardé comme un mal qu'on le traitât avec indulgence. Déjà condamné deux fois, il avait été de nouveau
arrêté comme vagabond, et se livrant à la mendicité hors
du canton habituel de sa résidence. Le tribunal, par application de l'article 275. 2ᵉ § du Code pénal, l'a condamné
à quinze mois d'emprisonnement. Il a dit en se retirant *que
c'était bien là ce qu'il désirait.*

De tels exemples sont propres à démontrer la bizarrerie
de nos établissemens de correction. Ceux qu'une faute légère ferait condamner à quelques mois de détention sont
presque réduits à désirer un long emprisonnement pour être
délivrés du fardeau de l'inaction : ils envient le sort de ceux
que frappe la justice pour les délits les plus graves. Avis
aux comités des prisons !

(Extrait de la *Gazette des Tribunaux*, 6 juin 1832.)

DEPART DE LA CHAINE DES FORÇATS POUR TOULON.

Nous avons annoncé, il y a quelques jours, l'arrivée à
Bicêtre des chaînes, dites *volantes*, de condamnés qui devaient être attachés à la grande chaîne partie avant-hier
matin ; ces chaînes venaient des départemens situés au nord
de Paris, et dans le trajet de cette ville à Toulon le convoi
se grossit en route de tous les forçats qui sont dirigés sur
les villes de passage ; arrivés à Bicêtre, le collier des galé-
riens attachés aux chaînes *volantes* est rivé, et ils su-
bissent de nouveau l'opération du *ferrement* au moment du
départ général.

Cent quatre-vingt-deux forçats étaient ainsi réunis dans
la cour de Bicêtre. Malgré une pluie presque continuelle,
ces malheureux, rangés en longues files, se sont assis sur
quelques poignées de paille, et ont été attachés à leur collier. Cette opération, qui est trop connue pour que nous
la décrivions, a été terminée en moins de deux heures, et
les forçats, divisés en sept cordons, ont écouté tête nue le
discours habituel de M. l'abbé Montès.

Ces criminels, condamnés à 5 ou 10 ans de fers, sont presque tous jeunes ; les Parisiens surtout, et ils sont en grand nombre, se distinguent de leurs camarades par leur turbulence et leur loquacité ; ils chantent, ils gesticulent autant que leur permet leur position, et ils envoient d'une voix perçante à leurs compagnons de captivité, groupés aux grilles des nombreuses fenêtres de la prison, des adieux dans le dialecte de *l'argot*. Les condamnés des départemens, au contraire, sont en général tristes et abattus ; il faut dire que la sévérité des cours d'assises de province envoie souvent au bagne des malheureux qui ont commis des vols très minimes ; là, dans cette cour, sont confondus avec la lie de la société des individus qui ont dérobé un mouton, quelques gerbes de blé ; deux poules, etc.

Quatre militaires font partie de la chaîne ; ils ont été condamnés deux pour vol et deux pour désertion ; l'un de ces derniers, d'une très bonne famille, se faisait remarquer par sa profonde affliction.

L'histoire que racontait un autre forçat intéressait vivement à son sort ; cet homme, après s'être évadé pour la deuxième fois du bagne où il expiait une condamnation de cinq ans de fers pour faux, était parvenu à passer en Belgique où il avait pris du service dans la guerre dernière ; mais le désir de revoir son pays et la certitude qu'un ami lui donnait d'obtenir sa grace le déterminèrent à rentrer en France, où il fut reconnu et arrêté de nouveau ; l'homme qui lui est accouplé, remarquable par sa stature gigantesque, est un ancien cent-suisse condamné pour chouannerie. On distingue aussi l'ex-hussard Bérenger, également condamné pour brigandage à main armée.

Le lendemain matin à 7 heures, après l'inspection ordinaire faite par Vidocq et les siens, les portes de la prison se sont ouvertes aux longues voitures sur lesquelles se trouvent placés les forçats qui entonnent un chant de départ sur l'air de la *Parisienne*.

Nous ne terminerons pas cet article sans appeler l'atten-

tion de l'autorité sur une réforme que réclament tous les
philantropes qui s'occupent sérieusement de l'amélioration
de notre système pénitentiaire ; c'est le changement du mode
de transfèrement ; non-seulement cette torture n'est pas
écrite dans la loi, mais c'est une rigueur inutile. Nous ne
croyons pas le prouver mieux qu'en citant le fait suivant,
dont nous garantissons l'exactitude ; ce simple récit en dira
plus peut-être pour la cause de l'humanité que tous les raisonnemens possibles.

Dans une des chaînes volantes venant de Bayeux à Paris,
se trouvait un homme de 61 ans, nommé François Lepline,
condamné à dix ans de galères ; le pied lui glissa en route,
et il se blessa de manière à ne pouvoir plus faire un pas ;
malgré ses réclamations, l'ordre de continuer la marche
ayant été donné, ses camarades le traînèrent par le cou pendant un certain espace de chemin... C'est alors qu'un peu
de repos lui fut accordé, et malgré sa blessure on le força
d'achever l'étape, qui était encore de plusieurs lieues !...
Là seulement il fut déferré, et le lendemain on le plaça les
jambes pendantes sur une lourde charrette à mener les
pierres de taille, qui le cahota jusqu'à Paris. Entré à
l'infirmerie de la prison le 23 août, il en est sorti le 28,
mais mort. Un commissaire de police a passé la journée
d'avant-hier à faire auprès des compagnons de captivité
de ce malheureux une enquête sur ce déplorable événement.

. (Extrait de la *Gazette des Tribunaux*, 10 et 11 septembre
1832.)

LETTRE DE M. TAILLANDIER AU RÉDACTEUR DE LA *GAZETTE DES TRIBUNAUX*.

Paris, 16 février 1853.

Monsieur le rédacteur,

Dans votre numéro de ce jour, après avoir rappelé que la
maison de refuge de la rue des Grès n'existe plus, vous ajoutez

qu'il *serait à désirer que l'on pût rétablir cette institution qui assurait aux jeunes détenus les bienfaits d'un état et de l'éducation, et les garantissait du contact impur des prisons.*

Vous apprendrez sans doute avec plaisir que ce vœu honorable est déjà réalisé, grace au zèle éclairé de M. Moreau Christophe, inspecteur général des prisons du département de la Seine, et de M. Charles Lucas, qui remplit les mêmes fonctions dans tout le royaume. En effet, la prison des Madelonnettes étant devenue vacante par suite de l'agrandissement de celle Saint-Lazare, ces habiles administrateurs ont conçu la généreuse pensée d'y établir une maison spéciale destinée aux jeunes détenus. Cette maison est en pleine activité en ce moment. Sa population actuelle est de 324 jeunes détenus, dont 72 prévenus, 232 jugés et 20 détenus administrativement. Les prévenus n'ont aucun rapport avec les condamnés. Ces derniers sont répartis dans huit ateliers où on leur apprend à exercer des professions utiles, telles que celles de serrurier, tourneur, émailleur, etc. L'argent qui provient de leur travail est distribué en trois parts, dont la première leur est remise immédiatement, la seconde forme une masse qui leur sera donnée à leur sortie de prison, et la troisième appartient à l'entrepreneur général des travaux. Tous ces jeunes détenus sont obligés, pendant une heure et demie chaque jour, d'assister aux leçons qu'on leur donne dans une vaste et belle école d'enseignement mutuel établie dans la chapelle de la maison. Cette école est ouverte depuis le mois de juillet dernier, et elle a influé de la manière la plus heureuse sur le moral des jeunes enfans qui la fréquentent. En voici une preuve bien remarquable. Depuis le 1ᵉʳ juillet, le nombre des enfans mis en punition est ainsi constaté mensuellement sur le registre tenu à cet effet : août, 99; septembre, 89; octobre, 48; novembre, 32; décembre, 31; janvier, 23. Avant le 1ᵉʳ juillet, chaque mois présentait un nombre de punitions double et souvent triple. De plus, avant cette époque, il ne se passait pas de mois sans que le commissaire fût appelé pour verbaliser et constater des délits commis dans la maison. Depuis l'ouverture de l'école, le commissaire de police n'a été appelé *qu'une seule fois,* encore était-ce pour constater un vol fait par un jeune homme de dix-huit ans qui avait passé plusieurs années à Bicêtre.

Chargé par la Société pour l'instruction élémentaire de visiter la maison des jeunes détenus, j'ai rempli cette mission dernièrement, et je ne saurais exprimer trop vivement la satisfaction que j'en ai éprouvée. Je me propose, dans un rapport que j'adresserai à cette Société, d'entrer dans de plus amples détails sur un établissement d'une utilité aussi générale. En attendant, je saisis cette occasion de manifester publiquement à MM. les inspecteurs généraux des prisons, que j'ai nommés au commencement de cette lettre, et aux directeurs de la maison des jeunes détenus, la reconnaissance que tous les amis de l'humanité leur voueront pour une institution qui ne tardera pas à présenter les résultats les plus heureux. Dorénavant, les magistrats sauront que lorsqu'en vertu de l'art. 66 du Code pénal ils ordonnent qu'un jeune accusé ayant agi sans discernement sera conduit dans une maison de correction, pour y être élevé et détenu pendant un certain nombre d'années, ils ne l'envoient pas à une école de corruption, et qu'au contraire, renfermé dans un véritable *collége de force*, il en sortira muni d'un état qui lui permettra de gagner honorablement sa vie, et possédant l'instruction élémentaire nécessaire pour adoucir ses mœurs et empêcher sa raison de se pervertir de nouveau.

Agréez, etc.

A. TAILLANDIER,

Membre de la Chambre des Députés, Conseiller
à la Cour royale de Paris.

EXTRAIT DU *PRÉCURSEUR DE LYON*.

On lit dans le *Précurseur de Lyon*, du 21 février 1833, l'article suivant :

« Aujourd'hui a eu lieu à Lyon l'exécution du nommé Guerre, condamné à mort pour crime d'assassinat.

« Cette exécution a été accompagnée des circonstances les plus hideuses. Le tombereau chargé de transporter les cadavres des suppliciés ne s'est point trouvé sur les lieux au moment où tout a été terminé. Il a fallu, pour soustraire aux yeux des spectateurs le tableau de ce tronc et de cette tête gisant sur le sable, les déposer sur la charrette qui avait amené le condamné. C'est sur ce char, et cahoté entre deux échelles à claire-voie qui ne dérobaient rien de ces débris horribles, que le cadavre a été transporté au lieu où sont déposés les corps des suppliciés.

« Depuis ce matin cet événement fait l'objet de tous les entretiens, et le sentiment qu'il inspire prouve que la peine de mort prend de plus en plus dans l'esprit du peuple son véritable caractère. L'assassinat légal excite la même aversion que le meurtre de l'homme privé par l'homme privé.

« Quand donc serons-nous délivrés de ces crimes judiciaires ? Quand nous débarrassera-t-on de la guillotine ? »

TABLE DES MATIÈRES.

ERRATUM.

Page 31, ligne 24, *au lieu de :* que le premier coup de hache, etc., *lisez :* que le coup de hache, etc.

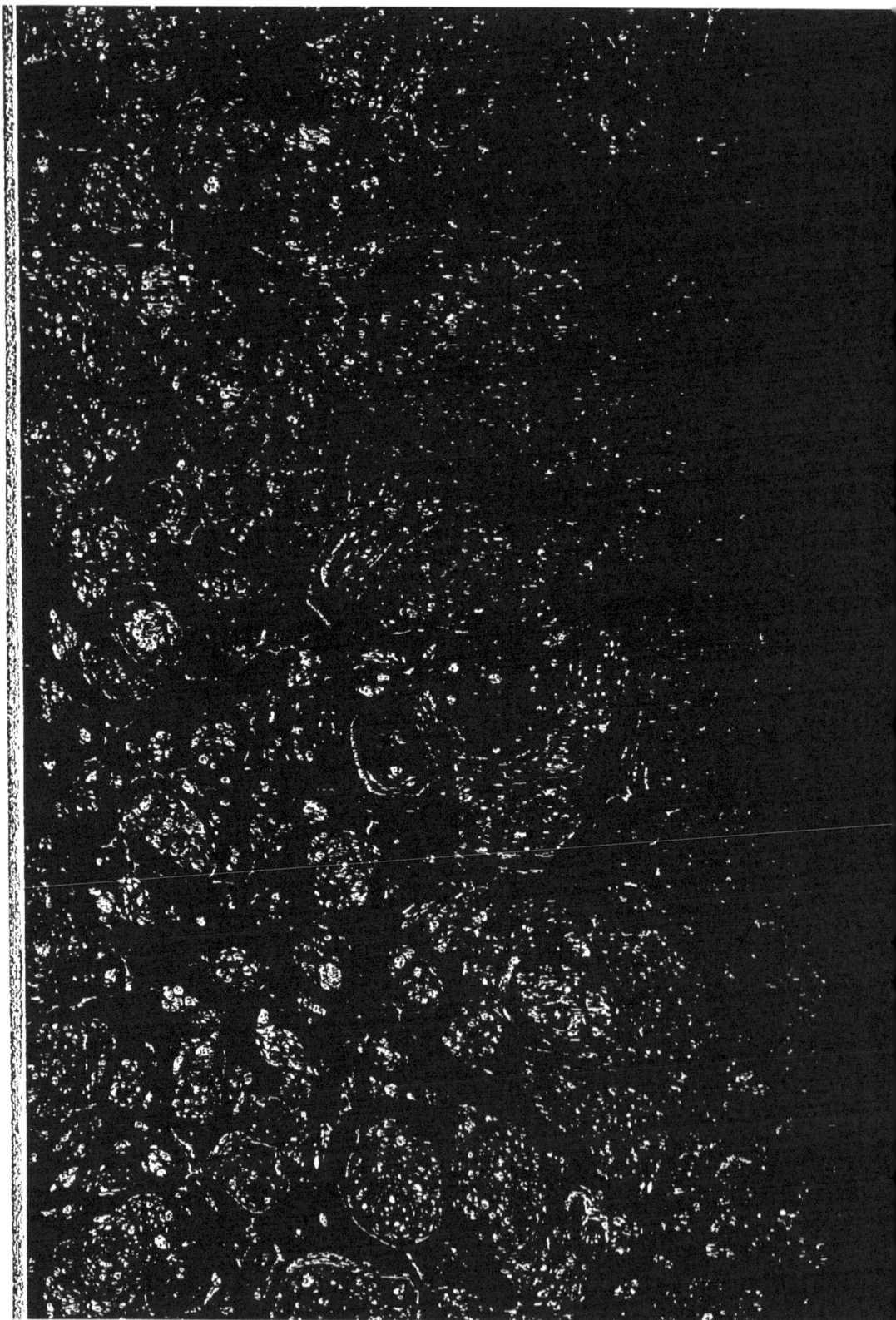

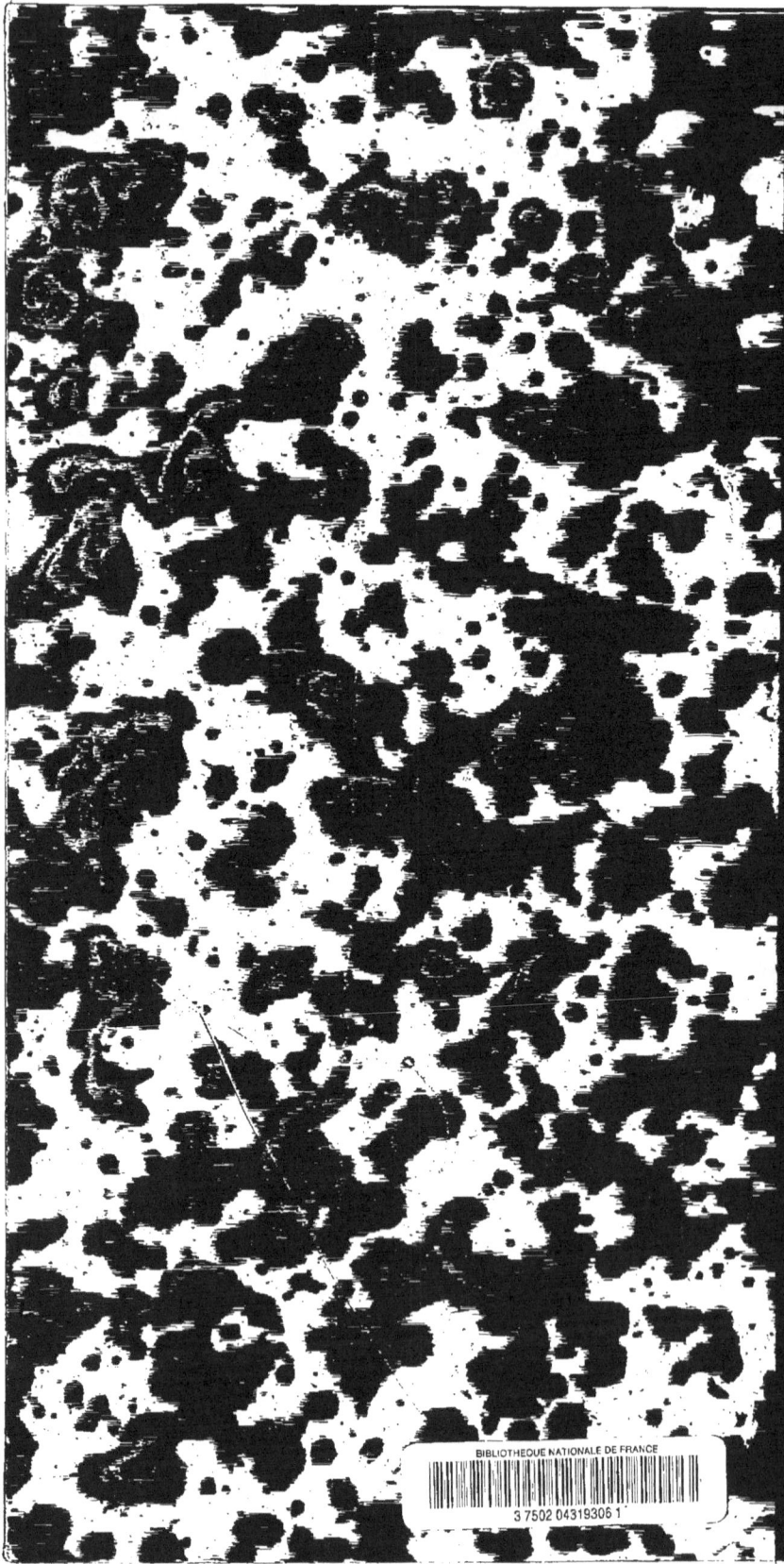